경기 침체와 기업의 대응 전략
비욘드 리세션

경기 침체와 기업의 대응 전략

비욘드 리세션

초판 1쇄 인쇄 2023년 5월 29일
초판 1쇄 발행 2023년 6월 1일

지은이 이석현

발행인 백유미 조영석
발행처 (주)라온아시아
주소 서울특별시 서초구 효령로34길 4, 프린스효령빌딩 5F

등록 2016년 7월 5일 제 2016-000141호
전화 070-7600-8230   **팩스** 070-4754-2473

값 25,000원
ISBN 979-11-6958-061-8 (13320)

라온북은 독자 여러분의 소중한 원고를 기다리고 있습니다. (raonbook@raonasia.co.kr)

BEYOND

RECESSION

TOWARD

GROWTH

이석현 지음

비욘드 리세션

경기 침체와 기업의 대응 전략

기업의
성장단계별 특성과
최적의 전략 제안

스타트업,
중소·중견 기업의
유니콘을 향한 전략

선제적
구조조정 전략과
비즈니스 코칭

그레이트 리세션에
대비하는
기업 위기극복
성장 노하우

**곧 다가올 리세션에 대비한 기업 리뉴얼 전략이
기업의 생존과 성장을 좌우한다!**

RAON
BOOK

경기침체의 파도를 넘어
성장을 향하여

3고1저, 즉, 고물가, 고금리, 고환율과 저성장으로 요약되는 최근의 거시경제환경 속에서 기업들은 전례 없는 불확실성에 직면하고 있다. 특히 저성장과 고물가라는 변수가 겹쳐지면 경기침체, 즉 리세션에서 더 나아가 스태그플레이션까지도 염려해야 할 상황이라 기업들의 고민은 깊어져 가고 있다.

이에 뉴스. 신문, 서적, 소셜미디어 등 다양한 매체에서는 "경기침체가 오고 있다"라고 연일 강조하고 있다. 많은 매체들이 경기침체에 대비하여 국가는 경기정책을 어떻게 추진해야 되고, 또 개인들은 주식이나 채권, 부동산, 달러, 금 등과 관련하여 어떻게 투자와 재무전략을 바꾸어야 할지에 대해 연이어 다루고 있다. 그러나 정부, 개인과 더불어 주요 경제주체의 하나인 기업에는 경기침체가 어떤 영향을 미치고 또 어떻게 대응해야 하는지에 대한 컨텐츠를 담은 매체는 거의 보이지 않고 있어 아쉬움을 떨쳐 버릴 수 없다.

본서는 한국 기업의 경영자들이 현재의 경기침체라는 거대한 경영
환경상의 도전을 극복하고 더 나아가 경기침체 이후의 경기회복기에
성장을 추구하기 위해 필수적으로 알아야 할 경영전략의 핵심적인 개
념과 프레임워크를 제시하고 있다. 이 책의 내용은 저자가 지난 30여
년간 PwC Consulting의 수석 컨설턴트로서 또 현대, 한진. 화승을 포
함한 국내 대기업의 CSO^(최고전략담당 임원)와 부사장/CFO^(최고재무담당임원)로 근
무하면서 현장에서 직접 체득한 경험과 지식, 스킬을 기술한 것이다.
이 책에는 필자가 IMF 위기, 닷컴 버블 붕괴, 글로벌 금융위기, 코로나
팬데믹 등의 경제적 위기를 겪으면서 이를 극복하고 이후 성장을 추진
했던 필자의 30여 년간의 현장 경험이 고스란히 녹아 있다.

필자는 IMF 위기시에 미국의 Duke대학교 경영대학원에서 유학을 하며 한 지역 또는 국가의 경제위기가 기업과 개인에게 미치는 영향에 대해 직접 뼈저리게 경험하였다. 이후 닷컴 버블기에 PwC Consulting 에서 수석 컨설턴트로 근무하면서 다양한 산업에서 컨설팅 프로젝트를 수행하였고, 또 아시아 정유업계의 황금기를 맞이하면서 현대오일뱅크 에서 전략기획팀장으로 경기호황기의 성장전략을 추진하였다.

2008년 글로벌 금융위기 시에는 한진해운에서 CSO^(최고전략담당임원)로 서 전사 구조조정 프로젝트를 총괄하였다. 이후 화승코퍼레이션에서 부사장으로서 CFO^(최고재무담당임원)로 근무하며 COVID19 팬데믹 시기에 지배구조, 전략, 재무, 이익, 조직, 인사 등의 영역에서 전사적 차원의 기업 리뉴얼 프로젝트를 총괄하였다. 따라서 본서는 지난 30여년 동안 경기불황과 경기호황의 경기사이클을 여러 차례 겪으면서 이를 극복하고 궁극적으로 성장을 추진해 온 필자의 실무 전문 지식과 실용적인 이해를 바탕으로 작성되었다.

이 책은 현장에서 의사결정을 해야 하는 경영진과 또 실용적인 성과를 내야 하는 실무자들을 위해 현업에서 바로 적용할 수 있도록 다양한 접근법과 사례를 설명하였다. 매 장마다 주요 개념과 구조에 대해 이해하기 쉽도록 한 두 장의 도표를 포함하였는데 실용적인 가이드라인을 제공하고 있다. 경기침체기의 기업 리뉴얼을 해야 하는 경영진과 또 새로운 사업을 시작하는 스타트업 창업가들에게 의미 있는 의사결정 포인트, 프레임워크와 시사점을 전달하도록 노력하였다.

본서는 크게 세 개의 Part로 구성되어 있다. Part 1은 경기침체기에 기업이 살아남기 위한 구조조정을 통한 생존전략을, Part 2는 경기침체

극복 후 경기회복기의 성장전략을 Part 3는 스타트업이 새로운 사업기회를 발굴하고 스케일업시켜 유니콘이 되기 위한 전략을 주제로 다루고 있다. 경기침체기의 대응전략이 시급한 경영자는 Part 1부터, 신사업과 성장전략이 필요한 스타트업이나 중견기업들은 Part 3부터 시작하여 Part 2, Part 1으로 거꾸로 읽어 보기를 권한다.

우리 속담에 "하늘이 무너져도 솟아날 구멍은 있다"라는 말이 있다. 이런 험난한 환경 속에서도 기업들이 각자의 상황에 맞게 잘 준비하고 대비하여 혹한기를 제대로 잘 통과한다면 경기침체 이후의 경기회복기에 이르렀을 때 그 많던 경쟁자들이 사라지고 몇 안되는 업체들과 해당 시장에서 성장의 과실을 맛보게 될 것이다.

이 책의 기획, 출판 과정에서 귀중한 조언과 지원을 해 주신 라온북에 감사드린다.

그리고 거동이 불편하신 장모님이 하루 속히 건강을 회복하시기를 기원한다. 마지막으로 필자의 영원한 동반자로서 헌신적으로 내조해 준 아내 권미라와 사랑스런 아들 이정한에게 이 책을 바친다.

2023년 5 월

이석현

차 례

PART 1 경기침체기의 구조조정 전략

Growth

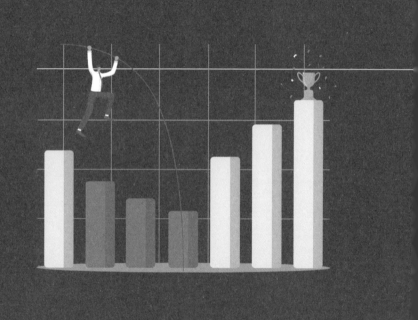

경기침체기의
구조조정 전략

경기침체라는 거대한 쓰나미가 몰려오고 있다. 이에 직면한 기업들은 각 기업의 상황에 따라 생존 또는 경쟁력 강화를 위한 적절한 기업전략 방향의 변화를 모색해야 한다.

그러면 기업은 경기침체를 성공적으로 극복하기 위해서 어떻게 대응해야 할까?

이번 파트에서는 경기침체기를 통과하는 기업들의 대응전략 수립과 실행 방안에 대해 구체적으로 설명한다. 먼저 '현재의 경제상황을 짚어보고', '경기침체기에 기업의 시나리오별 대응전략'과 '개별 기업의 상황별 대응전략'에 대해 살펴본다. 이어서 '부실기업의 징후와 단계 및 특징, 그리고 제도적 측면'을 살펴본다. 그리고 '기업의 생존과 경쟁력 강화'를 위해 필수적으로 요구되는 '구조조정$^{(Restructuring)}$의 성공적 수행'을 위해 사업, 재무, 이익, 조직, 인력의 관점에서 구체적인 '구조조정 접근법과 실행 전략'에 대해서도 살펴본다.

경기침체가
엄습해오고 있다

경제주체인 가계, 기업, 정부의 역할

일반적으로 경제(Economy)는 경제주체들이 재화와 서비스를 생산, 분배, 소비하는 시스템(System)을 말한다. 이 시스템 하에서 경제 활동을 하는 개인이나 집단을 '경제 주체'라고 하며 가계(Private individual), 기업(Business), 정부(Government)가 주요 주체 역할을 한다. 이 세 개의 경제 주체들은 각각의 역할을 수행하고 그에 상응하는 혜택을 받게 된다.

예를 들어 가계는 기업에 노동력을 제공한 대가로 임금을 받는다. 동시에 가계는 이 임금을 받아 생긴 소득으로 기업으로부터 물건을 사고 그 값을 기업에 지불한다. 기업은 이 수익에 대해 국가에 세금을 납부하고 국가는 기업에 공공서비스를 제공한다. 물론 개인도 국가에 세금을 지불하고 이에 대해 국가는 공공서비스를 개인에게 제공한다.

이러한 각 경제활동들이 정상적으로 잘 돌아가면 문제가 없겠으나 이 중 어느 활동 하나라도 정상적이지 않으면 경제에 많은 문제점을 야기시키게 된다.

예를 들어 경제 전체의 성장률이 둔화되면 가계는 소비를 줄이고, 기업은 제품이 팔리지 않아 재고가 쌓이게 되며, 이에 설비 가동률을 줄이고, 또 투자를 줄이게 된다. 또한 수익성이 악화된 기업은 고용을 줄이게 되고 직장을 잃은 개인은 소비를 줄이게 되어 또 기업으로부터 물건을 사거나 서비스를 구입할 여력이 떨어지는 악순환이 계속되는 상황이 발생할 수 있다. 이 경우 물론 정부도 가계와 기업의 경제활동이 위축됨에 따라 조세수입(Tax revenue)이 줄어 들게 되어 여러 경제정책 수행을 위한 재원이 부족하게 된다.

따라서 각국의 정부는 국가 경제적 차원에서 경제성장과 물가안정을 도모하는 동시에 고용과 국제무역을 증진하고 소득 불평등을 줄이는 것을 경제 정책의 목표로 삼고 이의 달성을 위해 노력한다.

경기사이클(Business cycle)과 경기침체(Recession)

자본주의 경제시스템(Capitalist economic system)에서는 생산이나 소비와 같은 경제활동이 활발하게 일어나는 호경기(Economic boom)와, 그러한 경제활동이 침체하는 불경기(Economic Downturn)가 번갈아 발생하는데, 이러한 변동과정을 경기사이클(Economic Cycle)이라고 한다.

특히 불경기에 일어나는 경제현상을 경기침체(Recession)라고 하는데

이는 경기사이클의 한 부분이며 한 나라의 영역 내에서 가계, 기업, 정부 등 모든 경제주체가 일정기간 동안 생산한 재화 및 서비스의 부가가치를 시장가격으로 평가하여 합산한 수치인 국민총생산(GDP: Gross Domestic Product)의 최고점에서 시작하여 최저점에서 종료가 된다.

경기침체는 기술적으로는 GDP 성장률이 2분기 연속 하락하는 경우를 뜻하지만 실제로 단순히 이 지표의 하락만으로는 경기침체를 모두 설명할 수 없다. 일반적으로 경기침체기에 접어들면 GDP 감소, 실업률 증가, 소비자 지출 감소, 산업 생산 감소, 기업 투자 감소, 자산 가격 하락이라는 과정들이 일어나게 되어 모든 경제 주체들이 힘들게 된다.

경기침체가 오게 되면 위와 같은 많은 경제적 문제들을 야기시키므로 각 국가의 정부들은 경기침체를 방지하거나 경기회복을 촉진하기 위해 다양한 경기정책(Business cycle policy)을 사용한다.

이런 지속적으로 반복되는 경기 순환 사이클에 대하여 정부는 어떠한 레버를 가지고 대응을 하고 있을까?

일반적으로 정부는 앞서 설명한 국가 경제적 차원에서 경제성장과 물가안정을 도모하는 등의 경제 정책 목표 달성을 위해 크게 재정 정책과 금융정책을 통해 경기정책을 시행한다.

재정정책(Fiscal policy)은 크게 개인소득세(Personal income tax)와 법인세(Corporate tax)를 감세 또는 증세하거나 정부지출(Government spending)을 증대 또는 감소함으로써 경기를 조정하는 방법이다. 예를 들어 경기가 침체되면 의료, 교육, 인프라 등에 지출을 늘여 시중에 돈을 공급하고, 이에 따라 유동성이 풍부해지면 기업이나 가계가 이 돈으로 소비나 투자를 하게 하는 방식이다.

통화정책(Monetary policy)은 금리(Interest rate), 지불준비율(Reserve requirement ratio), 공개시장조작(Open market operation)을 통해 경기조정을 하는 방식이다. 예를 들어 경기가 과열될 경우 정부의 중앙은행은 기준금리를 인상하고 이에 시중은행들은 대출금리를 올리게 된다.

이처럼 금리가 상승하면 기업이나 개인은 이자지불과 부채에 부담을 느껴 자금 수요를 줄이게 되며, 이어서 부동산 투자나 기업의 투자가 감소하면서 부동산 및 주식 가격이 하락하고 민간 소비도 감소하게 되어 경기 과열을 조정하게 된다. 따라서 일반적으로 정부는 경기과열일 때는 금리를 올리고 경기침체일 때는 반대로 금리를 내리는 정책을 취한다.

물가(Prices)와 인플레이션(Inflation)

거시경제에 영향을 미치는 주요 변수 중의 하나로 물가(Prices)를 들수 있다. 물가는 한 국가 경제 내에 존재하는 여러 종류의 상품가격을 종합하여 평균한 수치를 말한다.

그런데 이 물가가 지속적으로 상승하여, 즉 경제 전반에 걸쳐 상품과 서비스 가격이 지속적으로 상승하는 상태를 인플레이션(Inflation)이라한다. 인플레이션 상황에서는 화폐의 구매력이 떨어져 같은 금액으로 이전보다 더 적은 수의 상품과 서비스를 구매해야 한다.

이 인플레이션은 크게 두 가지의 유형이 있다.

하나는 수요견인 인플레이션(Demand-pull inflation)이다. 이는 제품이나 서비스의 공급이 수요에 미치지 못할 때 발생한다.

예를 들어 새로 나온 최신 전자제품이 100대 밖에 생산할 수 없는데 이 제품 구매를 원하는 사람은 500명이 넘게 되면 이 제품의 가격은 상승할 수 있다. 일반적으로 수요견인형 인플레이션은 경제가 너무 빠르게 성장하고 소비자들이 상품과 서비스에 지출할 수 있는 돈이 많아질 때 발생한다.

둘째는 비용상승 인플레이션(Cost-push inflation)이다. 이는 상품 및 서비스의 생산 비용이 증가하여 해당 상품 및 서비스의 가격이 상승할 때 발생하는 인플레이션이다.

예를 들어 식당에서 음식을 만드는 데 들어가는 밀가루, 설탕, 야채 등 여러 가지 재료의 가격이 갑자기 상승하면 같은 양의 음식을 만드는 데 더 많은 비용이 들게 된다. 따라서 식당에서는 증가된 비용을 충당하기 위해 음식에 대해 더 많은 비용청구를 위한 가격인상을 단행할 수 있다. 비용상승 인플레이션은 원자재 가격 상승, 인건비 상승, 세금 인상, 지정학적 사건이나 환율변동 등 다양한 이유로 발생할 수 있다.

인플레이션이 오면 가계와 기업 모두 직접적인 영향을 받는다. 가계는 화폐의 구매력이 약화되므로 더 적은 수의 상품과 서비스를 구매할 수 밖에 없게 되어 결국 지출을 줄이게 된다. 이는 기업에 매출과 이익 감소로 직결된다. 기업은 임차료, 전기료, 임금 등의 비용이 상승되고 수익성이 악화되게 된다. 결국 투자축소, 해고 등의 조치로 이어지게 된다.

일반적으로 정부에서는 이 인플레이션을 완화시키기 위해 '정부지출 감소', '조세수입 증대'와 같은 재정정책을, 그리고 '금리 인상'과 같은 통화정책을 사용한다. 이런 정책들은 시중의 통화 공급을 줄여 유동성을 감소시켜서 고물가를 잡기 위해 사용한다.

예를 들어 정부가 금리를 인상하면, 가계는 주택담보대출, 자동차대출 등의 신용 대출 비용이 증가하고, 주식이나 부동산 같은 자산 가격이 하락하여 결국 소비를 줄이게 된다. 기업의 경우는 금리가 인상되면 기존 대출의 이자비용이 증가하고 신규 차입 비용이 늘어나서 부담이 되므로 투자를 줄이게 되어 결국 경제 성장율이 둔화되게 된다.

현재의 경제상황 : 경기침체와 인플레이션

지금까지 경제 시스템하의 경제주체, 경기사이클과 경기침체, 그리고 물가와 인플레이션에 대해 알아보았다. 그러면 최근의 글로벌 또는 국가 경제의 상황은 어느 위치에 와 있을까?

국가 경제에 미치는 변수는 여러 가지가 있겠지만 크게 경기사이클 (Business Cycles)과 물가(Prices)라는 관점에서 살펴 보자.

경기사이클 관점에서 보면 글로벌 경제와 국내 경제 모두 저성장 기조가 작년부터 계속되고 있어서 경기침체(Recession)의 국면에 접어들고 있다. IMF를 비롯한 글로벌 기관에서는 한국의 경제성장률을 계속 낮게 예측하고 있다.

| 경제사이클과 물가 |

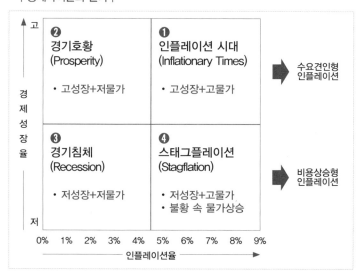

물가(Prices) 관점에서 보면 미국, 영국, 일본을 비롯한 글로벌 경제와 국내 경제 모두 고물가, 즉 인플레이션이 지속되고 있다. 미국과 한국에서는 이 물가를 잡기 위해 유래 없는 속도로 금리 인상을 단행해 왔다.

미국은 2020년에 COVID19이 발발하자 팬데믹 경제위기에 대응하기 위해 사상 초유의 수준으로 기준금리를 인하함과 동시에 시중에 막대한 자금을 공급하였다. 경기침체를 대비하기 위한 비상조치였던 것이다.

그러나 2021년 들어 미국 경제가 회복의 신호를 보이며 성장을 하자 바로 물가가 치솟는 인플레이션 현상이 일어 났고, 자산 가치는 급락하였으며, 부채는 급증하기 시작했다. 이에 미국 정부는 기준금리를 인상하는 통화정책과 유동성 회수하는 긴축적 통화 정책(Contractionary monetary policy)으로 급선회하였다. 특히 2022년에 발발한 러시아-우크라이나 전쟁은 글로벌 공급망 대란으로 이어지며 국제유가, 알루미늄, 구리 등의 원자재 기격을 급등시키며 인플레이션 현상을 격화시켰다. 그결과 미국의 물가 상승율은 41년만의 최고치인 9.1%를 경신하였다.

따라서 현재의 경제상황을 경기사이클 관점에서만 보면 저성장 기조를 보이고 있으니 경기침체라고 할 수 있다. 그러나 물가의 상황을 보면 분명 고물가이다. 즉 저성장, 고물가의 상태이므로 이 상태가 계속된다면 기술적으로는 스태그플레이션(Stagflation) 상태로 가고 있을 수도 있다.

특히 현재의 인플레이션은 글로벌 공급망 교란에 따른 원자재 가격과 소비재 가격의 인상과 관련이 깊어 비용상승형 인플레이션(Cost-push inflation)의 성격이 짙으니 역시 스태그플레이션의 전형적인 유형에 가까워 보인다.

경기 침체와 인플레이션이 동시에 일어나는 스태그플레이션이 장기화되면 기업에는 어떤 영향을 미치게 될까? 일반적인 제조업을 예로 들어 보자.

수요 감소

인플레이션으로 인해 화폐의 구매력이 떨어지자 소비자들은 지출을 줄이고 저축을 증대시킨다. 또한 자산가치가 하락함에 따라 금융자산이 많은 소비자들은 재무상태를 긴축으로 전환하게 된다. 이는 구매 하락으로 이어져 제조업 입장에서는 매출 감소로 이어진다.

생산비용 증가

원자재, 에너지, 인건비의 상승으로 인해 제조업은 원가상승의 요인이 되어 수익성이 급속히 떨어진다.

가격인상 난이

원자재, 에너지, 인건비의 상승은 투입비용을 커버하고 기존의 마진을 유지하기 위해 제조업체는 가격을 인상하려고 시도할 수도 있다. 그러나 경기침체기에 유동성이 떨어지고 인플레이션으로 인해 구매력이 저하된 소비자는 가격 인상을 할 경우 고객이탈로 이어질 수 있어서 인상이 용이하지 않다. 역시 수익성 악화로 이어진다.

공급망 불안정

스태그플레이션은 원자재 가격의 급등 뿐만 아니라 공급망의 교란이 초래되어 제조업체가 필요한 자재와 부품을 적시에 효율적으로 조달하기 어렵게 만든다. 코비드19 팬데믹 기간 중 반도체 수급의 불균형으로 인해 많은 글로벌 자동차 업체들이 부품 조달에 어려움을 겪었던 것이 그 일례이다.

이처럼 경기침체와 인플레이션이 동시에 오면 회사의 매출, 수익,

자금 조달 등 전반적인 재무 건전성에도 상당한 부담을 주게 된다.

시사점

각 국의 정부는 경기침체와 인플레이션을 모두 잡을 수 있을까?

역사적으로 보면 인플레이션이 장기화되고 정부가 할 수 있는 정책적 레버가 한계에 이르게 되면 결국 경기침체라는 과정을 겪고 나서야 비로소 경기 회복의 단계로 넘어간다. 문제는 인플레이션이든 경기침체든 단기간에 끝나지 않을 것이라는 데 있다. 여기에 '금융시스템의 불안정'이라는 또 다른 잠재적 변수는 이 어려운 경제적 난관을 버텨내야 하는 기업들에게 많은 것을 생각하게 한다. 각 기업들은 한 해의 겨울을 대비할 것이 아니라 어쩌면 혹독한 추위가 여러 해 지속되는 이상 기후에 대비하여야 할 지도 모른다.

경기침체기에 기업은
어떻게 대응해야 하는가?

그러면 기업은 경기침체를 성공적으로 극복하기 위해서 어떻게 대응을 해야 할까? 대응전략은 '일반적인 대응전략'과 '개별 기업이 처한 상황에 따른 대응전략'으로 나누어 볼 수 있다.

일반적 대응전략

현금을 확보하라. "Cash is King"

지속적인 경기 침체가 예상될 때는 가장 먼저 현금흐름^(Cash flow)을 챙겨야 한다. 호황기시 적절하였던 외형적 성장과 매출 위주의 경영을 무리하게 지속하면 영업이익은 흑자지만 현금이 부족해 파산하는 경우도 있기 때문이다. 특히 경영자는 외형적 성장에 매몰될 수 있는 손익계산서 위주의 사고에서 재무상태표와 현금흐름표 위주의 사고로 신속하게 전환하여야 한다. 즉 매출을 늘리고 시장점유율을 올리는 것보다 필요 유동성이 얼마이며 이에 적절한 현금흐름을 확보하고 있는지를 집중적으로 파악하고 관리하는 것이 중요하다. 영업현금흐름은 얼마인지, 현재 운전자본의 회전율은 얼마인지, 현금확보를 위해 비핵심 자산을 매각해야 하는지 등을 종합적으로 점검하고 대응해야 한다.

생존이 시급한 한계기업의 경우는 비핵심 사업, 설비 및 재고자산을 최대한 신속하게 매각하여 현금화하고, 채권회수를 최대화, 운전자본의 최소화를 추진해야 한다. 한편 재무적으로 어느 정도 안정성을 확보한 기업의 경우는 핵심 경쟁력 강화를 위한 투자를 하거나 시장지배력 확대를 위해 M&A 등을 통한 새로운 성상 동력 확보에 주력하여 호황기 때 크게 도약할 수 있는 기반을 마련하는 전략을 구사하는 것이 적절하다.

시나리오 플래닝(Scenario Planning)을 하라

시나리오 플래닝은 전망이나 예측이 아니다. 이는 기업이 불확실성 하에서 특정 주요 변수를 정하고 이들의 조합에 따른 복수의 시나리오 아래 기업이 준비해야 할 대응 전략을 수립하여 미리 대비하는 전략적 프레임워크이다.

최근 글로벌 컨설팅사 딜로이트는 미래 시나리오 보고서를 통해 시나리오 경영에 대해 자세히 설명하고 있다. 이 보고서는 기업이 직면한 주요 외생변수로 '인플레이션율(Inflation rate)'과 '경기전망(Economic outlook)'을 정하고 이에 따른 조합으로 네 가지 시나리오와 각 시나리오별 기업대응전략을 제시하였다.

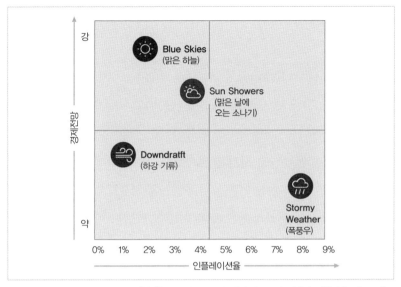

자료: "The inflation outlook: Four futures for inflation," Deloitte Consulting

시나리오 1 : Blue Skies^(맑은 하늘)

이 시나리오에서의 상황은 Blue Skies, 즉 맑은 하늘로 요약될 수 있다. 현재의 높은 인플레이션이 일시적이며 약 2%대의 역사적 저점으로 내려가며 공급망 교란이 해소되고, 재화와 용역의 수요 불균형도 제자리를 잡아간다. 코비드19 팬데믹이 종식됨에 따라 근로자들이 업무에 복귀하여 노동공급이 안정화 된다. 미국 연준은 제한적이나 완화된 속도로 이자율을 올린다. 현재 보여지는 상황과는 많이 차이가 있지만 모든 경제주체들이 원하는 이상적인 시나리오라 할 수 있다.

이 시나리오에서 기업들은 포스트 팬데믹 성장기회에 대한 준비를 위해 '자금을 확보하여 핵심역량과 성장주도의 M&A에 투자를 하는 전략'을 구사할 수 있다. 또한 '공급망 다변화' 및 '시장점유율 확대'에 초점을 맞추어야 한다.

시나리오 2 : Sun showers(맑은 날에 오는 소나기)

이 시나리오에서는 공급망 차질이 지속되고 노동력 공급이 제약됨에 따라 인플레이션이 3%~4% 선에 봉착하는 상황이다. 기업과 소비자들은 이에 적응해 나가고 성장은 지속된다. 소비자의 지출과 경제활동은 안정적으로 유지된다. 연준은 약화된 노동시장으로 인해 완만한 금리 인상을 택한다. 현실적으로 이 과정으로 간다면 기업 입장에서는 그나마 다행이다.

이 시나리오에서 기업은 '투자비용 감축', '성과개선을 통한 성장 재원 마련', '저렴한 자금을 조기에 조달하여 투자를 통한 열위인 경쟁사를 교란', '성장과 통합을 위한 최적화를 추구하는 전략'을 고려할 수 있다.

시나리오 3 : Stormy Weather(폭풍우)

근로자의 기대 인플레이션과 임금/물가가 상승함에 따라 인플레이션은 8~9%선으로 치솟는다. 소비자의 지출과 기업의 투자는 위축되고, 새로운 COVID-19가 악화되어 기존의 공급망 교란은 더욱 심해진다. 연준은 인플레이션을 잡기 위해 이자율을 급격하게 높이게 되어 경기침체를 일으킬 수 있다. 기업으로서는 최악의 시나리오임과 동시에 현재로서는 가장 유력한 시나리오이다.

이 시나리오에서 기업들이 고려할 만한 전략은 다음과 같다. 높은 인플레이션 환경하에 적합한 경영관리를 위해 현금회전율, 가격탄력성과 같은 '새로운 성과지표^(KPI)'를 도입한다. 재무적인 차원에서는 미수금 회수, 재고회전율 증대, 매입채무 증대를 통해 '현금흐름 관리'를 강화한다. 공급망 측면에서는 물가가 더 오르기 전에 '공급업체와 가격협상'을 체결하거나 해당 업체를 M&A하여 수직적 통합을 할 수도 있다. 경쟁 우위를 가진 기업은 성장을 위한 공격적 M&A, 경쟁 열위의 기업들은 구조조정을 통한 생존에 초점을 맞추는 것이 적절할 수 있다.

시나리오 4 : Down Draft^(하강 기류)

생각보다 빠른 공급망 교란 이슈의 해소와 함께 팬데믹 기간 중 쌓아 놓은 저축의 소진에 따른 소비 수요가 줄어들게 됨에 따라 인플레이션은 0%~1% 수준으로 떨어진다. 이 저성장 상황은 기업의 수익을 악화시킬 뿐 아니라 실업률을 증가시키게 된다. 연준은 역대 최저 금리를 유지하면서 채권 매입 확대 방안을 모색한다. 이 시나리오 상황에서 기업은 저성장 극복 방안을 적극적으로 모색해야 한다. '회사의 성과지표를 신규고객 확보, 기존고객 유지에 맞추어 재설정'하고 '운영상의 효율성 증대', '고객수요 창출'에 역량을 집중해야 한다.

시나리오 플래닝 시의 유의점

기업의 각 value chain 영역별로 각 시나리오가 어떠한 기회와 위협 요인을 창출하는지에 대해 면밀히 파악하는 것이 중요하다. 또한 시장의 변화에 대한 지속적 센싱을 통해 핵심 이정표^(Signpost)를 설정 후 상황이 어느 시나리오로 다가가는지를 선제적으로 예측하고 이에 적절히 대응하는 것은 시나리오 플래닝을 성과로 연결시키는 핵심 성공요인이다.

개별기업이 처한 상황별 대응전략 (1)

| 경기침체기 기업이 처한 상황별 대응전략 (1) |

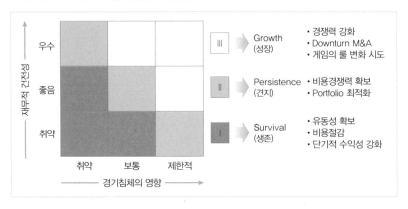

앞서 설명한 시나리오 중의 하나인 시나리오 3 Stormy Weather^{(폭풍}
^{우)}는 현재로서는 발생가능성이 가장 높으며 경기침체로 가는 시나리오
이다. 그러면 경기침체라는 동일한 외부환경의 변화에 대해 모든 기업
들이 동일한 영향을 받을까? 그리고 모든 기업이 동일한 전략을 구사하
는 것이 적절할까? 그렇지는 않다. 왜냐하면 각 기업마다 처한 여건이
다르기 때문이다. 이는 마치 추운 겨울에 한파가 몰려오면 건강이 좋은
사람은 추위를 잘 견디겠지만 건강이 나쁜 사람은 약간의 추위에도 독
감에 걸려 고생을 하거나 심지어 생명을 잃기도 하는 것과 유사하다.
또 다른 측면은 집안의 재력에 따라 부자인 사람은 두꺼운 외투를 입고
버틸 수 있으나 가난한 사람은 얇은 외투를 입고 추위와 싸워야 하는
경우도 있다. 따라서 개인의 건강 상태와 재력에 따라 한파에 대비하는
방법도 다르기 마련이다.

위에서 비유한 상황을 기업에 적용하면 '경기침체에 대한^(기업이 받는)
영향의 정도^(Recession impact)와 '기업의 재무적 건전성^(Financial Healthiness)이라

는 기준으로 각 기업이 처한 환경을 분석해 볼 수 있다. 이 경우 기업은 4가지 유형으로 나눌 수 있고 각 유형별로 해당 기업이 취해야 할 전략은 각각 다르다.[1]

Type 1: 생존(Survival)을 위한 비상경영

이 유형에 속하는 기업은 재무적으로도 취약할 뿐만 아니라 경기침체의 영향에 취약한 특성을 지닌다. 이 유형의 기업은 비상경영체제를 선언하고 유동성 확보, 비용절감, 단기적 수익창출에 전사적 역량을 집중하여 생존을 목표로 삼아야 한다.

Type 2: 현재 위치 견지(Persistence)

이 유형에 속하는 기업은 재무적으로는 좋고 경기침체의 영향도 보통 정도의 특성을 지닌다. 이 유형의 기업은 비용경쟁력을 확보하고, 사업 포트폴리오 최적화를 통해 현 위치를 견지하고 있다가 기회를 엿보는 것을 목표로 삼는 게 좋다.

Type 3: 성장(Growth) 추구

이 유형에 속하는 기업은 재무적으로 우수하고 경기침체의 영향도 제한적인 매우 강한 경쟁력을 갖추고 있다. 이 유형의 기업은 경쟁력 강화를 목표로 삼고, 구조조정 중인 기업을 M&A하거나, 시장지배력을 강화하는 여러 가지 전략을 구사하여 이 기회를 최대한 활용하는 게 좋을 것이다.

---

1) BCG, 《Leading Change in Turbulent Times》

개별기업이 처한 상황별 대응전략 (2)

이제 경기침체라는 외부환경에 직면한 기업을 또 다른 관점에서 분류해 보자. '재무적 건강도(Financial Healthiness)'와 '전략적 경쟁력(Strategic Competitiveness)'이라는 새로운 관점에서 구분하면 기업은 4가지 유형으로 나눌 수 있고, 마찬가지로 각 유형별로 해당 기업이 취해야 할 전략은 각각 다르다.[2]

Type 1: 시장지배력 강화

이 유형에 속하는 기업은 재무적으로도 건전할 뿐만 아니라 전략적으로도 경쟁력이 우월한 특성을 지닌다. 따라서 풍부한 유동성을 바탕으로 성장전략(Growth Strategy)을 추진하여 시장내 탁월한 지배력 확보를 목표로 하는 것이 좋다. 성장의 방향은 동종업계 M&A를 통한 수직적 통합(Vertical integration)을 통해 해당 시장 내 입지를 굳건히 하면서 동시에 향후 호황기를 대비하여 기술, 브랜드 등에 대해 선행투자를 실시하는 것이 적절하다. 또한 내부 효율성을 제고하여 경쟁사와의 격차를 더욱 벌리는 전략을 구사할 수 있다.

Type 2 : 기업체질 강화

이 유형에 속하는 기업은 재무적으로는 건전하지만 전략적으로는 열위에 있는 특성을 지닌다. 따라서 풍부한 재무적 유동성을 활용하여 전략적 핵심역량(Core competency)강화를 위한 투자에 집중하는 것이 적절하다. 경기침체기에는 호황기보다 상대적으로 적은 투자로 효과를 볼

---

2) CEO information

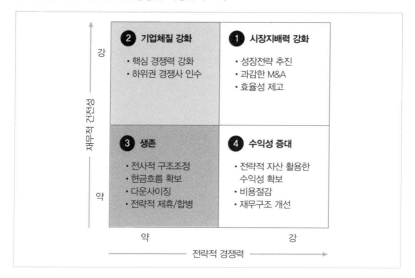

수 있고 경쟁사들도 비용절감 등 투자에 제약이 따르게 되므로 선별적인 투자를 통해 효율성 높은 성과를 기대할 수 있다. 예를 들어 필요 핵심역량 강화에 도움이 되는 하위권 경쟁사를 인수하는 것도 전략적 대안이 될 수 있다.

Type 3 : 생존

이 유형에 속하는 기업은 재무적 건전성과 전략적 경쟁력 모두 취약한 특성을 지니며, 경기침체기에 가장 취약한 유형의 기업이다. 이러한 기업의 최우선 목표는 생존을 통해 경기침체기를 견디고, 훗날을 도모할 수 있는 재무적 능력을 확보하는 것이다. 전사적 구조조정(Restructuring)을 통해 비핵심 자산, 사업부, 지분 등을 매각하고 투자유치, 다운사이징 등을 통해 현금흐름을 확보하여 생존하는 것에 모든 전사적 역량을 집중하여야 한다. 이 시기에는 업계 전체가 어려움을 겪고 있지만 특히 개별 기업 자체로는 생존을 확보하기 어려울 경우 경쟁업체와의 전략적 제휴(Strategic alliance)나 합병(Merge)을 통해 새로운 경쟁력을 확보하고 미래를 도모하는 것도 한 방법이 될 수 있다.

Type 4 : 수익성 증대

이 유형에 속하는 기업은 전략적으로는 경쟁력이 있으나 재무적으로는 열위에 있는 특성을 지닌다. 따라서 새로운 사업을 추진하거나 시장지배력 강화를 시도하고 싶으나 재무적 이슈로 인해 자금 조달이나 성장 속도에 제동이 걸리는 기업이 여기에 속한다. 이러한 기업들은 기존의 핵심 기술, 설비, 위치, 유통망, 브랜드 등을 활용하여 수익성 증대에 최대한 집중하는 것이 좋다. 동시에 비용절감을 통해 영업현금흐름을 늘리고 재무구조를 획기적으로 개선하여 향후 성장을 위한 재원확보에 목표를 두는 것이 적절하다.

시사점

일반적으로 경기침체기에는 수요 침체, 신용 경색, 투자 위축 등으로 많은 기업들이 수익성 악화와 유동성 약화에 직면하게 된다. 하지만 경기침체기에는 누가 강하고 약한지가 명확해지고 이로 인해 해당 기업의 시장내 포지션과 역량이 어느 정도인지를 알 수 있는 기회가 제공되기도 한다. 따라서, 경기침체기에 호황기를 대비해 전략적으로 잘 준비하고 대응한다면 호황기에 선도기업으로 도약할 수 있는 계기가 될수도 있다.

경기침체기의 경영진은 단기적으로는 수익성을 강화하고 유동성을 확보하는 데 주력해야겠지만 동시에 장기적인 시각에서 핵심 경쟁력 강화를 통해 경기침체기 이후 호황기의 기회를 노리는 전략도 동시에 추구해야 한다.

부실기업
CEO의 심리적 특성

물가의 상승, 이자율의 급상, 환율, 유가의 급변동과 같은 최근의 거시경제 주요 변수들이 부정적 방향으로의 급변하고 있다. 이러한 변화는 인플레이션에 이은 경기침체로 이어질 가능성이 높아 기업의 입장에서는 매우 곤혹스런 사업환경이 아닐 수 없다.

최근 상장기업의 경우 회사가 벌어들인 영업이익으로 차입을 해서 발생한 이자조차도 갚지 못하는 소위 '좀비기업'이 30%를 넘고 있다는 기사가 나오고 있으니 이들 중 상당수의 기업은 어려운 파고를 넘어야 할 각오를 단단히 해야 할 상황이다.

부실에 처한 회사들은 "이런 상황은 예기치 못 했다"라거나 또 "갑자기 발생하여 대응할 시간이 충분하지 않았다"라고도 항변할 수도 있다. 그런데 필자의 글로벌 컨설팅사와 국내외기업에서의 30여 년간의 근무 경험을 가만히 되돌아보면 과거에도 거시경제변수는 항상 불확실성이 높았으며, 특정 기업들의 부실은 어느 정도는 예견되거나 사전에 잘 대처했다면 피해갈 수도 있었던 사례도 많았다.

많은 기업의 CEO들이 문제의 발생을 사전에 예견하고 대처하거나 또는 부실이 발생하였더라도 이에 잘 대처하여 성공적인 턴어라운드(Turnaround)를 이룬 반면, 또한 많은 CEO들이 적시에 위기요인을 사전에 인식하고 이에 대처하지 못해 기업부실에 이르게 되는 것도 사실이다.

필자는 그간 부실에 이른 스타트업, 중견, 그리고 큰 기업의 다양한 CEO들을 많이 만났고 또 직접 프로젝트를 할 기회가 있었다. 이를 통해 필자는 그러한 부실을 대처하는 과정에서 성공적이지 못한 CEO들의 몇 가지 공통적인 특성을 파악하게 되었다.

부실대처에 성공적이지 못한 CEO들의 특성

첫째는 스타트업 또는 중견기업의 CEO들에게서 많이 나타나는 특성인데, 변화된 환경과 새로운 비즈니스 단계(stage)임에도 불구하고 창업자의 과거의 성공에 안주하며(rest on his laurels) 과거의 성공방식(success formular)을 그대로 되풀이해서 적용하려는 점이다. 이들은 사업 초기 단계에 혁신적인 사업 아이디어를 시장에 출시하여 성공적으로 사업을 이끈 리더들이지만 비즈니스의 창업 초기단계를 지나 성장단계의 어느 시점에 이르게 되면 회사의 규모, 조직시스템의 복잡성, 성장률 등이 스타트업 CEO의 역량으로는 감당하기 어렵게 된다.

사업 부실에 이르게 되는 상당수의 스타트업 CEO들은 본인의 역량에 한계점을 인정하고 대비하는 대신 과거의 방식을 고수하다가 돌이킬 수 없는 단계에 이르게 되기도 한다. 야구에 비유하자면 한 투수가 자신의 장기인 직구로 경기 초반에 상대 타자들을 잘 요리하였으나, 경기 중반에 접어들자 상대팀한테 연속으로 홈런을 얻어맞았음에도 불구하고 다음 타자에게 또 직구를 던지려고 하는 상황과 유사하다. 이 투수는 직구 이외에 슬로우 볼이나 커브와 같은 변화구가 존재한다는 사실조차 인지하지 못하고 있을 수 있다. 안타깝게도 이 투수는 또 연타석 홈런을 맞은 공산이 크다.

이러한 유형의 경영을 하는 CEO에게 심리학자 매슬로가 사용한 '매슬로의 망치(Maslow's hammer)'라는 개념은 경종이 될 수 있다. 아브라함 매슬로는 "만약 당신이 가지고 있는 유일한 도구가 망치라면, 모든 것을 마치 못처럼 취급하려는 경향에서 벗어나기는 쉽지 않을 것"이라고 했다. 자신이 익숙한 전문성에 과도하게 의존하는 인지 편향을 지칭하는 말이다.

두 번째 특성은 지나친 자신감(Over Confidence)이다. 일반적으로 CEO가 자신감을 가지고 기업을 경영하는 것은 훌륭한 특성일 수 있다. 그러나 지나친 자신감으로 인해 자신의 생각만이 옳다고 믿고 부하직원이나 외부 전문가의 의견을 듣지 않게 될 때 기업은 심각한 사업상의 문제에 빠질 수 있다. 이런 특성은 CEO의 재임 초기에는 잘 나타나지 않다가 재임 기간이 길어지고 경험이 쌓일수록 강하게 나타날 수 있다. 통상 이런 유형의 CEO들은 마치 외딴 섬에 있는 작은 왕국의 왕처럼 행동하기 십상이고, 결국 위험의 예후를 무시하거나 턴어라운드를 위한 액션을 취할 시기를 놓쳐 부실에 이르게 된다. 역설적으로 이런 CEO일수록 외부와의 커뮤니케이션은 오히려 꺼리고 피하는 경우가 많다. 본인의 믿음과 배치되는 외부의 의견과 맞부딪쳐서 외부언론이나 전문가들을 설득하기에는 본인의 믿음이 옳다는 것을 증명할 자신감이 부족해서일 수도 있다. 육지에서 멀리 떨어진 외딴섬에는 부실의 신호가 감지되어 알려주려 해도 전달이 어렵고, 또 외딴 섬 안에는 위기를 극복할 내부적 자원과 역량도 매우 제한적일 수밖에 없다.

세 번째 특성은 의사결정의 지연(procrastination)이다. 이러한 현상은 많은 경우 CEO의 경험 부족이나 자신감의 결여에서 비롯된다. 고객의 이탈이 일어나서 매출액이 줄어들고 원자재 가격이 올라 비용이 상승하는 상황에서도 해당 CEO는 시간이 지나면 과거와 같이 이 비즈니스 이슈들이 자연스럽게 해결되리라고 생각하고 액션을 취하지 않는다. 특히 사업실적이 서서히 나빠지고 있을 경우 이런 현상이 심하게 나타나는데, 임원들마저도 연말의 사업계획 수립 시 예년과 비슷한 가정을 반영한 통상적인(business as usual) 내용으로 전망을 하게 된다. 이런 회사에서 CEO가 주재하는 회의는 매우 단조로울 수밖에 없다. 위기를 위기라고 인식하지 못하는 조직문화 속에서는 곧 닥쳐올 부실의 위험에 대해 알람을 울리고, 이에 대한 대비의 필요성을 주장하려는 임원은 아마도 본인의 자리를 걸고 발언하는 대단한 용기가 필요할지도 모르겠다.

3가지 유형 CEO들이 고려할 만한 선택지

과거의 성공방식을 고집하는 CEO들은 골프 플레이를 생각하면 어떨까? 만약 당신이 골퍼라면 멋지게 티샷한 공이 러프에 빠졌을 때 당신이 잘 치는 클럽이 드라이버인 경우 드라이버를 들고 러프 안으로 들어가 러프 샷을 할 것인가? 어떤 클럽을 쓰면 좋을지 캐디에게 물어보라. 당신의 캐디백에는 아직도 13개의 다양한 클럽이 남아 있음을 조용히 알려줄 것이다.

지나친 자신감으로 무장한 CEO들은 회사의 상황에 대한 객관적인 팩트를 모으고 이에 대한 외부 전문가와 내부 임직원의 해석을 오픈 마인드로 한 번 들어보는 것은 어떨까? 축구시합에서 전반전이 끝난 상황에서 우리 팀은 3 대 0으로 지고 있다. 엄연한 사실이다. 후반에서 전세를 뒤집기는 쉽지 않다. 더욱이 상대가 브라질 축구팀이라면 더욱 어려울 것이다. 후반전을 앞두고 선수 및 전문가 코치들과 머리를 맞대고 새로운 작전을 짜면 또 다른 역전의 방안이 나올 수도 있을 것이다.

위기상황이 진행되고 있는데도 경영상 의사결정을 지연하는 CEO들은 '이 또한 지나가리라'라고 하면서 스스로 안위를 유지하고 싶어 할 수도 있을 것이다. 그렇다면 이 어려움 또한 지나가리라고 믿었던 그렇게도 많은 기업들이 왜 법정에 가서 회생절차를 밟거나 파산의 종착점에 이르게 되었는지 되짚어 볼 일이다.

시사점

기업이 기업부실을 타개하기 위해서는 최고 의사결정자이자 리더인 CEO가 회사가 처한 상황을 냉정히 인식하고 부실의 정도를 과감하게 인정하는 것에서부터 출발해야 한다.

그리고 부실기업의 CEO는 최소한의 재무적인 지식을 갖출 필요가 있다. 부실단계에 이르면 이미 재무적 지표에 붉은 신호가 들어오기 때문에 CEO는 CFO나 CRO의 도움을 받는다 하더라도 재무적 지식이 없으면 의사결정에 있어서 많은 어려움을 느끼게 될 것이다.

특히 매출과 영업이익을 주요 KPI로 삼고 손익계산서 위주의 의사결정을 해온 경영자라면 CFO로부터 기존에 익숙하지 않은 재무상태표나 현금흐름표와 관련된 수치와 내용을 보고 받더라도 잘 이해하지 못하고 잘못된 전략적 의사결정을 내리게 될 수도 있다.

부실이 심화되면 어느 단계에서는 재무총괄 임원이 아닌 대표이사가 채권단과 마주하며 부실극복을 위한 자구책을 재무적으로 해석하여 설명을 해야 할 상황이 발생하게 될 것이다.

부실기업은
어떠한 징후를 보이는가?

위기관리와 관련된 주제를 다루다 보면 자주 등장하는 개념이 하인리히의 법칙(Heinrich's Law)이다. 큰 사고는 우연히 또는 어느 순간 갑작스럽게 발생하는 것이 아니라 그 이전에 반드시 경미한 사고들이 반복되는 과정 속에서 발생한다는 것을 실증적으로 밝힌 법칙이다. 하인리히는 큰 사고가 일어나기 전 일정 기간 동안 여러 번의 경고성 징후와 전조들이 있다는 사실을 강조하고 있다.

그렇다면 기업의 경우 심각한 재무적 부실(Financial Distress)에 이르기 전에 나타나는 경고성 징후들은 없을까? 이번 장에서는 기업이 부실에 이르고 있을 때 나타나는 징후들은 어떤 것이 있는지 살펴보고자 한다.

우선 기업부실의 징후는 크게 '재무적 부실징후'와 '비재무적 부실징후'로 나누어 볼 수 있다.

재무적 부실징후

기업의 재무적 부실은 재무제표상으로 여러 징후들이 드러난다. 그러면 '손익계산서상의 부실징후', '재무상태표상의 부실징후', '현금흐름표상의 부실징후'로 나누어 각 징후에 대해 좀 더 자세히 살펴보자.

| 재무적 부실 징후 |

	① 손익계산서	② 재무상태표	③ 현금흐름표

징후	• 매출액 지속 감소
	• 매출원가 급증
	• 판관비 증가
	• 금융비용 증가
	• 결손의 지속 발생
	• 당기순이익 감소
		• 운전자본 급격히 악화
		  – 현금, 재고, 미수금 감소
		  – 미지급금, 채무상환 증가
		• 유동성 악화
		• 부채의존도 증가
		• 누적 이월결손금 증가
			• 영업현금흐름 감소
			• 투자현금흐름 증가
			• 재무현금흐름 증가

지표	• 전년대비 매출성장률 감소 • 영업비용비율 증가 • 영업이익률 감소 • 이자보상배율 감소	• 유동비율 감소 • 부채비율 증가	• 영업현금흐름비율 감소 • 잉여현금흐름 감소 • 부채현금흐름비율 증가 • 부채상환비율 악화

손익계산서상의 징후들

손익계산서(Income statement)상의 징후는 매출 감소, 비용 증가에 따른 수익성의 악화를 들 수 있다.

매출의 지속적 감소

기업이 정상적인 영업활동을 통해 창출하는 매출이 지속적으로, 예를 들어 3분기 이상 하락 추세를 보이면, 이는 제품이나 서비스가 잘 팔리지 않고 있다는 증거이며 다른 모든 재무지표 항목에 영향을 미치게 되는 부실징후이다. 전년 대비 매출성장률로 측정이 가능하다.

운영비용의 지속적 증가

매출 감소와 더불어 매출원가, 판관비 등의 비용 항목들이 지속적으로 증가하는 추세를 보인다면 부실의 징후이다. 대표적으로 영업비용을 매출로 나눈 영업비용비율로 측정이 가능하다.

이자 비용의 지속적 증가

이자 비용의 증가는 회사가 부채를 통한 자금조달 의존도가 높아지고 있음을 나타낸다.

만약 영업활동에서 벌어들인 이익으로 이자(금융) 비용을 지급할 수 있는 능력이 지속적으로 약화되고 있다면 부실의 경고등이 커진다고 봐야 한다. 매출이 늘어가고 영업이익이 전년 동기와 대비해 늘었다 하더라도 영업이익보다 차입금으로 인해 발생한 이자 비용이 더 크다면 이 회사는 위기에 직면해 있다고 볼 수 있다. 이를 측정하는 지표가 바로 이자보상배율(Interest coverage ratio)이다. 이자보상배율은 영업이익을 금융비용으로 나눈 지표이다. 정상적인 회사라면 이 수치는 최소 1.5~2배는 넘어야 한다. 흔히 경영실적이 좋지 않은 부실기업을 좀비기업이라 이르는데, 이는 이자보상배율이 1 이하인 기업을 말한다.

영업이익 또는 순이익의 감소 또는 손실(적자)

영업이익이나 순이익이 지속적으로 감소하거나 적자를 보인다면 회사가 부실에 이르렀다는 강력한 신호이다. 이 단계에서 위기라고 인식하지 않는 조직은 없겠지만 사전적인 징후들을 빨리 포착하는 것이 중요하다.

손실이 지속되면 수익성이 낮아져 유동성이 감소하며, 신용도가 손상되고 회사의 자본이 잠식될 수도 있다. 또한 손실은 투자자 신뢰도 하락, 시장 가치 하락, 차입 비용 상승, 규제 조사 강화와 같은 부정적인 피드백 루프에 휘말리게 할 수도 있다.

매출액과 영업이익에 대한 의사결정

매출액은 증가 추세를 보임에도 불구하고 수익성은 개선되지 않는 모습을 보일 수도 있다. 이는 현재의 곤경을 타개하기 위해 크게 할인된 가격으로 제품을 판매한 경우이다. 이 또한 수익성이 악화되고 있다는 징후를 직감적으로도 알 수 있다.

그런데 회사의 매출이 늘어나고 영업이익도 증가하고 있으면 전혀 문제가 없는 것일까? "돈을 잘 벌고 있다고 생각하고 있는데 부실이 웬 말이냐?"라고 반문을 할 경영진도 있을 법하다. 문제는 이런 재무적 성과에도 불구하고 회사가 어느 날 갑자기 심각한 현금 부족 또는 유동성 위기에 봉착할 수도 있다는 점이다.

만약 한 제조회사가 생산용량(Production capacity)을 늘리기 위해 외부에서 대규모 차입을 하여 증설을 하고, 제품을 생산하고 팔아서 매출이 늘고 영업이익도 늘었다면 손익계산서상으로는 잘 돌아가는 것으로 보일 수도 있다. 그러나 실제로 더 자세히 내부를 들여다보니, 제품을 만들었으나 잘 팔리지 않아 재고가 쌓여가고 있고, 판매한 제품도 외상으로 거래하여 매출채권이 늘어가고 있다면 현금이 묶이게 되므로 유동성에 문제가 될 소지가 있다. 게다가 차입금이나 회사채의 만기일이 곧 다가오는데 이를 갚을 현금이 회사 통장에 충분하지 않다면 바로 심각한 유동성 위기를 초래할 수도 있다. 이런 현상은 특히 경영진이 손익계산서의 항목, 즉 매출과 영업이익만을 기준으로 의사결정을 하고 재무상태표(Balance sheet)나 현금흐름표(Cashflow statement)를 고려하지 않는 회사에서 많이 일어난다.

이런 회사의 CFO는 주로 은행에서 돈만 잘 빌려오면 공장을 증설할 수 있으니 일을 잘한다는 소리를 들을 가능성이 높다. 이 차입이 부채비율이나 유동성에 어떠한 영향을 미치는가에 대해서 CEO에게 제대로 보고가 되고 있지 않거나 보고해도 그냥 형식적으로 보고만 하고 넘어가게 되는 경우에 해당할 것이다.

만약 귀사의 월간임원회의에서 주로 발표하고 논의하는 내용이 수주, 영업, 매출, 영업이익의 월간 실적 및 사업계획대비 차이 분석에만 머물고 있다면 다시 한번 생각해 볼 문제이다. 왜냐하면 이런 회의 운영방식은 경영진이 손익 위주로만 의사결정을 하고 자산 활용의 효율성과 현금흐름 관리라는 관점을 간과하여 잘못된 전략적 의사결정을 할 리스크가 크기 때문이다.

재무상태표상의 징후들

재무상태표(Balance sheet)에서 다음의 증후들이 나타나기 시작하면 부실의 징후이다. '운전자본 악화' '유동성 악화', '부채의존도 증가' 등이 대표적인 징후들이다.

운전자본(Working capital) 악화

운전자본은 비즈니스의 유동성과 운영 효율성을 나타낸다. 운전자본은 기업의 유동자산(현금, 재고, 미수금 등)에서 유동부채(미지급금, 세금, 채무 상환 등)를 차감하여 계산한다. 즉 운전자본이 플러스면 회사가 단기 의무를 이행하고 성장에 투자할 수 있는 충분한 자금이 있음을 의미하고, 운전자본이 마이너스면 회사가 가까운 장래에 재무적 어려움이나 파산에 직면할 수 있음을 나타낸다.

유동성^(Liquidity) 악화

유동부채^(Current liabilities)는 회사가 1년 내에 갚아야 할 빚을 의미하고, 유동자산^(Current assets)은 회사가 1년 내에 현금화할 수 있는 자산을 의미한다. 따라서 회사가 유동부채에 비해 현금 및 기타 유동자산이 적거나 현금 및 유동자산이 유동부채보다 빠르게 감소하고 있다면 유동성에 빨간 불이 들어온 상태이다. 이는 회사가 단기적 채무를 이행하거나 운영 자금을 조달하기에 충분한 현금흐름을 창출하는 데 어려움을 겪을 수 있음을 시사하기 때문이다. 유동성을 측정하는 일반적인 지표는 유동 비율이다. (유동 비율 = 유동자산 / 유동부채)

부채의존도 증가

부채의존도가 증가하면 회사가 자기 자본에 비해 부채가 많거나 부채가 자기 자본보다 빠르게 증가하고 있음을 의미한다. 이는 회사가 운영 자금을 조달하기 위해 차입금에 크게 의존하고 있으며 이자 지급이나 원금 상환에 어려움을 겪을 수 있음을 나타낸다. 부채의존도를 측정하는 일반적인 지표는 부채 비율로, 총부채를 총주주자본으로 나누어 계산한다.

우리는 1997년의 경제위기^(Asian Economic Crisis) 당시 차입을 통해 자산을 증대하고 매출을 올려 외형적 성장을 해오던 많은 국내 기업들이 과도한 부채를 감당하지 못해 도산에 이른 것을 경험하였다. 이후 부채를 자본으로 나눈 지표인 부채 비율^(Debt to equity ratio)이 회사의 부채 상환능력을 판단하는 지표로 갑자기 급부상하여 당시에 국내 기업에 만연하던 차입에 의존한 경영에 경종을 울렸고, 각 금융기관뿐만 아니라 일반 기업도 이 비율을 100%에 가깝게 유지해야 된다는 인식을 강하게 가지게 되었다.

부채비율이 200%를 넘는다면 수익성과 현금흐름이 악화될 경우 부실의 단계로 갈 가능성이 확연히 높아진다. 흔히 법정관리에 들어간 회사들의 직전 1년간의 부채비율은 200%대에서 1년여 만에 800% 또는 1,400%까지 급증하는 것을 볼 수 있다.

매출액 증가율이 높더라도 동시에 부채 비율이 높고 이자보상배율이 낮은 기업은 수익성이 높지 않은 가운데 높은 성장세를 유지하기 위해 타인자본을 조달하여 투자를 했을 가능성이 높고, 또한 투자회수율이 낮아 투자자들의 선호도는 떨어질 수 있다. 일정한 수준의 성장성 유지는 필요하지만 지나치게 높은 성장의 추구는 기업의 내실을 해치고 시장으로부터의 우려를 높이는 결과를 초래할 수 있다. 최근 3분기 동안 자사의 부채가 급격히 늘거나 자본이 급격히 줄어들었는가? 그렇다면 부실의 신호인지 점검해 볼 일이다.

결국 회사가 적정 부채비율을 유지하지 못하거나 단기적 채무를 상환할 유동성을 확보하지 못하면 부실로 이어질 가능성이 크다.

현금흐름표상의 징후들

현금흐름 관점에서는 다음의 증상들이 나타나기 시작하면 부실의 징후로 봐야 한다. '영업현금흐름이 부족 또는 마이너스', '단기로 차입을 하여 장기부채를 갚기 시작'하고, 또 '자산처분을 통한 현금 유입이 늘어나기 시작'하면 이미 정상적인 차입이 어려워지고 부실이 시작되었음을 의미한다.

영업현금흐름(Operating Cash Flow)의 부족 또는 마이너스

영업현금흐름은 회사의 본연의 비즈니스 활동에서 창출되거나 사용된 현금을 말한다. 이 영업현금흐름이 마이너스가 되면 회사가 일상적인 비용을 충당하고 수익성 있는 운영을 유지하는 데 어려움을 겪고 있다는 말이며, 부실의 징후이다.

투자현금흐름(Investing Cash Flow)의 감소

부실에 직면한 기업은 현금을 보존하기 위해 부동산, 플랜트, 장비와 같은 장기 자산에 대한 투자를 줄이거나 중단한다. 또한 자산을 매각하거나 신규 투자를 피함에 따라 투자 현금흐름이 감소하는 양상을 보인다.

재무현금흐름(Financing Cash Flow)의 증가

기업이 재무적 어려움에 직면하면 운영 자금을 조달하기 위해 외부 자금조달에 집중한다. 즉 즉각적인 현금 수요를 충족하기 위해 더 많은 부채 또는 주식을 발행하는 등의 자금조달 활동을 하게 된다.

현금흐름표상으로 드러나는 부실 여부는 관련 지표상으로 다음과 같은 현상을 들 수 있다.

영업현금흐름비율(Operating Cash Flow ratio) 감소

순영업현금흐름을 매출액으로 나눈 비율로, 회사의 영업활동이 얼마나 효율적으로 현금을 창출하는지를 나타낸다. 이 비율이 낮으면 회사의 영업 성과가 현금으로 전환되지 못하고 있다는 것을 의미한다.

잉여현금흐름(Free Cash Flow)

순영업현금흐름에서 투자 활동으로 인한 현금흐름을 뺀 값으로, 회사가 자본 비용을 충당하고 남은 잉여현금흐름을 나타낸다. 이 값이 음수면 투자 여력이 부족하므로 추가적인 자금조달이 필요하다는 것을 의미한다.

부채현금흐름비율(Debt to cash flow ratio)

총부채를 영업현금흐름으로 나눈 비율로, 회사의 부채 상환 능력을 나타낸다. 부실 상태인 회사는 이 비율이 높아지게 된다.

부채 상환비율(Debt service coverage ratio)

순영업현금흐름을 이자비용과 원리금 상환액의 합으로 나눈 비율로, 회사가 부채를 상환할 수 있는 능력을 보여준다. 이 비율이 1보다 작으면 회사가 부채를 정상적으로 상환하지 못하고 있다는 것을 의미한다.

자금조달능력의 악화

회사가 경영상의 이유로 회사채를 발행했다면 당연히 회사채의 신용등급(Credit rate)이 매겨진다. 신용평가사에서 측정하는 이 신용등급(Credit rate)이 AA 등급 이하로 떨어진다면 이는 시장에서 회사가 경영상 위험이 크다고 인식하고 있다는 신호이며, 이 등급이 떨어질수록 투자비나 운영자금조달은 더욱 어려워질 수밖에 없다.

이처럼 정상적인 회사채 발행이 어려워진 기업들이 행하는 자금조달 방식은 평소와는 다른 특이한 자금조달을 하게 된다. 예를 들어 '단기적 자금조달이 증가한다든지', 또는 '신종자본증권' 등을 발행하기 시작하는 것이 이에 해당한다.

기업이 메자닌 또는 하이브리드라고도 불리는 후순위채(Subordinated Security Bond), 상환전환우선주(RCPS: Redeemable Convertible Preference Shares), 영구채(Perpetual bond) 등과 같은, 평소에는 취급하지 않던 복잡한 신종자본증권들을 많이 발행하기 시작하면 이 기업은 자금조달의 선택지가 많이 제한적임을 알 수 있다. 설사 이러한 방식으로 자금을 조달한다 하더라도 이들은 부채로 계상되어 부채비율이 높아짐에 따라 재무구조는 악화된다는 점도 고려해야 한다.

부실예측 지표의 악화

종합건강검진을 받아보면 '종양표지자'라는 지표가 있다. 이는 암과 연관되어 혈액 내 상승하는 물질을 측정하여 간암, 폐암, 대장암, 난소암, 전립선암 등의 진단에 보조적으로 사용된다. 이 지표의 숫자가 정상의 범위 내에 있더라도 일정 기간 계속해서 상승곡선을 나타낸다든지 아니면 참고치를 초과할 경우 암에 걸릴 가능성이 높음을 미리 알 수 있는 일종의 사전적 암 진단 지표이다.

그러면 기업에서도 부실의 징후를 하나의 지표로 측정할 수 있는 방법은 없을까? Z-score라는 지표는 바로 이런 점에서 활용이 가능하다.

Z-Score는 뉴욕대의 알트만(Altman) 교수가 개발한 기업의 부실가능성 예측에 사용되는 지표로서 −5~+10의 구간으로 나누어진다. 지표

의 수치에 따라 기업의 파산 가능성을 예측하게 되는데, 통상 이 수치가 1.8 미만이면 부도 가능성이 높은 것으로 해석한다. 계산하는 방식은 다음과 같다.

| Z-Score: 기업부실 예측모델 |

$Z\text{-}Score = 1.2T_1 + 1.4T_2 + 3.3T_3 + 0.6T_4 + 1.0T_5$
해석 : 'Z > 2.00 : 부도가능성 낮음', '1.81 < Z < 2.99 : 판단 유보', 'Z < 1.81 : 부도 가능성 높음'

구분	비율	공식	해석
T_1	운전자본 비율	운전자본[1]/총자산	자산대비 운전자본 비율
T_2	누적 수익성 비율	이익잉여금[2]/총자산	기업의 과거로부터의 누적성과
T_3	총자산 영업이익률	영업이익/총자산	기업자산의 수익성
T_4	부채비율	자기자본의 시장가치/총부채의 장부가치	부채가 자산을 초과하여 파산하기 전까지 자산가차 하락부분 판단
T_5	총자산 회전율	매출액/총자산	자산의 효율성

1) 운전자본 = 유동자산 − 유동부채
2) 이익잉여금 : 기업의 영업활동에서 생긴 순이익, 배당이나 상여 등의 형태로 사외로 유출시키지 않고 사내에 유보한 부분.

실제로 이 Z-score가 나쁘게 나올 경우 경영진의 입장에서는 매우 불편할 수 있다. 이 지표는 특히 회사가 어려워질 수 있다는 부정적인 시그널을 내외부적으로 줄 수 있으므로 매우 조심스럽게 파악하고 관리되어야 한다. 그러나 개인의 경우 정기 종합건강검진 결과 암의 발생 가능성을 종합적으로 예측해 볼 수 있는 종양표지자가 참고치를 넘어서서 악화의 추세를 보이고 있다면 단순히 하나의 지표라고 치부하며 이 수치를 무시할 수 있겠는가?

비재무적 부실징후

재무적 부실징후들의 한계점

일반적으로 기업이 위기 또는 부실에 이르는 징후의 이면에는 다양한 요인들이 있다. 반면 재무적인 부실징후들은 이 많은 요인들 중 재무적으로 측정한 징후들만을 제한적으로 보여준다는 단점이 있다.

또한 재무제표의 숫자는 특정기간의 경영성과에 대해 후행적인 정보를 제공하는 특성이 있다. 따라서 오늘날처럼 한두 달 만에도 급격하게 요동치는 물가상승률, 이자율, 환율, 유가 그리고 글로벌 공급망의 수급 변화를 적기에 반영하지 못한다는 한계가 있다.

또한 회사 내에 원가에 대한 개념 및 기준이 정확하지 않고 또 제대로 된 관리회계 시스템이 갖추어져 있지 않은 경우는 어쩌면 경영진은 정확하지 못한 정보를 바탕으로 왜곡된 정보를 보고 부실징후를 파악하지 못할 수도 있다. 따라서 기업은 부실의 징후를 재무적 징후뿐만 아니라 비재무적 징후부터 먼저 파악하고 대처할 필요가 있다.

비재무적 부실징후

기업이 위기 또는 부실에 이르는 과정을 잘 살펴보면 비재무적 요인들이 훨씬 더 선행적으로 의미 있는 신호를 준다. 이러한 비재무적 요인들의 변화를 '얼마나 민감하게 감지하고 이에 대해 선행적으로 잘 대응하느냐?'는 해당 조직의 사전적 부실대응역량에 해당된다.

아래의 예시적 요인들은 모두 직간접적으로 기업의 수익성에 영향을 미치는 기업 외부의 수익 드라이버(Profit Driver)들이다. 기업을 둘러싸고 있는 외부환경 중 특정 드라이버들은 해당 기업이 대응을 제대로 못하면 바로 기업부실로 이어질 수 있기 때문에 주의 깊게 모니터링할 필요가 있다.

① 물가상승, 이자율상승, 유가 상승, 원자잿값 급등과 같은 거시경제 요인들의 변화
② 신상품이나 새로운 비즈니스 모델로 무장한 강력한 경쟁자의 출현
③ 가격전쟁의 격화
④ 혁신적 대체제의 시장진입
⑤ 공급자의 협상력 증대^(글로벌 공급망 붕괴 등)
⑥ 국내외의 각종 규제의 변화
⑦ 고객 니즈의 급격한 변화
⑧ 디지털 기술과 같은 파괴적 기술의 출현
⑨ 금융시장의 신용경색으로 자금조달 난이
⑩ 협력사의 실적 악화 또는 도산

기업의 비재무적 부실징후

회사 내부적으로 아래와 같은 현상이 일어난다면 이는 부실의 징후라고 볼 수 있다. 이들은 결국은 어떤 형태로든 재무적 부실로 이어질 가능성이 높기 때문이다.

특히 외부적 수익 드라이버 중 해당 회사의 내부적 부실 요인과 매칭시켰을 때 회사에 미치는 부정적인 영향이 크다면 이는 매우 신속하게 대응해야 한다. 예를 들어, 디지털 기술과 같은 파괴적 기술이 출현하고 있는데 자사의 경영시스템과 인프라스트럭처는 여전히 디지털화에 뒤처져 있다면 부실로 이어질 가능성은 매우 높아질 것이다. 미국

마케팅/영업	연구개발	생산/운영	경영지원
• 고객만족도 하락 • 고객 이탈율 증가 • 판매량 하락 • 시장점유율 하락 • 주요 고객사의 SoW 하락 • 진부화된 제품 • 가격 경쟁력 하락	• 혁신적인 제품 파이프 라인 감소 • 신제품 성공률 하락 • 지적재산/특허 등록 수 감소	• 악성 재고 증가 • 생산효율성 저하 • 수율 저하 • 노동생산성 저하 • 공장가동율 저하 • 불량률 증대 • 납기준수율 저하 • 공급업체의 원자재 공급 계약 중단	• 변화하는 시장상황에도 전략이나 사업 방향서 그대로 유지 • 위기 상황에 대한 비상계획이나 대응방안 부재 • 재무적, 운영적 통제 및 관리 기능의 약화 • 신규 자금확보 어려움 • 회사채 신용등급의 하락 • 유동성 문제 악화 • 채권단의 요구사항 증가 (예: 자율협약 등) • 채무이행 법적 분쟁의 증가 • 핵심인재 이탈 및 결근율 증가

의 유명 서점 체인점이던 보더스^(Borders)는 전자상거래^(e-Commerce)와 전자책^(e-Book)과 같은 디지털 기술의 부상에 대해 적극적으로 대응하지 않고 전통적 서점 체인망에만 의존하다가 결국 2011년 파산하게 되었다.

시사점

하인리히의 법칙^(Heinrich's Law)은 사소한 문제가 발생하였을 때 이를 면밀히 살펴 그 원인을 파악하고 잘못된 점을 시정하면 대형사고나 실패를 방지할 수 있지만, 징후가 있음에도 이를 무시하고 방치하면 돌이킬 수 없는 대형사고로 번질 수 있다는 점을 경고하고 있다.

매출액과 영업이익 수치에 근거하여 외형적 성장에 치중해온 회사라면 경기침체라는 어둡고 긴 터널을 성공적으로 통과하기 위해서는 반드시 '내·외부 경영환경의 변화를 재검검하고', '손익계산서 위주가 아닌 재무제표 전반에 걸친 재무적 부실징후 및 지표와 더불어', '비재

무적 부실징후에 대해서도 부실징후와 지표들을 주기적으로 챙기면서'
적시에 대응방안을 마련하고 실행할 필요가 있다.

좀 더 적극적으로 인프라스트럭처를 구축한다면, 위에서 언급한
내·외부 요인들을 포함하여 기업의 지속가능성(Sustainability)에 영향을 미
칠 수 있는 주요 변수들을 도출하고, 이에 대한 측정 지표, 그리고 그 한
도수치를 정하여 지속적으로 모니터링하는 리스크 매니지먼트 체계
(Risk management system) 구축도 고려해 볼 만하다. 위에서 언급한 비재무적
기업부실징후들 중 상당수는 사실 지표를 도출하여 계량적으로 측정
가능한 요인들임을 인식할 필요가 있다.

이번 달 실시될 월간임원회의에서 당신의 회사는 어떠한 정보와 지
표로 회사의 현황을 파악하고 전략적 의사결정을 할 것인가?

기업부실화의
단계와 특성

지금까지는 기업이 부실(Financial distress)에 이를 경우의 여러 징후에 대해 알아보았다. 그러면 기업은 어떠한 단계를 거쳐 부실에 이르게 되고 또 각 단계별 특성은 어떻게 되는지에 대해 알아보자.

| 기업부실화(Corp. Financial Distress)의 단계와 특성 |

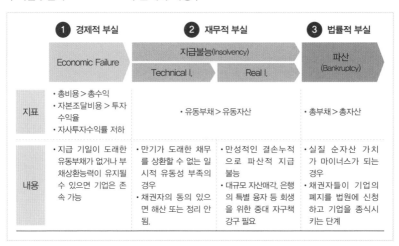

자료: E. I. Altman, Team analysis

일반적으로 기업이 부실에 이르게 되면 크게 경제적 부실, 재무적 부실, 법률적 부실의 단계를 거치면서 상황은 더욱 악화가 된다. 각 단계의 특성에 대해 자세히 살펴보자.

경제적 부실 단계(Economic failure)

기업부실이 확연하게 드러나는 것은 바로 '총비용이 총수익보다 커지는', 즉 '적자'의 상황으로 이는 '수익의 위기(Profit crisis)'에 해당한다. 이는 단순히 영업적자뿐만 아니라 '자본조달비용이 투자 수익보다 커지는 상황'도 포함한다. 또한 '자사의 투자수익률이 업종 평균 투자수익률에 미달하는 경우'도 해당된다.

회사의 영업이익이 적자가 된다고 해서 바로 부도가 나는 것은 아니다. 지급 기일이 도래한 유동부채가 없거나 부채 상환능력이 유지될 수 있으면 기업이 존속은 가능하다. 다만 적자가 지속될 경우 차입금을 지급한 채권자들은 해당 차입금 만기 시 연장되는 금액을 줄인다거나 이자를 더 올려 받는 경우가 많다. 실제로 특정 금융기관의 경우 대출계약서상 회사가 적자가 나면 '기한이익상실(Event of default)'에 해당하여 "원금과 이자를 상환해야 한다"라는 조항을 넣기도 한다.

재무적 부실 단계(Insolvency)

기업의 수익성이 지속적으로 악화되면서 만기가 도래한 차입금을 상환할 수 없을 때, 즉 1년 내에 현금화할 수 있는 유동자산으로 1년 내에 만기가 되는 유동부채를 갚을 수 없게 될 때 바로 지급불능(Insolvency) 단계로 넘어가게 된다.

지급불능은 세부적으로 기술적 지급불능(Technical Insolvency)과 실질적 지급불능^(Real Insolvency) 단계로 세분화해서 봐야 한다.

기술적 지급불능

기술적 지급불능은 기업이 유동성 부족으로 만기가 도래한 채무를 상환할 수 없는 상황을 말한다. 그러나 이는 공식적인 파산선언의 직접적인 원인이 되기도 하지만, 기업이 기술적 지급불능 단계에 이르렀다 하더라도 일시적 유동성 부족의 경우 채권자의 동의하에 필요한 유동성이 즉시 뒷받침될 수만 있다면 기업은 정상적인 상황으로 돌아갈 수 있기 때문에 바로 해산 또는 정리로 넘어가지는 않는다.

실질적 지급불능

문제는 기업이 실질적 지급불능 단계에 이르게 된 경우이다. 실질적 지급불능 단계는 기업의 총부채가치가 총자산가치를 넘어 실질 순자산가치가 마이너스가 되는 상황을 말한다. 원인이 일시적 유동성 부족이 아닌 만성적인 결손누적에 의한 것이며, 그 규모가 상당한 수준에 도달하여 정상적으로는 차입금 지급이 불가능한 상태에 해당한다.

이 단계에 이르면 기업은 채권단과 자율협약 또는 워크아웃^(Workout) 협약을 맺고 부채 상환을 위한 구체적인 내용과 진행현황을 협의해야 한다. 또한 해당 기업은 대규모 자산매각, 은행으로부터 특별융자 유치 등 현금 창출을 위한 중요한 구조조정을 감행하게 된다.

법률적 부실 단계^(bankruptcy)

파산^(Bankruptcy)은 파산적 지급불능의 경우 또는 법원에 의해 파산선고가 공식적으로 내려진 경우를 뜻한다. 기업의 총자산가치가 총부채

가치보다 적은 경우로서 실질 순자산 가치가 마이너스가 되는 경우이다. 이처럼 부실기업이 실질적인 지급불능 상태에 빠졌을 경우 채권자들은 기업의 폐지를 법원에 신청하고 법원이 파산선고를 내림으로써 파산이 발생한다.

여기서 파산선고란 채무자가 경제적으로 파산상태에 빠져 그의 변제능력으로는 총채권자에게 채무를 변제할 능력을 상실했을 때 국가가 강제적으로 채무자의 전 재산을 관리, 환가하여 총 채권자의 비율에 따라 공평하게 배당할 것을 목적으로 하는 재판상의 절차를 말한다. 파산원인은 지급불능과 채무초과의 두 경우이다.

시사점

기업의 경영정상화(Turnaround)를 위한 구조조정 방법은 부실의 원인과 유형에 따라 달리 적용하여야 한다. 예를 들어 경제적 부실(Economic failure)의 경우에는 사업성의 수익성 악화가 원인이므로 사업구조조정을 중점적으로 추진하여야 하며, 재무적 부실(Insolvency)의 경우는 유동성 위기에 직면한 상태이므로 재무구조조정을 통하여 차입금 만기 연장, 자산유동화, 자본확충 등의 조치가 신속하게 이루어져야 한다.

구조조정 제도를 알면
기회가 보인다

앞의 두 장에서는 부실기업의 징후, 기업부실화의 단계와 특성에 대해 살펴보았다. 기업에 부실 징후가 나타나기 시작할 때는 다양한 이해관계자들이 각자의 입장에서 여러 가지 사항을 기업에 요구하고 소통하는 과정이 시작된다. 이 장에서는 기업부실의 단계별로 제도적으로는 어떤 프로그램들이 있으며, 각 제도별 특성과 이해관계자들의 역할은 무엇인지에 대해 살펴보기로 한다.

기업구조조정의 정의

기업구조조정은 기업의 기존 사업구조, 재무구조, 수익구조 등을 재구축하여 효율성을 높임으로써 경영정상화(Turnaround)를 달성하기 위해 실시하는 경영행위이다. 즉, 기업의 영위 업종이나 사업 중 환경변화나 수요변화 등으로 성장성이 낮아진 부문을 통폐합이나 매각 등을 통해 기업의 효율성을 제고하거나 또는 새로운 분야에 진출하거나 성장성 있는 기업과의 인수합병을 통해 기술 개발 등을 추진하는 경우도 이에 포함된다.

기업구조조정 제도

우리나라는 기업의 구조조정이 신속하고 원활하게 진행되게 함으로써 기업의 정상화 또는 회생을 지원하기 위해 여러 가지 법률적 제도를 시행해 오고 있다.

구조조정 제도는 앞 장에서 살펴본 기업부실의 단계별로 어러 가지가 적용되고 있다. 예를 들어 정상적인 기업이라 하더라도 업계가 공급과잉으로 인해 수익성의 급격한 악화가 예상되는 기업들이 각 기업들 주도로 '사업재편'을 진행하고 이를 용이하게 지원하기 위해서 제도적으

| 구조조정 제도와 특성 |

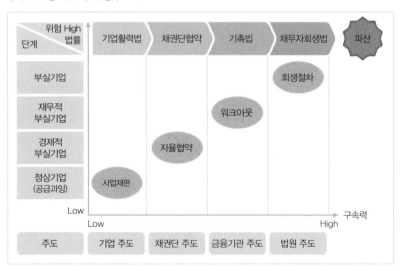

자료: 기업활력법, 기촉법, 채무자회생법, 산업별 한계기업분석과 시사점 KIET

로는 '기업활력법'이 적용된다. 기업활력법의 목적은 신사업 진출이나 중복사업 통합 등 사업재편 계획을 수립하면서 세제 감면이나 자금지원, 절차 간소화 등이 필요하다고 요청하면 정부가 지원하는 제도이다.

그러나 기업에 부실의 징후가 나타나면서 특히 적자가 나거나 자본 조달비용이 투자수익율을 초과하는 경제적 부실(Economic failure)에 이르게 되면 법적 근거는 없으나 채권단 주도로 '자율협약'을 기업과 맺고 구조조정을 진행하게 된다. 이어서 만기가 도래한 채무를 상환할 수 없는 일시적 유동성 부족 현상이 기업에 나타나면 '기업구조조정촉진법'에 의거하여 금융기관 주도로 워크아웃(Workout)을 진행하게 된다. 그러나 총부채가 총자산보다 커져서 실질 순자산 가치가 마이너스가 되는 경우에 이르게 되면 '채무자 회생법'에 의거하여 채권자들이 회생절차를 법원에 신청하고 기업회생을 위해 노력하게 된다.

각 단계별로 주도의 주체를 살펴보면 사업재편단계에서는 해당 기업이, 자율협약 단계에서는 채권단이, 워크아웃 단계에서는 금융기관이, 회생절차 단계에서는 법원이 주도하게 된다. 회생절차 단계에 가까워질수록 구속력은 더욱 강하게 된다.

그러면 각각의 구조조정 제도에 대해 좀 더 자세히 살펴보도록 하자.

자율협약

채권단이 기업이 흑자도산 하는 것을 막기 위해 시행하는 지원책이다. 흑자 기업이 일시적인 유동성 및 신용위기로 도산의 위험에 처했을 때, 채권단이 이를 구제하기 위해 지원하는 정책을 말한다. 즉, 채권금융기관과 기업이 유동성 지원과 구조조정 계획에 대해 포괄적 협약을 맺어 경영정상화를 추진하는 과정이다. 이는 워크아웃까지 갈 필요는 없지만 유동성 지원이 필요한 기업이 대상이 되며, 일종의 선제적인 지원에 해당한다.

기업이 신청하면 채권금융기관들은 청산 가치와 존속 가치 중 어느쪽이 더 높을지, 일시적 지원이 있다면 정상화가 가능할지를 판단하게된다. 그 결과 회생가능성이 충분하다고 판단되면 자율협약을 실시하게 된다. 일반적으로 주채권자들은 기업회생을 위해 대출 상환 기간 연장이나 필요한 운영 자금 추가 대출 등을 실시한다. 그러나 자율협약이

| 구조조정 제도 비교 |

구분	자율협약	워크아웃	회생절차
추진 주체	채권단	금융기관	법원
구조조정 대상	신용평가결과 부실징후 기업	신용평가결과 부실징후 기업	부실에 직면한 기업
신청권자	금융기관	부실징후 기업	채무자, 채권자, 주주
경영권	기존 경영진	• 기존 경영진 • 부실책임이 있으면 교체 요구	• 기존 경영진 • 부실책임이 있으면 교체 가능
동결채무	금융채무	국내은행 금융채무	국내외 모든 금융채무 및 상거래채무(하청업체)
신규자금	금융기관이 지원	금융기관이 지원	선순위로 보호되지만 확보가 쉽지 않음
손실부담		• 기본적으로 은행 • 기존 대주주와 경영진	주주와 무담보 채권자
종결/폐지	자율적인 합의	• 성공적인 계획수행 시 졸업 • 중단시 채무조정의 유효성은 보장되지 않음	• 성공적인 계획수행 시 종결 • 인가 후 폐지시에도 계획 내용은 유효
장점	기업의 이미지 훼손 적고 시장에 부정적인 영향을 최소화	신규 자금 지원과 출자전환이 신속	모든 채권과 주식을 재조정 하므로 근본적인 재무구조 개선 가능
단점	• 법적 근거가 없어 구속력 약함 • 실패 시 책임소재 불분명	비은행 채권자와 주주의 도덕적 해이	절차가 느리고 신규자금 공급이 어려움

자료: 기업활력법, 기촉법, 채무자회생법, 기업구조조정 재도 선제적 대응 기능 높여야, NH투자증권

원활히 진행되지 못하면 기업은 워크아웃이나 회생절차와 같은 본격적인 구조조정을 택하게 된다.

한편 이 자율협약은 유동성 위기에 있는 기업과 채권단이 협의를 통해 구조조정을 시행한다는 측면에서는 워크아웃과 유사하다. 그러나 워크아웃 절차를 진행하기 위해서는 전체 채권단 75% 이상의 동의가 필요하고 모든 채권단이 기업의 구조조정 전 절차에 관여할 수 있는 반면, 자율협약은 주채권단만 참여하고 주채권단이 시행하기로 결정하면 주채권자가 주도적으로 구조조정을 시행해 기업을 회생시킨다는 점에서 차이가 있다. 또 채권단이 자율적으로 결정한다는 점에서 법원이 주도하는 기업회생절차^(회생절차)와 구분된다.

자율협약은 법에서 정하고 있지는 않으나 구조조정 수단으로 많이 사용되고 있다. 채권단 주도로 부실징후 기업과의 협약에 의해 자율협약이 행해지게 된다.

자율협약의 장점은 거래당사자 간의 협약에 의한다는 점에서 협약의 내용을 공개할 의무가 없으므로 해당 기업의 이미지 훼손이 가장 적고 시장에 미치는 부정적인 영향을 최소화한다는 점이다. 주로 대기업의 구조조정 수단으로 활용되고 있다.

반면 자율협약의 단점은 법적 근거가 없이 채권단협약에 의해 진행되므로 구속력이 약해 구조조정이 지연될 우려가 있다는 점이다. 또한 실제 부실의 정도가 커서 회생가능성이 거의 없는 기업이 자율협약을 통해 구조조정을 하는 경우가 자주 있고, 그렇기 때문에 성공적이기 어렵다. 그리고 실패하는 경우 책임의 소재가 분명하지 않다는 점도 단점으로 거론된다.

워크아웃

워크아웃은 부실징후가 있으나 경영정상화가 가능해 회생가능성이 있는 기업의 구조조정을 신속하게 진행시키기 위한 목적의 '기업구조조정촉진법'에 의거하여 기업과 은행이 협의하여 진행하는 기업구조조정 프로그램이다.

워크아웃의 대상 기업은 은행이 자체적으로 신용평가 결과 부실기업을 선정하거나 기업의 신청을 통해 확정된다. 워크아웃 추진 여부는 해당 기업이 거래하는 모든 채권금융기관 협의회에서 최종 결정된다. 워크아웃이 시작되면 대개 대출금 상환유예, 이자감면, 부채삭감, 은행 대출금의 출자전환, 등과 같은 금융지원이 이루어진다. 그 대신 워크아웃 대상 기업은 계열사 정리·감사, 자산매각, 주력사업 정비 등의 구조조정 노력을 이행해야 한다. 따라서 워크아웃은 기존 대주주와 경영진의 손실 분담을 전제로 한다.

또한 채권금융기관이 결정하고 주도하는 점에서 법원이 기업회생을 전제로 회사를 관리하는 '회생절차'와는 다르다. '회생절차'는 법원의 명령에 따라 채권·채무가 동결돼 회생을 도모하지만 추진 주체가 법원이라는 점에서 워크아웃과 차이가 있다.

워크아웃의 가장 큰 장점은 신속한 자금지원과 출자전환이다. 회생절차에 들어간 기업에 신규자금 공급이 어려운 것과는 대조적이다.

회생절차

회생절차(Court receivership)는 재정적 어려움으로 파탄에 직면해 있는 채무자에 대하여 채권자, 주주 지분권자 등 여러 이해관계인의 법률관계를 조정하여 채무자 또는 그 사업의 효율적인 회생을 도모하는 제도이다. 채무자회생 및 파산에 관한 법률'에 의거해 법원의 결정에 따라 법원에서 지정한 제3자가 자금을 비롯한 기업활동 전반을 대신 관리하게 된다.

회생절차는 사업의 재건과 영업의 계속을 통한 채무변제가 주된 목적이며, 채무자 재산의 처분·환가와 채권자들에 대한 공평한 배당이 주된 목적인 파산과 구별된다.

회생절차가 진행되는 흐름도와 유관 기관의 구조는 다음과 같다.

| 회생절차 흐름도 |

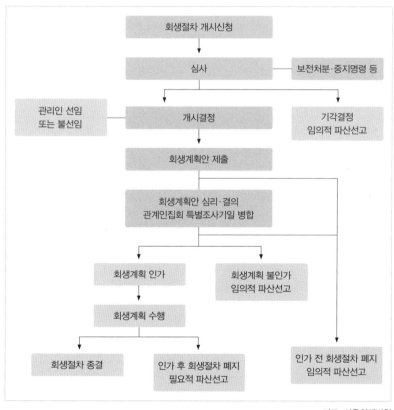

자료: 서울회생법원

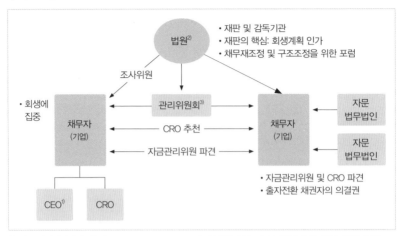

1) 기존 경영자관리인 제도(DIP: Debtor in possession) : 회생을 위해 기존 경영자가 최대한 노력하게 하는 제도(Keeping the managers' nose to the grindstone)
2) 관리인 불선임 제도 : 책임경영을 통한 회생절차 진행 추구. 자금유용이나 은닉 등 중대한 부실경영이 파탄원인이 아닌 경우에 적용. DIP제도의 장점을 잘 살리기 위함. 단 자금유용 등의 사유가 밝혀질 경우 제3자 관리인을 선임하여 경영권 교체 가능
3) 관계인 집회 : 1회 – 조사경과보고 및 의견 청취. 2, 3회 – 회생계획안 심리 및 결의

회사절차가 시작되면 상기 유관기관들은 아래의 프로세스 단계별로 협의를 통해 진행한다.

회생절차 개시신청

회생절차는 채무자, 채권자, 또는 주주가 법원에 회생절차를 신청하는 것으로부터 시작된다. 법원은 개시신청의 심사단계에서 기각을 결정하고 임의적 파산선고로 갈 수도 있다.

회생개시 심사 및 결정

회생개시 신청을 받은 법원이 내부 검토 후 회생절차개시를 결정하면 관리인이 즉시 선임된다. 관리인은 조사위원에게 회사 현황 파악과 계속기업가치를 산정하게 하고 채권자들에게 통지를 하여 채권자 목록 작성과 채권 규모를 파악하게 된다.

관리인은 채무자 회사에 관련된 회생채권, 회생담보권, 주식, 출자 지분에 대하여 신고를 받는다. 채권자들은 회생절차 개시 결정에서 정해진 기간 안에 권리를 신고하지 않으면 권리를 상실하거나 불이익을 받을 수도 있다.

회생채권의 경우 정리채권과 공익채권으로 구분된다. 정리채권은 정리절차 전(前)의 원인으로 인하여 생긴 재산상의 청구권(회사정리법 102조)을 말하며, 정리절차에 의거해야만 변제받을 수 있다. 공익채권은 정리절차 개시 후(後)의 원인으로 인하여 생긴 재산상의 청구권(회사정리법 102조)이다. 회사를 정리하는 데 필요한 비용을 지출하기 위하여 인정된 회사에 대한 청구권이다. 공익채권은 회생절차와 관련 없이 변제를 받을 수 있고, 일반 회생채권보다 우선하여 변제를 받을 수 있다. 정리절차개시 전의 채권 중 특별히 공익채권으로 구분되는 근로자의 급여 및 퇴직금 등과 재판상의 비용 등은 공익채권으로 인정한다.

회생개시와 더불어 기본적으로 모든 채권은 동결되어 자산의 손실을 막는다. 워크아웃의 경우 동결채무 범위가 국내 은행의 금융채무에 한정되는 데 비해 회생절차에서는 국내뿐만 아니라 해외의 모든 금융채무와 더불어 상거래 채무까지 범위가 확대된다. 또한 부도를 낸 기업주의 민사상 책임이 면제되고, 모든 채무가 동결되어 채권자는 그만큼 채권행사의 기회를 제약받는다.

그리고 회생절차 기간 중에 기업이 다른 금융기관으로부터 운전자금 등 추가적인 자금을 공급받을 수 있도록, 신규자금은 선순위로 보호 (신규 자금의 채권자는 회생절차로 절차가 종결될 경우 끝까지 최우선 순위로 보호)해 준다. 그러나 중간에 청산절차로 전환될 경우 후순위로 보호되는 리스크로 인하여 실제로는 신규 자금을 구하기 쉽지 않은 것이 현실이다.

법원은 회생개시 결정, 회생계획안 제출, 회생계획안 심리 및 결의의 매 단계에서 인가 전 회생절차 폐지를 하고 임의적 파산선고를 할 수도 있다.

회생계획안 제출

회생절차가 시작되면 경영진·관리인은 기업회생을 위한 회생계획을 법원에 제출한나. 회생계획안은 재무구조 개선을 위해 주주와 채권자의 손실을 확정한다. 가장 큰 손실은 회사법의 원칙에 따라 주주가 부담하고 무담보채권자가 남은 손실을 부담하기 때문에 주주와 무담보채권자는 상당한 손실을 부담하게 된다.

그에 따라 주식은 감자(Reduction of capital stock)되고, 회사채 등과 같은 무담보채권은 낮은 수준의 배당을 받게 된다. 그리고 감자 이후 재무구조 개선을 위해 새로이 발행되는 주식은 일반적으로 다른 회사나 사모펀드에 매각하여 재무구조를 개선한다. 그 과정에서 M&A가 일어나는 경우도 많다.

회생계획안 심리 · 결의

법원이 회생계획을 인가하면 주주와 채권단으로 구성된 관계인들의 승인절차를 거쳐 회생계획안이 확정된다. 법원은 회생계획을 검토하여 회생 가능성이 높으면 인가하고, 청산(Liquidation)이 바람직하다고 판단되면 회생계획을 불인가하며, 임의적 파산(Bankruptcy) 선고를 하여 청산절차로 전환한다. 청산은 법인이 해산에 의하여 모든 법률관계를 종료시키고 그 재산관계를 정리하여 이를 분배함을 목적으로 하는 절차를 말한다. 따라서 회생계획에 따라 구조조정이 어느 정도 이루어지면 법원은 회생절차를 종결한다.

결국 회생절차의 가장 큰 장점은 모든 채권과 주식을 재조정하므로 근본적인 재무구조 개선이 가능하다는 점이다. 반면 구조조정 절차가 느리고 신규자금의 경우 선순위로 보호되기는 하나 공급이 어려운 면은 단점에 해당한다.

시사점

부실 상황에 직면한 기업이 국가에서 법률적으로 마련한 제도적 장치를 적절하게 잘 이해하고 이용하는 것도 CEO가 판단할 중요한 전략적 의사결정 사안이다.

중소기업의 경우 최소한 6개월 전만이라도 법원을 찾아 회생절차를 시작하면 다시 한번 재기의 기회를 노려볼 수 있다. 서울회생법원에서는 '중소기업진흥공단', '금융투자협회', '한국자산관리공사' 등과 연계해 원스톱으로 복귀를 지원하는 프로그램을 운영하고 있다. 또한 중소기업은 '패스트 트랙(FastTrack)' 프로그램을 통해 중소기업에 대출해 준 금융회사들로부터 등급별로 차별화된 유동성 지원을 받을 수도 있다.

기본적으로 기업회생절차는 어려움에 처한 기업에 부채의 부담을 줄여주면서 회생의 가능성이 있다면 한 번 더 기회를 주자는 방향으로 설계된 제도이다. 채권자 입장에서도 기업이 파산절차에 들어가면 엄청난 손해를 볼 수 있기 때문에 이보다는 기업에 기회를 주어 회생을 돕자는 것이 일반적인 입장이라 볼 수 있다. 회생절차를 마친 기업들은 시장에서 M&A(인수·합병)도 상대적으로 용이한 편이다. 부실이 정리되고 회사가 투명하게 공개되므로 거래하는 입장에서 리스크(위험)가 줄기 때문이다.

이번 장에서는 기업을 운영하면서 모든 경영자와 임직원들이 채권단, 투자자 등 기타 모든 이해관계자들이 꺼리는, 매우 곤란한 상황에 대해 설명하였다. 사업을 하다 보면 경영실적이 좋을 때도 있고 나쁠 때도 있겠지만 이러한 부실에 이르지 않도록 사업을 잘 운영하는 것은 경영자의 몫이고, 그래서 책임이 제일 크다 하겠다. 따라서 기업부실 단계에 직면한 경영자들은 법률적인 구속력과 제약이 수반되는 구조조정의 각 제도들에 대해 반드시 명확하게 이해를 하고 있어야 한다. 그래야 어떠한 선택지로 가서 어떻게 전략적인 의사결정을 할지가 더욱 뚜렷하게 보일 것이기 때문이다.

이후의 각 장에서는 기업에 여러 가지 부실징후들이 나타나기 시작할 때 '어떻게 해당 기업을 경영정상화(Turnaround)시킬 것인가?'에 대한 내용을 다루고자 한다.

성공적
구조조정의 원칙

[사례연구]

ABC사는 업력 30년을 가진 중견 제조업체이다. 이번 주 월요일 아침 9시, 임원 주간회의 직후 홍길동 대표의 집무실로 재무담당 임원(CFO)인 이재무 상무가 긴히 보고할 일이 있다면서 찾아왔다. 홍 사장은 평소 밝은 성격의 소유자인 이 상무의 표정이 밝지 않은 것을 보고 좋지 않은 사안을 보고할 것을 직감했다.

재무담당 임원이 보고한 내용의 요지는 이러하였다. 최근 당사의 분기 실적 공시 결과에 의하면 당사는 3분기 연속하여 영업적자를 기록하였고 부채비율도 400%가 넘었다. 공시 직후 XYZ은행에서 전화가 왔는데 "이번 영업적자와 부채비율은 대출계약서상의 '기한이익 상실(event of default)'에 해당하므로 이에 대한 대안을 검토하자"라고 연락을 받았다는 것이다.

대출 계약서상의 조건을 곧이곧대로 적용하자면 대출을 받은 회사가 주요 경영상의 변화로 인해 기한이익 상실이 발생하면 이는 계약위반(Covenant violation)에 해당하므로 원금과 이자를 즉각 반납하기로 되어 있다.

XYZ은행은 이 회사의 주채권은행으로 만약 XYZ은행이 대출금을 회수했다는 소식이 알려지면 ABC사가 돈을 빌린 타 은행에서도 동일하게 대출금 회수를 시도할 것이 예상된다.

사실 6개월 전부터 주요 고객사들도 당사의 적자 현황 및 높은 부채비율에 대해 우려를 표명해 왔고 당사의 재무상황이 개선되지 않으면 입찰에서 배제될 것이라는 경고를 받은 바가 있다.

업력 30년을 가진 이 회사의 대표이사로서 당신은 XYZ은행에 가서 어떠한 내용과 어떠한 로직으로 상대방을 설득할 것인가?

앞서 부실기업 CEO의 심리적 특성, 기업부실의 징후, 기업부실의 단계와 특징에 대해 살펴보았다. 그렇다면 기업부실을 막고 성공적으로 구조조정을 하는 큰 원칙은 무엇일까? 아래의 성공적 구조조정 원칙은 구조조정을 앞두고 있거나 실시하는 경영진이 염두에 두어야 할 중요 항목들이다.

무조건 선제적으로 구조조정 하라

서양 속담에 "제때의 한 땀이 아홉 바늘을 던다(A stich in time saves nine.)"라는 말이 있다. 우리 속담에 "호미로 막을 것을 가래로 막는다"라는 말도 어찌 보면 유사한 상황을 빗댄 말이기도 하다.

필자가 경험한 많은 기업들이 후행적으로 구조조정을 실시하는 것을 보아왔다. 이런 기업들은 경기침체가 한창이거나 매출 또는 수익이 급격히 줄어들어야만, 심지어는 현금이 바닥나기 직전이나 금융권에 대출금을 갚지 못할 상황이 되어서야 비로소 구조조정을 고려한다. 이는 수술을 할 적시의 타이밍을 놓치는 우를 범하게 되는 것과 같다.

사실 시장의 환경이 변하고 고객의 니즈가 바뀌고 새로운 혁신적 기술이 급격하게 산업에 도입되기 시작하고, 매출의 하락, 고객 이탈, 가격전쟁의 징후가 보인다면 이때부터 이에 대비한 선제적인 구조조정을 실시해야 한다.

구조조정을 일찍 시작할수록 기업은 선택지가 많아진다. 적자의 폭이 커지고 유동성에 빨간 불이 들어오기 전에 미리 움직인다면 상대적으로 덜 나빠진 실적으로 인해 다양한 옵션을 테이블에 올려놓고 적은 제약조건에서 시간적 여유를 가지고 의사결정을 할 수 있는 장점이 있다. 금융권과의 협상에서도 현금 확보가 용이할 뿐만 아니라 자산매각이나 합병을 하더라도 조기에 움직이면 늦게 구조조정에 들어갈 때보다 상대적으로 더 유리한 협상 조건을 제시할 수 있다.

구조조정 전문가들 사이에 유명한 용어 중의 하나로 'Melting ice cube'라는 말이 있다. 냉장고에서 꺼낸 사각 얼음은 상온에 꺼내 놓는 순간부터 녹기 시작한다. 회사가 구조조정을 위해 시장에 내놓은 자산은 아이스 큐브와 유사하여 가능한 한 시장이 더 나빠지기 전에, 또 신속하게 자산매각을 처리해야 제값을 받을 수 있다. 반 이상 녹은 아이스 큐브를 제값 주고 사려는 사람은 아무도 없을 것이다.

과감하고 강력한 리더십 팀(leadership team)을 구축하라

구조조정기의 CEO는 평소와는 다른 종류의 의사결정을 해야 한다. 피트니스 센터(Fitness center)에서 보디빌딩을 위해 회원의 몸집과 근육을 키우는 일을 전문적으로 하던 코치가 담당 고객이 교통사고가 나서 골절상을 입고 출혈을 심하게 하고 있다면 해당 코치가 그 고객을 계속 담당하는 것이 맞을까? 기존에 외형적 성장 위주의 경영을 해오던 CEO가 반대의 경우, 즉 구조조정을 해 본 경험이 없으면 우선 가시적인 성과가 바로 드러나는 조직개편과 인력구조조정의 카드를 먼저 꺼내 들 가능성이 높다. 문제는 그 뒤의 구체적인 턴어라운드 계획이 잘 나오지 않는다는 데에 있다.

회사가 돈을 잘 벌 때는 몰라도 적자가 나거나 유동성에 빨간 불이

들어오면 주변의 이해관계자들과의 커뮤니케이션 내용, 밀도 및 빈도는 확연히 달라지게 된다. 실적이 좋을 때는 "매출이 성장하고 영업이익이 어느 정도 흑자가 난다"라고 설득하면 이해관계자도 쉽게 넘어간다. 그러나 적자가 나고 유동성에 문제가 생기면 이해관계자와의 커뮤니케이션은 훨씬 복잡해지고 까다로워진다. 매출 및 이익전망, 이자보상배율 개선안, 유동성 확보 및 재무구조 개선방안 등의 복잡한 전략적·재무적 내용을 구체적으로 숫자와 팩트를 기반하여 채권자를 포함한 다양한 이해관계자에게 정기적으로 설명하고 이해를 구하는 일을 해야 할 상황에서, 이전에 이런 경험이 없는 해당 CEO는 매우 어려운 입장에 놓이게 된다.

이처럼 구조조정 과정은 정상적인 비즈니스 상황과는 많이 다르다. 따라서 CEO는 구조조정 모드에 적합한 임원진과 실무진을 다시 구성하여야 한다. 혁신적이고 역동적이며, 성과 지향적인 임직원을 새로 발탁하여 머리를 같이 맞대고 이끌어 가야 한다.

이 과정에서 한 가지 고려할 만한 옵션은 구조조정을 전담하는 전문가인 CRO(Chief restructuring officer)를 외부에서 영입하여 일정 기간 구조조정 전담 임원으로 활용하는 방법이다. 미국의 경우는 채권단의 요구에 의해서 구조조정 전담 CRO와 일상업무를 담당하는 CEO로 역할을 나누어 투톱(Two top) 체제로 가는 경우도 있다.

CRO는 아직까지 국내에는 좀 낯선 개념이다. CRO는 현업 임원과 기존 CEO의 역할과 상충되지 않는 범위 내에서 구조조정 계획수립과 실행을 총괄하며 흑자전환 또는 현금 확보에 집중한다. 기업이 회생절차에 들어갔을 때 채권단에서 CRO를 선정하여 기업에 파견하는 경우도 있으나 회사에서 선제적으로 먼저 CRO를 선정하여 운영하는 것도 효과적인 구조조정 리더십 모델이 될 수 있다.

건강한 사람에게 더욱 건강하도록 영양제를 처방하는 일과 교통사고가 나서 의식을 잃은 환자의 출혈을 멈추는 일은 확연히 다른 지식과 스킬 및 경험을 요구한다.

구조조정계획은 철저하게 채권단과 투자자의 관점에 맞추어라

구조조정계획은 채권단과 투자자의 관점에서 이들이 납득이 되도록 손익개선(EBITDA improvement)과 유동성 확보(liquidity management)에 모든 역량을 집중하도록 설계되어야 한다. 일반적으로 채권단이나 투자자들은 회사가 제시하는 구조조정 계획이나 자구안에 대해 매우 보수적으로 접근을 한다. 특히 실현 가능성이 낮아 보이는 전략과제 또는 부풀려진 목표치에 대해서는 매우 드라이하게 삭제 또는 조정을 요구하기 십상이다. 사실 투자자나 채권단들도 해당 투자를 한 다른 투자자를 설득하려면 명확한 근거와 설득 논리가 필요하기 때문이다. 따라서 이들이 듣고 싶은 말은 부실에 이른 기업의 자구계획서가 현실적이고 실행 가능하며 예정된 기한 내에 정상화, 즉 흑자전환하고 유동성을 확보하는 전략인 것이다.

해당 회사의 CEO는 채권단이나 투자자와의 회의를 앞두고 내부적으로 구조조정계획 검토 시 특정 과제들이 정량화하기 어렵거나 충분한 증거가 뒷받침되지 않는 비현실적인 과제는 실적개선에 직접적인 도움이 되지 않는다면 과감하게 삭제를 지시하여야 한다.

구조조정계획에 확신이 서면 CEO는 어떠한 어려운 일이 있더라도 이 계획에 의거하여 밀고 나가야 한다. 때로는 고위 임원들과의 컨센서스를 이루기 어렵고 조직원들로부터 인기가 없는 의사결정을 해야 할 수도 있겠지만 회사 전체를 살린다는 대의로 설득하고 직원들의 동참을 호소하여야 한다.

구조조정 과제별로 KPI와 수치적 목표를 정하고 집요하게 실행하라

현대 경영학의 구루 피터 드러커(Peter Drucker)는 '측정하지 않으면 관리할 수 없다.'라는 명언을 남겼다. 아무리 좋은 전략과 아이디어가 있더라도 이를 측정할 수 있는 지표를 도출하고 이를 지속적으로 모니터링하지 않으면 원하는 성과를 내기 어렵다는 말이다.

구조조정 목표를 설정 시에는 우선 현재의 부실 상황에 대해 냉정하게 측정 및 추정을 하고 이후 회사가 '최대 잠재치(Full potential)'를 반영하여 목표를 설정한다. 최대 잠재치를 설정하기 위해서는 업계 내의 경쟁사뿐만 아니라 업종을 떠나 특정 기능별로 최고의 성과를 내는 회사의 목표를 벤치마킹할 필요가 있다. 이때 현업에서는 실적에 대한 부담으로 인해 더 성과를 낼 수 있음에도 불구하고 보수적인 목표 설정을 하는 경우가 종종 있는데, CEO는 현업에 좀 더 도전적인 목표를 요구하고 독려하여야 한다.

또한 구조조정 과제별로 주요 세부 활동, 기한, 담당자, 목표치 등을 정하여 주간 단위로 상황실에서 보고 및 검토를 하는 것이 중요하다. 특히 주요 기한 내에 과제 달성이 안 되었을 경우 재무적으로 얼마나 손실이 날 것인지를 미리 계산하여 이를 임원 및 TF 멤버와 공유하는 것도 실행력을 높이는 방안이 될 수 있다.

회사가 처한 상황의 심각성^(sense of urgency)을 직원들에게 숨기지 말고 소통하라

구조조정에 성공한 CEO들은 다양한 커뮤니케이션 채널을 통해 회사의 어려운 상황에 대해 직원들과 지속적으로 소통하여 이들의 동참을 이끌어 내고 있다.

Email

직원과의 소통을 위해 가장 일반적으로 사용되는 수단 중의 하나가 바로 email이다. '불타는 플랫폼^(Burning Platform)'은 1988년 북해 유전의 한 석유시추선에서 발생한 화재 사고에서 유래된 용어다. 화재가 발생한 당시 갑판 위에서 우물쭈물하던 사람은 한 명도 살아남지 못했고, 과감하게 차가운 바다로 뛰어든 사람들 중에서 일부는 살아남았다. 전 노키아 CEO인 스티븐 엘롭은 직원들에게 email을 보내 노키아가 당면한 위기 상황을 불타는 플랫폼에 비유하였다. 그는 불타는 플랫폼이 절체절명의 위기임과 동시에 혁신하기에 좋은 기회임을 강조하며 위기의 심각성을 강조하였다.

Memo 및 회의

Memo 및 회의도 일반적으로 가장 많이 사용되는 커뮤니케이션 수단이다.

2022년 7월 알파벳^(Alphabet)사의 CEO인 순다 피차이^(Sundar Pichai)는 스

태프들에게 보낸 메모에서 "우리는 앞으로 더욱더 기업가정신으로 무장해야 할 필요가 있고, 더욱 집중하고, 더 큰 절박감으로, 또 좋은 날과는 다른 배고픔을 가지고 일해야 할 필요가 있습니다."라고 언급하였다.

이보다 한 달 전 메타(Meta)사의 CEO인 마크 저커버그(Mark Zuckerberg)'는 스태프와의 주간회의에서 더 암울한 발언을 하였다.

"현실적으로 현재 회사 내에는 없어야 할 많은 사람들이 존재합니다"

그리고, "몇몇 직원은 이곳이 본인이 있어야 할 곳이 아니라고 결정을 할 수도 있겠으나 저는 그 자의적인 판단에 OK입니다."

경기침체의 암운이 드리우고 있는 상황에서 글로벌 빅크사들의 CEO는 매우 직설적으로 회사의 상황을 직원들에게 전달하고 있다.

타운홀 미팅

타운홀 미팅(Townhall meeting)은 미국이 영국 식민지 시절부터 공동체의 문제를 자율적으로 해결했던 공개토론방식이다. 당시 미국 뉴잉글랜드 지역에서는 주민 전체가 한자리에 모여 토론을 한 후 투표를 통해 정책적 의사결정을 한 것이 그 유래이다.

구조조정을 추진하는 기업에서도 이러한 정기적인 타운홀 미팅은 좋은 커뮤니케이션 방식이 될 수 있다. 임직원을 강당과 같은 한 자리에 모아 놓고 CEO가 허심탄회하게 회사가 처한 냉엄한 현실을 있는 그대로 전달하고 이를 극복하기 위해 어떠한 계획으로 추진할 것이며, 이에 전 임직원의 동참을 호소하는 것은 직급을 넘어서 임직원들이 선호하는 방식일 수 있다. 물론 CEO의 커뮤니케이션 스타일에 따라 호불호가 다르기는 하겠지만, 임직원들로부터 사전에 CEO에게 묻고 싶은 내용을 담은 질의서를 무기명으로 받아 이를 현장에서 무작위로 뽑아서

CEO가 현장에서 답변하고 또 활발한 토의를 한다면 훨씬 더 활발하고 다이내믹한 커뮤니케이션이 이루어질 수도 있을 것이다.

필자는 1998년 미국 페어팩스(Fairfax) 소재 글로벌 석유회사인 Mobil 본사에서 일한 적이 있었다. 당시 어려워진 오일 인더스트리의 상황과 회사의 현황 및 대응방안에 대해 경영진이 본사 전임직원들을 대상으로 회사 강당에서 타운홀 미팅을 통해 커뮤니케이션하는 것을 보고 매우 인상 깊게 느낀 적이 있었다. 이후 Mobil사는 1위였던 Exxon사와 합병이 되었으나, 추후 '성공적인 인수 후 합병 과정(Post-merger integration)'을 통해 업계에서 글로벌 1위로서 경쟁력을 강화하게 되었다.

해외 로드쇼(Overseas Roadshow)

전 세계에서 비즈니스가 운영되고 있는 글로벌 한국 기업의 경우 단지 한국 내에서만의 구조조정 관련 커뮤니케이션은 국지적인 소통에 머물 수 있어 글로벌 레벨의 전사적 이해와 소통 그리고 동참을 이끌어 내는 데에는 한계가 있다. 해서 필요시에는 해당 CEO나 전략 담당 임원(Chief Strategy Officer)이 직접 비행기를 타고 현지로 날아가 현장에서 로컬직원 및 주재원과 면대면 커뮤니케이션을 하는 것이 매우 효과적일 수 있다.

2011년에서 2015년 간 필자는 회사의 턴어라운드(Turnaround) 현황 및 계획에 대해 정기적으로 중국, 싱가폴, 독일, 미국 등 해외 지역본부를 직접 방문하여 해외지역에 있는 로컬직원 및 주재원들과 얼굴을 마주하고 커뮤니케이션한 적이 있다. 로컬직원과 주재원들이 원했던 것은 본사에서 온 임원으로부터 생생한 진행현황을 듣는 것과 더불어, 본인들의 현장의 목소리가 본사 경영진에게까지 제대로 전달되는 것이었다는 것을 여러 해를 거치면서 알게 되었다.

시사점

구조조정에 있어서 마법의 공식(Magic Formular)은 존재하지 않는다. 회사마다 처한 상황, 업종마다 처한 환경이 모두 상이하기 때문이고 또 이에 대응하는 기업의 역량과 문화가 서로 다르기 때문에 획일적으로 이렇게 하면 구조조정을 성공할 수 있다고 단언하기는 매우 어렵다. 그러나 상기 언급한 구조조정의 원칙은 업종과 회사를 막론하고 구조조정 추진 단계에서 한 번 새겨볼 만한 원칙들이다.

이제 ABC사의 홍길동 대표는 전사적 구조조정의 첫 발걸음을 옮기게 되었다. 구조조정 계획을 수립하고 추진함에 있어 홍길동 대표는 위의 다섯 가지 구조조정 원칙을 염두에 두고 주요 의사결정 때마다 되새겨 보면 좋을 것이다.

구조조정 어떻게
접근할 것인가?

앞서 우리는 구조조정의 원칙에 대해 살펴보았다. 이제 실제적으로 구조조정을 한다면 Day 1부터 어떻게 팀을 꾸리고 프로젝트를 추진해야 할지에 대해 구체적으로 알아보자.

앞서 설명한 ABC사의 사례에서 홍길동 대표는 당장 어떠한 일을,

| 구조조정 접근법(Approach) |

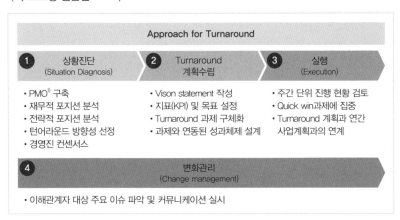

1) Program management office

언제, 어떠한 단계로 추진해야 할까? 앞의 접근법은 홍 대표가 XYZ 은행과의 회의를 마치고 회사에 돌아온 직후부터 당장 해야 할 일들을 설명하고 있다. 즉 회사가 경영정상화(Turnaround)가 되기까지 CEO가 적용할 수 있는 구조조정 추진 방법론에 대해 단계별로 상세히 설명하고 있다.

상황진단 단계

PMO의 구축 및 운영

부실단계에 이른 기업의 경영진이 가장 먼저 해야 할 첫 번째 단계

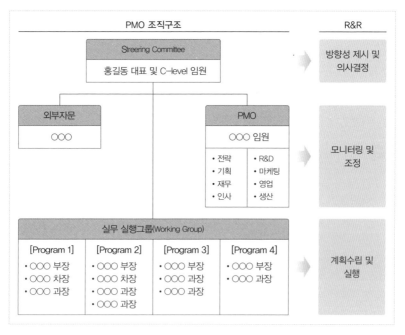

| PMO 구성 및 역할 | [예시]

는 Turnaround 프로그램 관리 오피스$^{(Program\ management\ office)}$를 구축하는 일이다.

PMO는 전략과제에 대한 모니터링, 지속적 개선 및 발생 이슈에 대한 프로그램 관리를 담당한다.

PMO는 조직도상 운영위원회$^{(Steering\ Committee)}$와 실무 실행그룹$^{(Working\ Group)}$ 사이에 위치하고 상하 간의 커뮤니케이션과 여러 프로그램 팀 간의 수평적인 의사소통을 주관한다.

PMO 조직의 역할과 책임은 다음과 같다.

운영위원회$^{(Steering\ Committee)}$

회사의 최고경영진, 즉 CEO, CSO, CFO 등과 같은 C-level 임원들로 구성한다. 운영위원회는 프로젝트를 총괄하며, 추진 방향, 주요 판단기준 및 원칙을 제시하고 산출물 검토 및 최종 의사결정을 한다.

PMO

PMO의 가장 큰 역할은 프로젝트 관리와 변화 관리이다.

[프로젝트 관리] 프로젝트 모니터링, 진도 관리, 이슈 관리, 산출물 관리, 운영위원회에 정기적 진행현황 및 이슈 보고, 주간회의 관리를 한다. 또한 핵심 이슈를 파악하여 유관조직과 해결을 위한 조정자 역할도 한다. 그리고 운영위원회가 각종 의사결정을 내릴 수 있도록 주요 판단기준과 정보를 제공한다.

[변화관리] 구조조정의 효과적 추진을 위해 강력하고 조직화된 의사소통을 실시하고 다양한 이해관계자의 참여를 유도한다.

PMO는 지원조직에서는 전략, 기획, 재무, 회계, 인사 그리고 현업에서는 R&D, 마케팅, 영업, 생산 등의 현업 부서로부터 핵심인재를 뽑아서 운영한다.

실무 실행그룹(Working Group)

실무 실행그룹은 턴어라운드를 위한 과제별 성과를 내는 핵심주체이다. 프로젝트 담당 과제(Initiative)별 액션플랜(Action plan) 수립 및 실행(Execution), 벤치마킹, 자료수집, 보고서 작성 및 보고 등을 담당한다.

해당 조직은 각 프로그램별로 과제에 대한 책임자를 선정하고 현업의 실무 담당자들로 구성을 한다.

외부자문단(Advisory)

필요시 프로젝트 외부자문단을 구성하여 진단 결과에 따라 선진사 벤치마킹, 관련 주제별 자문을 구한다. 이때 구조조정을 전문적으로 한 경험이 많은 전문가의 자문을 받는 것이 매우 중요하다.

PMO 운영의 성공 요인

성공적인 PMO의 운영 및 성과 창출을 위해서 아래의 사항을 고려할 필요가 있다.

첫째, CEO의 강력한 리더십과 PMO 활동에 적극 참여
둘째, 능력이 뛰어나고 변화에 대한 의지가 강한 최고의 멤버 발탁
셋째, 공격적이지만 실행 가능한 목표 설정
넷째, 목표와 보상체계의 명확한 연계

현황 파악

PMO가 구축되고 나면 이어서 해야 하는 가장 중요한 일이 바로 턴어라운드의 방향성(Direction)을 선정하는 일이다. 이를 위해서는 우선 해당 기업의 재무적 포지션을 파악하고 동시에 해당 기업의 시장 내 전략적 포지션을 분석한 뒤 방향을 선정하게 된다. '해당 기업의 재무적 포지션과 전략적 포지션이 어디에 위치하느냐?'에 따라 턴어라운드 방향의 옵션도 달라지게 된다.

재무적 포지션 판단을 위해서는 주로 유동성 리스크에의 노출 정도를 비롯한 재무건전성에 초점을 맞추고 전략적 포지션 판단을 위해서는 해당 기업의 밸류체인 각 항목별로 경쟁사와 비교하여 자사의 위치를 판단한다. 이와 관련한 팩트들을 모으고, 분석하고, 결론을 도출하는 일이 PMO의 일차적 미션이 된다.

도표에 의하면 재무적으로 약하면서 전략적으로 강한 경우에 처한

| Turnaround 방향성 분석 |

기업은 '사업분할을 통한 캐시플로우 확보'를 턴어라운드의 방향으로 잡고, 재무적으로 약하면서 전략적으로도 약한 기업의 경우는 '전사적 사업구조재편'과 같은 강력한 구조조정 옵션을 턴어라운드의 방향으로 선정하게 된다.

Turnaround의 방향성 선정을 위한 재무적 포지션과 전략적 포지션 파악을 위해 실무적인 차원에서 좀 더 구체적으로 살펴보기로 하자.

재무적 포지션 분석

PMO 멤버 중 재무와 기획 출신 팀원들은 아래의 재무현황에 대해 냉정하고 면밀하게 파악하는 것이 첫 번째 과제$^{(Task)}$이다. 이는 향후 추정을 통해 구조조정의 방향과 자금조달 방식 및 정도를 결정하는 데에 매우 중요한 출발점 역할을 한다.

아래의 도표는 부실에 이른 기업의 재무현황을 파악을 위해 기본적으로 분석해야 할 재무적 요소와 지표를 설명하고 있다.

부실기업이 챙겨야 할 가장 중요한 재무 요소는 무엇일까? 앞서 설명한 바와 같이 기업이 적자에 이르렀다고 해서 바로 부도의 단계로 가는 것은 아니다. 결국 주어진 상황에서 '만기 도래하는 채무를 갚을 수 있는 능력$^{(Debt\ servicing\ capacity)}$이 얼마나 되는가?'가 가장 중요한 재무 요인이다.

기업의 지급능력을 평가하는 지표로는 유동비율$^{(Current\ ratio)}$을 들 수 있다. 유동비율은 1년내에 현금화할 수 있는 자산으로서 1년내에 도래하는 부채를 얼마나 갚을 수 있는지를 나타낸 지표이다. PMO 멤버들은 이를 바탕으로 아래의 항목들을 더 깊이 분석하고 진단할 필요가 있다.

재무요소	평가지표	공식	해석	(제조)업계평균/참고치
재무구조의 안정성	부채비율(↓)	= 부채/자기자본	타인자본 의존도	100% 이하 이상적
	차입금 의존도(↓)	= (장단기차입금 +회사채)/총자본	차입금의존도가 높은 기업일수록 이자 등 금융비용의 부담이 커 수익성이 떨어지고 안전성도 낮아지게 됨.	100%이하에서 낮을수록 좋음.
지급능력	유동비율(↑)	= 유동자산[1]/ 유동부채	• 단기부채 상환능력 • 이 비율이 높을수록 현금 동원력이 좋음.	IMF 평균 92% 한국평균 135% 200%는 되어야
	현금 고갈률(↑)	= (현금 및 현금등가물 +유가증권+미수금 +매출채권)/ 영업 현금흐름	현금고갈률의 역수에 12를 곱하여 현 보유현금으로 얼마나 버틸 수 있는가?	업종별 평균치 참고
수익성	영업 이익률(↑)	= 영업이익/매출액	기업의 주된 영업활동에 의한 성과	업종별 평균치 참고 (−)로 적자 시 문제
	투하자본 이익률(↑)	= 세후순영업이익 (NOPAT)/ 영업투자자본	기업이 실제 영업활동에 투입한 자산으로 영업이익을 얼마나 거뒀는지 나타내는 지표	업종별 평균치 참고
자금조달 능력	신용등급(↑)	각 신평사별 자체 신용평가모델	통상 B등급 이하 시 고위험 등급으로 평가되어 자본시장에서 자금조달 어려움.	각 신평사별 신용등급 참고

1) 1년 이내 현금화할 수 있는 자산

- [Event 분석]: 연내 일어날 예정인 차입금 또는 회사채 만기일과 같은 주요 재무적 이벤트는 언제 어느 정도 규모로 다가오고 있는가?

- [지불능력 분석]: 해당 회사는 해당 Event 발생 시 대응할 수 있는 충분한 현금을 보유하고 있는가?

- [현금 고갈 기간 분석]: 현재 현금 고갈률(Cash burn ratio)은 얼마인가? 현재의 현금 고갈률을 그대로 적용한다면 얼마 동안 버틸 수 있

는가? 이를 기간으로 표시하면 런웨이$^{(Runway)}$가 되고 현금이 완전히 소진되는 날을 '자금완전소진일$^{(Fume\,day)}$'이라고 한다.

부실기업이 채권단과의 협의 시 채권단은 부채비율이나 이자보상배율과 같은 다양한 재무적인 지표와 목표치에 대해 협의를 할 것이다. 이때 유동성과 관련된 지표는 무엇보다 중요하게 다루어질 항목 중의 하나이다.

전략적 포지션 분석

턴어라운드의 방향성을 선정하기 위해 재무적 포지션에 이어 전략적 포지션을 파악하는 것도 PMO의 중요한 초기 활동 중의 하나이다.

우선 해당 기업의 경쟁력을 분석하기 위해서는 해당 업종의 밸류체인을 정의하고 해당 밸류체인의 주요 기능별로 이를 수행하는 데에 요구되는 자원과 역량을 정의한다. 이어 각 항목별로 경쟁사와 비교하여

| 전략적 포지션 분석 | [예시]

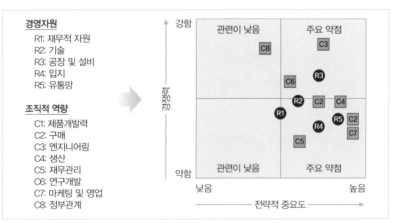

자료: R. Grant, Contemporary Strategy Analysis, Seungjoo Lee, Corporate S. Manual

자사의 전략적 포지션을 파악하게 된다.

위 도표의 경우는 글로벌 자동차 제조업체가 위 방법을 적용한 결과 전략적으로도 중요하고 동시에 상대적으로 강점이 있는 요인으로 C3 엔지니어링과 R3 공장 및 설비가 도출되었음을 알 수 있다. 전략적 포지션 분석을 할 때 해당 업종의 전체적인 현황과 경쟁사의 위치 및 대응 상황도 동시에 리서치를 하는 것이 중요하다. 또한 당사의 부실이 자체적인 내부적인 요인으로 발생하였는지, 아니면 유가, 환율, 물가 등 거시적 요인과 업계의 시장 및 경쟁 상황, 소비자의 니즈 및 반응 등 외생적 변수에 의해 발생하였는지도 잘 살펴보아야 한다.

외생적 변수와 맞물려 있다면 '특히 업계 내에서 당사의 경쟁 현황이 어디에 위치해 있는가?'에 따라 구조조정의 전략적 옵션과 정도가 달라질 수도 있다. 예를 들어 업황이 급속히 악화되어 장기화할 가능성이 있을 경우, 당사가 자금조달에는 더 어려움이 예상되기도 하지만, 동시에 업계 내의 경쟁사 간 전략적 제휴(Strategic alliance)를 형성하거나 합병(Merger)을 통해 전략적인 재무구조조정 또는 사업구조조정을 시도해 볼 수도 있다.

부실기업은 상황진단 단계에서 반드시 자사 내부뿐만 아니라 자사 외부의 환경도 검토하고 이를 턴어라운드 전략에 반영하여야 한다.

턴어라운드 계획 수립 단계

1단계의 상황진단을 통해 'Turnaround의 방향성'이 선정 완료되면 바로 이어서 'Turnaround 계획수립' 단계로 넘어간다. 2 단계의 첫 번째 활동은 아래의 Turnaround 프레임워크(framework)를 활용하여 비전

(Vision)을 수립하는 일이다.

Turnaround Vision 선언문(Statement) 작성

Turnaround를 위한 비전 선언문은 해당 기업이 도달하고자 하는 단기간의 미래에 대한 바람직한 상태를 기술한 문장이다. 짧고 간결하지만 임직원의 강력한 의지와 열망이 담겨있는 문장일수록 좋다. 예를 들어 "우리 회사는 20XX년까지 수익성과 유동성을 확보하여 Turnaround를 달성한다."가 될 수 있다.

전사 Turnaround 지표(KPI) 및 계량적 목표(Goal) 설정

임직원들이 열심히 실적개선과 재무구조 개선을 위해 노력하고 있을 때 회사가 turnaround 비전을 향해 제대로 나아가고 있는지 어떻게 알 수 있을까? 이를 간결하고도 측정 가능하게 알려주는 것이 바로 전사 레벨의 Turnaround 지표 및 목표이다.

이 단계에서 한 가지 유의할 점은 Turnaround용 지표는 회사가 정상적일 때 사용하는 지표와는 확연히 달라야 한다는 것이다.

일반적으로 회사가 안정화 단계를 거쳐 성장단계에 이르렀을 때는 규모의 경제를 통한 비용경쟁력 확보를 위해 시장점유율, 매출 증가율, 자산증가율, 신제품개발 건수 등을 전사 KPI로 사용할 수 있다. 그러나 생존을 목표로 하는 비상상황 단계에서는 회사가 가장 집중해야 할 목표는 바로 신속히 적자를 탈출하고 유동성을 확보하여 부도를 피하는 일이다. Profit and Cash, 즉 생존을 위한 수익과 현금을 동시에 확보

| 구조조정 단계별 KPI(전사 레벨)** |**　　　　　　　　　　　　　　　　　　[예시]

1) 매출 - 매출원가 - 일반관리비
2) 영업이익/이자비용: 기업의 부채에 대한 이자지급 능력
3) 유동자산/유동부채: 회사의 지불능력
4) 부채/자본: 기업의 재무구조 특히 타인자본의존도, 주요 재무구조지표
5) 단기차입금/총차입금: 총 차입금 중 일년내 상환해야 하는 차입금 비중
6) 영업이익/매출액
7) 순이익 ± 비현금성비용(수입) ± 순운전자본의 감소(증가)
8) 세후순영업이익(NOPAT)/영업투자자본:
9) 투하자본 × (ROIC - WACC*) * WACC: 가중평균자본비용 투하자본에 대한 부가가치 창출력

해야 하는데 이와 연계된 전사 KPI 후보로 이자보상배율, 유동비율, 부채비율을 고려하는 것이 좋다.

이자보상배율(Interest Coverage Ratio)은 영업이익을 이자비용으로 나눈 지표로, 정상적인 기업은 1.5~2배 이상이 되어야 한다. 분자인 영업이익이 적자가 되면 당연히 이자 지급능력이 매우 나빠지고 있다는 징후이다. 이 지표는 두 마리 토끼를 동시에 잡는 효과를 볼 수 있다. 즉 전사적으로 손익계산서상의 영업이익을 흑자로 전환시키는 효과를 기대할 수 있고, 동시에 차입금을 줄여 이자비용을 감소시킴으로써 재무상태표상의 부채비율을 줄이는 효과도 기대할 수 있다.

유동비율(Current Ratio)은 유동자산을 유동부채로 나눈 지표로서, 일년 내 회사가 차입금을 상환할 수 있는 지불 능력을 나타내는 지표이며, 부도 위기에 몰린 회사에서 특히 유동성 관리를 위해 고려해야 할 지표이다.

부채비율(Debt to Equity Ratio)은 부채를 자본으로 나눈 지표인데, '회사가 자산을 형성함에 있어서 타인자본, 즉 남의 돈에 얼마나 의존하고 있는가?'를 보여주며, 이 수치가 200%를 넘게 되면 '재무구조가 건실하지 못하다'라고 보게 된다. 부채비율이 높을수록 차입금의 규모가 커지게 되고, 이에 따라 이자비용도 늘어나게 된다. 그런데 일정 수준을 넘어서게 되면 차입금 만기 시 상환할 적정 현금을 확보하지 못해 부도에 이르게 되기 때문에 금융기관 및 투자자들은 재무구조 파악 시 필수적으로 보는 지표이다.

Turnaround 과제(Initiative) 및 과제 KPI 도출

전사 레벨의 Turnaround 지표(KPI)가 정해지면 이어서 해당 KPI를 구체적으로 인수분해하듯이 쪼개어 Value Tree Driver를 도출한다. 이 단계에서는 업계 또는 타 업계를 대상으로 해당 Value tree driver 에 대한 벤치마킹(benchmarking)을 실시하고, 이를 참고하여 현업 담당자들 이 참여하는 워크숍을 여러 차례 실시하여 당사와 해당 업종의 특성에 적합한 Value Driver Tree를 작성하게 된다.

VDT를 작성하는 궁극적인 목적은 전략과제(initiative)를 구조적으로 도출하기 위해서이다. 현업과의 워크숍 등을 통해 다양한 과제들을 도 출하고 이를 단순히 과제 Pool에 모은 후 순서를 정해 추진할 수도 있 다. 그러나 우리 속담에 "구슬이 서 말이라도 꿰어야 보배"라는 말이 있 듯이 VDT를 활용하여 전략과제와 KPI를 도출하면 과제 달성 시의 성 과가 어떻게 전사 Turnaround KPI를 달성하는데 연결이 되는지, 그리 고 얼마나 기여하는지가 반도체의 회로도처럼 구조적으로 해석과 설명 이 가능해진다.

또한 각 전략과제별 기대효과에 대한 민감도 분석(Sensitivity analysis)이나 시뮬레이션(Simulation)을 통해 제한된 경영자원을 어느 과제에 집중해야 가장 효과가 큰지도 알 수 있다.

각 전략과제와 연계된 KPI 및 목표를 도출하고 더 나아가서 각 과제 별로 성과에 대한 책임을 질 조직을 구체적으로 명시하게 되면 과제별 목표와 책임소재가 분명해지므로 책임경영을 가능케 하는 효과도 있 다. 이 같은 Turnaround 과제의 도출 및 관리는 바로 PMO가 해야 할 가장 중요한 역할이다.

위의 사례는 한 글로벌 물류회사가 이자보상배율을 단기간에 전사 적으로 달성해야 할 전사 Turnaround KPI로 선정한 후 Value Driver Tree를 활용하여 전략과제와 과제 KPI 및 담당 조직 배정이 어떻게 캐

Value Driver Tree	전략과제(Initiative)	전략과제 KPI	담당조직
할당	대량 화물 집하	대량 화물 집하율	영업
신규고객	신규화주 발굴	신규화주 유지율	영업
Route Mix	Route 합리화	Route 수익율	마케팅
화물Mix	화물mix 합리화	고수익 화물 비율	영업
하도급료	기본할증료 미수 축소	기본할증료 미수 축소율	영업
유휴차량임대수입	유휴차량 임대수입 증대	유휴차량 임대수입	마케팅
기타임대수입	유휴slot 가동률 증대	유휴slot 가동률	마케팅
하도급료	하도급 비용 절감	하도급 비용 절감액	운영
장비리스료	장비리스료 절감	장비리스료 절감액	운영
연료비	연료비 절감	연료비 절감액	운영
Slot비	Slot비용 절감	Slot 비용 절감액	운영
대리점비	대리점비 절감	대리점비 절감액	운영
운전자본	유동성 증대	현금잔액/인기차임금	재무
	매출채권 회전일수단축	매출채권 회전일수	영업
유형자산	사업장 운영효율성 증대	사업장 운영효율성	운영
부하자산	순부채비율의 감소	순부채비율 감소율	재무
자본	자본 장수률 감소	자본장수률 감소율	재무
부채구조	자산매각 및 자본증대	매각금액 및 자본금 증대액	재무
신용도	기업신용도 평가 개선	기업신용도 평가개선도	재무

매출 · 비용 · 부채 · 이자비용

운임 · 할증료 · 기타 / 변동비 · 고정비 / 투하자산 · 자본 / 부채구조 · 신용도

물량 · 가격 / 기타할증료 / 임대수입 · Slot판매수입 / 차량변동비 · 비차량변동비 / 차량고정비 · 비차량고정비 / 영업활동자산 · 이자비용 · 미지불 부채 / 자기자본총액 · 기대수익률

영업이익 (EBIT) / 이자비용

이자보상배율 (ICR)[1]

1) Interest Coverage Ratio

스케이딩^(Cascading) 되고 있는지를 보여주고 있다.

Turnaround 과제와 연동된 성과체계 설계

Turnaround의 목표를 달성하는 데에 있어서 기존 조직원의 참여와 실행은 무엇보다도 중요하다. 현장 실무의 문제점 개선과 관련된 아이디어도 결국 이 실무진들이 가지고 있기 때문이다. 이렇게 조직의 집중도와 실행력을 높이기 위해서는 앞서 설계된 Turnaround 비전, 지표, 목표 과제별 목표에 대해 각 산하 조직별 목표 달성 시의 인센티브 지급방안을 초기부터 설계하고 이를 임직원과 소통하는 것이 성과 창출에 도움이 될 것이다.

변화관리 단계

기업이 새로운 턴어라운드 비전을 수립하고 추진해 나가는 과정에서 필연적으로 조직 내 구성원들은 혼란에 빠지게 되고 또 저항하기도 한다. 이는 변화의 속성이 조직과 임직원들이 갖고 있던 기존의 여러 관계가 무너지고 재정립되는 것을 의미하기 때문이다.

따라서 성공적인 변화관리를 위해서는 면밀하게 변화관리 프로그램을 설계하고 주기적으로 실행현황을 모니터링하여 조율해 나가는 것이 중요하다. 또한 프로그램은 반드시 턴어라운드 비전 및 목표와 연계시켜서 설계 및 진행을 하고 적절한 인적·물적 자원을 배치하여야 소기의 효과를 볼 수 있다.

시사점

앞서 나온 여러 진단 결과를 바탕으로 턴어라운드 목표를 설정하는데 있어서 유의해야 할 점이 몇 가지가 있다.

첫째는 냉철한 현실 파악이다. 현황진단 단계에서 회사가 처한 상황, 특히 유동성 관점에서 상환 일정에 따라 얼마나 버틸 수 있는지를 매우 냉정하고 철저히 파악하는 일은 무엇보다도 중요하다. 이에 따라 향후 대응방안을 단순히 수익성 개선에 초점을 맞출 것인지, 아니면 사업·자산매각 또는 유상증자와 같은 대대적인 구조조정을 할 것인지를 가늠해 보고 향후 구조조정의 방향과 깊이를 정할 수 있기 때문이다.

둘째는 현업의 눈높이에 맞춘 과제 도출 및 추진이다. 현업에 비용절감이나 효율성 증대를 위한 개선과제 도출을 요구하더라도 전사적인 차원의 대규모 사업구조조정이나 재무구조조정 아이디어는 현실적으로 나오기 어렵다. PMO에서 주도적으로 재무적 포지션 및 전략적 포지션 분석을 통해 Turnaround의 방향성을 경영진에게 상정하고 이 방향성이 결정되고 나면 현업에는 세부적인 과제를 도출하여 추진하게 하는 것이 현실적이고도 성과가 나는 운영방식이다. 사업부 매각이나 유상증자와 같은 과제를 현업에서 추진하는 것은 실현가능성이 떨어진다.

셋째는 지나친 낙관주의이다. 부실에 처한 회사가 현재의 상황에서 최소한의 실적개선과 유동성을 확보하기 위해서는 매우 실질적이고도 보수적으로 접근해야 함에도 불구하고 현업에서는 실적 악화가 일어난 책임에 대한 부담으로 인하여 빠른 시간 내에 시황이나 실적이 좋아질 것이라는 시나리오를 주장할 가능성이 높다. 심지어는 '과거에도 이런 상황이 있었고 어려웠지만 지나갔다."라며 문제가 심각하지 않게 보이게 하여 구조조정의 당위성과 추진력을 약화시키기도 하기 때문에 유의할 부분이다.

넷째는 지나친 보신주의이다. 낙관주의와는 반대로 각 현업에서 실적 개선을 위한 여러 전략과제를 도출하고, 또 이 과제별 목표치를 설정하는 데에 있어서 현업의 실무진들은 목표 미달 시의 부담으로 인해 쉬운 과제만 선택한다든지, 또는 목표를 지나치게 낮게 잡아 턴어라운드 달성의 도전적 목표 설정을 방해하는 경향이 있다. 이 또한 타파해야 할 마인드이다.

비상상황 단계에서 회사의 생존(Survival)에 총괄적 책임을 지고 있는 Turnaround CEO는 낙관주의나 보신주의를 타파하고 최대한의 잠재치를 도출하고 이를 달성할 수 있도록 구성원들을 설득하고 독려하여야 한다.

구조조정의
종류와 추진 순서

　많은 사람들이 '구조조정'이라는 단어를 들으면 우선 인력구조조정 또는 해고를 머리에 떠올리게 된다. 급여 생활자들의 경우 생계와 직결된 일자리가 없어지는 상황이므로 당연한 일이기는 하겠으나, 인력구조조정은 기업을 경영정상화(Turnaround)하기 위해 사용하는 여러 방안 중의 하나이다. 경영정상화를 위해서는 이 외에도 다양한 전략적 옵션들이 존재한다.

　앞 장에서 설명한 구조조정 접근법을 적용한 ABC사의 경우 회사의 현 상황을 진단한 결과 재무적으로도 약하고 전략적으로도 포지션이 약하여 구조조정의 방향이 '전사적 사업구조재편'으로 결정이 되었다고 가정하자. 그렇다면 이 방향으로 나아가는 데 있어서 구체적으로 구조조정의 종류에는 어떤 것이 있을까?

　이 질문에 대한 답변을 위해 이번 장에서는 '구조조정의 종류와 특성', '성공 확률이 높은 구조조정 유형', 그리고 '구조조정의 추진 순서'에 대해 살펴 보자.

구조조정의 종류

구조조정은 크게 '사업구조조정', '재무구조조정', '이익구조조정', '조직구조조정', '인력구조조정'으로 나누어 볼 수 있다. 이 장에서는 각 방안별 개괄적인 내용 및 목적에 대해 알아보고 다음 장부터는 개별의 방안에 대해 더 자세히 설명코자 한다.

| 구조조정의 종류와 추진순서 |

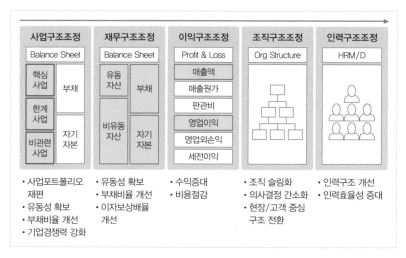

사업 구조조정(Business Portfolio Restructuring)

사업구조조정은 자사가 운영 중인 사업 포트폴리오(Business portfolio)의 재편을 통해, 즉 비관련 사업이나 한계사업을 적절한 가격에 인수 의향이 있는 대상에게 매각하여 유입된 자금으로 유동성을 확보하거나 차입금 상환을 통한 부채비율 개선 등을 목표로 한다.

다각화된 기업의 기존 사업 포트폴리오에 대해 전략적 환경분석 및 평가 기준을 수립하고 이를 기준으로 핵심사업, 육성사업, 한계사업, 철수사업 등으로 구분한 뒤 이에 맞추어 해당 사업의 전략을 추진하게 된다. 특히 한계사업과 철수사업의 경우는 기업분할(Divestiture)의 대상이 되며 최적의 사업가치(business valuation)을 획득할 수 있도록 턴어라운드 진행 과정상 철저히 사전 준비를 해야 한다.

재무구조조정(Financial Restructuring)

재무구조조정은 미래의 '지속적인 현금 유입(Continuous stream of future cash inflow)'을 유지할 수 있는 적정한 재무구조를 확보하고 유지하기 위한 방안이다. 자산의 매각(Asset sale), 또는 매출채권, 매입채무, 재고를 대상으로 하는 운전자본 최적화(Working capital optimization) 등을 통해 유동성을 확보하거나 부채 감소, 자본의 확충과 같은 전략적 레버(Lever)가 실질적이고도 주도면밀하게 추진되어야 한다.

이익구조조정(Profit Restructuring)

이익구조조정은 수익증대(Revenue increasement)와 비용절감(Cost saving)의 주제로 나눌 수 있다.

수익증대를 위해 제품믹스(product mix) 재조정, 즉 제품합리화(Product pruning)와 제품생산중단(Sunsetting)을 통해 제품라인 축소(Product line rationalization)를 실시하여 적자를 줄이고, 동시에 고객이 원하는 신제품을 개발하고 새로운 기능을 추가하여 제품라인 확대(Product line extension)를 통해 수익증대를 꾀할 수 있다.

예를 들어, 물류회사의 경우 저수익 노선의 폐쇄하고 고수익 노선으로 자원을 재배치하는 네트워크 합리화(Network Rationalization)를 통해서 수익성을 높일 수도 있다. 또한 자사의 기존 제품을 기존 고객에게 판매할 수도 있고, 다른 사업 세그먼트(Segment)나 다른 지역으로 수출, 라이센싱,

전략적 제휴, 해외직접투자 등을 통해, 수익증대를 노려볼 수 있다.

부실에 이른 기업이 금융단과 자율협약이나 워크아웃^(workout)의 단계에 이르게 되면 재무 조직에서는 여러 재무적 추정^(financial estimation)을 하게 되는데, 특히 매출의 안정적 확보 및 성장에 대한 준비가 중요하다. 예컨대, 기존 제품이 3~5년 이상의 장기 계약을 맺고 있거나 신제품의 파이프라인에 고객사의 승인을 받은 제품을 확보하는 것은 안정적 매출 성장^(Top line growth)를 설명하는 좋은 근거가 될 수 있다.

비용절감은 기업의 밸류체인^(Value chain)별 원가절감과 더불어 전사적 관점에 프로세스 혁신^(Process innovation)도 포함하여 추진해야 한다. 즉 설계원가절감, 구매원가절감, 생산원가절감 등 밸류체인의 기능별 원가절감이 일차적으로 이루어지면 이후 해당 기능의 Global best practice를 벤치마킹하거나 비즈니스 프로세스 리엔지니어링^(Business process reengineering)과 같은 경영혁신활동을 통해 추가적인 원가절감 기회를 발굴하고 추진해야 한다.

조직 구조조정^(Organization Restructuring)

조직구조조정은 조직통폐합을 통해 규모를 줄이고 수평적 조직 구조로 재편하여 의사결정 단계를 간소화하며, 기능형 조직^(Functional organization)에서 사업부 조직^(Business unit) 또는 매트릭스 조직^(Matrix Structure)으로의 재편을 고려할 수 있다. 또한 글로벌 오퍼레이션을 운영한다면 지역본부체제^(Reginal HQ system) 도입을 통해 조직효율성을 향상시키는 것이 목표이다.

물론 앞서 설명한 사업구조조정에 따른 후속 또는 사전적인 차원의 조직구조재편도 포함된다. 이 경우 단순히 조직도만 새로 작성하면 되는 것이 아니라 이에 따른 회사의 지배구조^(governance), 정책^(Policy), 핵심프로세스^(Key process), 역할 및 책임^(Roles & responsibilities), 그리고 관련 성과지표^(Performance indicator) 등이 재설계되어야 조직의 혼란을 막고 구조조정의 방향에 맞추어 전 임직원이 해당 과제와 업무에 집중할 수 있게 된다.

인력구조조정^(Workforce Restructuring)

인력구조조정은 인력 감축 및 효율적 운용을 통해 생산성을 향상하고 인건비 감소를 목표로 한다. 그러나 특히 감원은 핵심인력 유출, 업무 과중, 경쟁력 약화, 특히 노사분규 등으로 이어질 수 있어서 기업분할, 사업부 매각과 같은 M&A나 여타 구조조정 과제의 추진에 영향을 줄 수 있어 매우 신중하게 추진되어야 한다.

구조조정의 유형별 성공 확률

앞서 설명한 여러 종류의 구조조정 프로그램 중 어떤 것이 성공 확률이 높을까? Strategic Planning Associate에서 미국 135개 기업을 대상으로 분석한 리스트럭처링 프로그램을 유형별로 분석한 결과, 재무구조의 개선만을 추구하는 재무구조조정에 비해 사업구조를 포함한 조직의 근본적인 변화를 추구하는 전사적이고 전략적인 구조조정의 성공 확률이 평균적으로 더 높게 나타났다. 또한 조직 전반을 대상으로 하는 포괄적인 구조조정 프로그램이 특정 부분만 개선하는 제한적인 프로그램보다 성공 확률이 높게 나타났다. 따라서 근본적이고도 성과를 가져오는 구조조정을 위해서는 전사적인 범위로 전략적인 구조조정을 고려하여야 함을 알 수 있다.

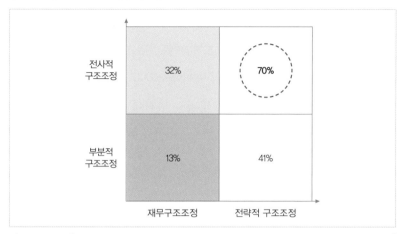

전사적
구조조정   32%   70%

부분적
구조조정   13%   41%

              재무구조조정   전략적 구조조정

자료: W. Lewis, "Strategic Restructuring: A Critical Requirement in the Search for Corporate Potential,"
Corporate Restructuring

구조조정의 추진 순서

많은 기업들이 부실의 징후가 나타날 때, 특히 손익이 악화되면 가장 범하기 쉬운 오류 중의 하나가 바로 조직을 개편하고 인력을 줄여 당장 비용절감에 나서는 일이다. 특히 기업부실이 단위 회사가 통제하기 힘든 인플레이션, 이자율, 환율, 글로벌 공급망 교란과 같은 외생변수인 매크로 경제요인에서 기인되었을 경우, 경영진의 입장에서는 조직개편과 감원이 가장 용이하고 단기간에 손익을 올릴 수 있는 방안으로 보일 수도 있다. 그러나 엄밀하게 말하면 조직과 인력구조조정은 가장 마지막에 고려해야 할 방안이다.

왜냐하면, 사업 구조조정을 통해 특정 사업 부문을 분할하거나 합자회사(Joint venture)를 설립할 경우, 남아야 할 인력과 보내야 할 인력의 선정, 또 그 이후의 조직구조 변경에 따른 인력의 재배치와 인원의 조정, 프로세스 및 역할과 책임 재조정 등 다양한 이슈들이 연이어서 일어나기 때문이다. 또한 M&A를 통해 사업구조조정을 할 경우 인수 후 통합 PMI$^{(Post\ merger\ Integration)}$ 과정에서 조직과 인력의 변경은 불가피하다. 만약 턴어라운드 프로젝트의 초기에 조직과 인력구조조정을 제일 먼저 실시하였다면 향후 사업, 재무, 이익 영역에서의 구조조정 과정에서 많은 제약에 직면하게 될 것이며, 또한 과정상 조직개편의 반복을 피하기 어려울 것이다. 결국 직원들로부터는 "소는 누가 키우나?"라는 불만이 많이 나올 수밖에 없다.

과거 필자는 회사의 물류사업부를 사모펀드$^{(Private\ Equity\ Fund)}$에 매각하여 유동성을 확보하는 프로젝트를 총괄한 적이 있다. 미국, 중국, 동남아, 유럽에서 오퍼레이션을 하던 이 사업부를 분할하는 첫 단계는 구분회계 시스템을 구축하여 다른 사업부들과의 자산과 부채, 손익 관련 항목 등을 구분하는 일이었고, 이를 위해 당연히 해당 사업부 소속 직원뿐만 아니라 간접부서 직원 그리고 유관부서 직원들은 구분하여 남을 직원과 갈 직원을 구분하는 일이 연이어서 일어나게 되었다. 분할되어 나갈 회사는 단위 회사로서 독립채산제로 운영이 되어야 하는데, 만약 이 사업부 분할 이전에 대규모 인력구조조정을 통해 인력을 대폭 줄였다면 분할되어 나간 회사는 분할 이후 다시 필요인력을 채용해야 하므로 매각 사업부의 가치는 떨어질 수도 있었다.

따라서 구조조정은 위 도표에 나와 있듯이 '사업구조조정', '재무구조조정', '이익구조조정', '조직구조조정', '인력구조조정'의 순서로 진행하는 것이 바람직하다.

시사점

위에 설명한 5가지 구조조정이 성공적으로 이루어지기 위한 전제조건 중의 하나가 대주주인 최고경영자의 경영철학과 마인드의 변화이다. 기업을 창업하여 여러 어려운 과정을 극복하며 오늘의 회사에 이른 것은 경영자의 큰 업적임은 부인할 수 없다. 그러나 기업부실이라는 냉엄한 현실 또한 경영자의 의사결정 결과임도 부인할 수 없다. 따라서 구조조정과정에서, 특히 상장회사라면, '기업은 내 개인 소유이다'라는 의식에서 '주주의 권익을 대신하는 선량한 관리자의 역할을 담당하는 전문 경영자'라는 인식과 자세, 행동으로의 전환이 필요하다. 그래야 합리적이고 과감한 자세로 구조조정을 할 수 있게 되고 이 구조조정 계획을 기업과 관련된 여러 이해관계자들, 특히 채권자나 투자자들과의 커뮤니케이션에서 동의나 컨센서스를 이루기에 용이하게 될 것이다.

사업
구조조정

앞 장에서는 구조조정의 종류와 추진순서에 대해 알아보았다. 이번 장부터는 세부적으로 각각의 구조조정 방안에 대해 구체적으로 살펴보기로 한다.

필자가 글로벌 컨설팅사에서 수석 컨설턴트로 일할 때 글로벌 가전 제품사의 전략 프로젝트 초기에 미국 파트너로부터 자주 들었던 말 중의 하나가 바로 "Do it right the first time."이었다. 이 말은 일반적으로 제조업의 경우 고객이 최종 제품을 받을 때 불량이 없는 제품을 한 번에 받을 수 있도록 "제조 전체 프로세스와 시스템을 초기부터 제대로 구축하라"라는 의미로 사용된다. 그 파란 눈의 파트너는 컨설팅 프로젝트도 초기에 제안서 작성 단계부터 시작하여 최종 산출물을 고객에게 전달하는 모든 과정을 처음부터 제대로 설계하고 관리를 해야 원하는 결과에 도달할 수 있음을 여러 번 강조하였던 기억이 난다. 마찬가지로 구조조정도 한 번에 성공을 해야지, 1차 구조조정이 실패할 경우 2차, 3차로 갈수록 난이도와 비용은 더욱 크게 증가하기 때문에 매우 주도면밀한 전략적 접근과 준비가 요구된다.

이번 장에서는 여러 구조조정의 종류 중 사업 포트폴리오에 대한 구조조정인 '사업 구조조정(Business portfolio restructuring)'에 대해 알아보자.

사업 구조조정의 중요성

사업 구조조정은 재무상태표의 자산 항목 중 규모가 상대적으로 큰 대상에 대한 조정, 즉 회사분할, 영업양수도, M&A 등을 통해 유동성을 확보하거나 재무구조를 개선하고 궁극적으로 사업경쟁력 강화를 목적으로 한다.

사업 구조조정은 구조조정의 여러 방안 중 회사의 전략과 비즈니스 모델에 영향을 미칠 수 있어서 전략적으로 가장 중요할 뿐만 아니라 규모 및 영향도 커서 구조조정의 순서에 있어서도 가장 먼저 검토하고 추진되어야 할 방안이다.

필자가 경험한 여러 구조조정 프로젝트들을 돌아보면 많은 회사들이 적정 유동성을 확보하기 위해 사업구조조정을 해야 함에도 불구하고 여러가지 이유로 의사결정을 미루다가 타이밍을 놓쳐 사업매각의 가치를 제대로 받지 못하거나 협상에서 불리한 위치에 처한 경우를 종종 보아왔다. 해당 기업들은 턴어라운드를 위해 주로 재무구조조정이나 조직·인력구조조정에만 초점을 맞추다가 정작 필요한 유동성을 확보하지 못하자 어쩔 수 없이 사업구조조정의 단계로 넘어가게 된 케이스가 많았다. 이 경우 회사의 부실 상태는 이미 시장에 알려져서 해당 사업부나 자산의 가격을 많이 할인해서 매각해야 하는 아쉬운 점이 많았다.

사업구조조정의 핵심질문(Key question)

현재의 재무현황과 필요 유동성을 고려 시 사업구조조정을 통해 조달해야 하는 현금흐름의 규모는 얼마인가?

기존 사업 포트폴리오 중 중장기적으로 핵심사업, 육성, 단기 육성 후 매각, 즉시 매각할 사업은 무엇인가?

사업별 전략적 관점과 가치적 관점을 기준으로 세부적인 기준을 선성해 사실(Fact)에 근거한 분석을 통해 해당 사업별 미션을 결정하고 구조조정 대상 사업을 선정한다.

미래의 신성장 기회는 무엇인가?

기존의 포트폴리오를 재조정하더라도 지속적 성장에 한계가 있는 것으로 진단이 되면 새로운 영역으로의 진출을 통해 비즈니스 트랜스포메이션(Transformation)을 도모하여야 한다. 해당 기업의 밸류체인상에서의 위치를 파악하고, 이를 기준으로 수직적 확장 또는 수평적 확장의 기회를 고루 도출하며, 이에 따른 신사업 후보군을 모색한다.

신사업으로의 진출은 당연히 상기 재무적 유동성 위기를 극복할 수 있다는 전제하에서 추진되어야 한다. 기존의 핵심사업이 부실해지고 캐시 카우(Cash cow) 역할을 제대로 수행하지 못해서 부실이 발생했다면, 이때가 바로 전사적 트랜스포메이션을 할 적기일 수도 있다. 또한 이 시기가 전사적 혁신과 변화를 꾀할 수 있는 호기일 것이다. 왜냐하면 사업이 잘되는 시기에 변화를 시도하면 조직 내에 많은 저항을 불러일으키기 때문이다. '사업을 잘하고 있는데 왜 바꾸려고 하는가?'가 현업의 논리인 경우가 많다.

포트폴리오 개선을 위해 수반되는 역량, 자원, 리스크는 무엇인가?

특히 변화된 포트폴리오를 효과적으로 관리할 수 있는 조직체계 또는 지배구조도 이 단계에서 검토되는 것이 좋다. 홀딩스(Holdings)는 이 경우 사업 포트폴리오를 전사적 관점에서 관리할 수 있는 효과적인 지배구조일 수 있다.

사업 구조조정 접근법

| 사업구조조정 접근법 |

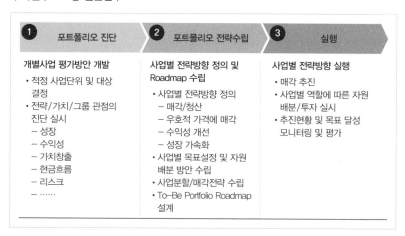

① 포트폴리오 진단	② 포트폴리오 전략수립	③ 실행
개별사업 평가방안 개발 • 적정 사업단위 및 대상 결정 • 전략/가치/그룹 관점의 진단 실시 – 성장 – 수익성 – 가치창출 – 현금흐름 – 리스크 – ……	**사업별 전략방향 정의 및 Roadmap 수립** • 사업별 전략방향 정의 – 매각/청산 – 우호적 가격에 매각 – 수익성 개선 – 성장 가속화 • 사업별 목표설정 및 자원 배분 방안 수립 • 사업분할/매각전략 수립 • To–Be Portfolio Roadmap 설계	**사업별 전략방향 실행** • 매각 추진 • 사업별 역할에 따른 자원 배분/투자 실시 • 추진현황 및 목표 달성 모니터링 및 평가

사업 구조조정은 다음의 단계로 진행하는 것이 좋다.

첫 번째 단계는 구조조정을 위한 적정사업단위 및 대상을 선정하는 일이다. 여러 자회사가 동종 사업을 운영하는 경우 하나의 사업으로 묶어서 진단하고, 반대로 한 자회사 내에 이종 사업을 운영하는 경우 사업을 분리하여 진단하여야 한다. 그래야 향후 해당 사업의 전략적, 재무적 관점의 진단이 일관성을 가지고 이루어질 수 있기 때문이다.

두 번째는 사업별 전략 방향을 정의하는 일이다. 앞 단계에서 실시한 진단의 결과에 따라 매각을 할 사업인지, 수익성 개선에 초점을 맞출 사업인지, 성장을 가속화해야 하는 사업인지를 결정한다.

세 번째는 각 사업별 전략 방향을 실행하는 단계이다. 각 사업별 역할에 따른 자원을 배분하고 투자를 실시, 또는 매각을 추진하고 현황 및 목표달성을 모니터링하며 평가하는 단계이다.

이어서 각 단계별 추진 방안을 좀 더 구체적으로 살펴보기로 하자.

사업 포트폴리오 진단

적정 사업단위가 결정되면 이어서 사업포트폴리오 진단을 전략적 관점과 가치적 관점에서 실시하게 된다.

| 사업포트폴리오 진단 |

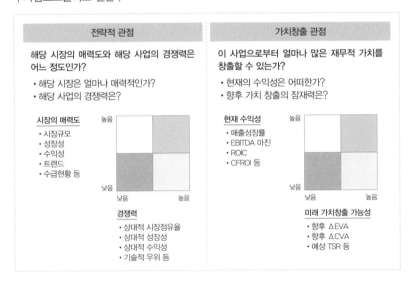

전략적 관점의 진단은 해당 시장의 매력도와 해당 사업의 경쟁력이 어느 정도인가를 평가를 한다. 가치적 관점의 진단은 '이 사업으로부터 얼마나 많은 재무적 가치를 창출할 수 있는가?'라는 관점에서 현재의 수익성과 미래 가치창출 가능성을 기준으로 평가를 하게 된다.

사업 포트폴리오 전략 수립

각 사업에 대한 전략적 관점과 가치적 관점의 진단이 끝나면 이를 통합하여 사업별 전략 방향을 선정하게 된다. 아래 도표의 우측의 매트릭스에 각 사업을 포지셔닝(positioning)하면 해당 사업을 어느 방향으로 추진해야 될 것인지를 가늠할 수 있게 된다.

예를 들어, 특정 사업이 전략적 적합성도 낮고 가치 창출 잠재력도 낮다면 이는 매각 또는 청산의 대상이다. 이어서 특정 사업이 전략적 접합성은 낮으나 가치창출 잠재력은 높다면 이 사업은 우호적인 가격으로 매각하여 유동성 확보에 지원을 할 수 있도록 해야 한다. 즉 3사분면과 4사분면에 포지셔닝 되는 사업이 구조조정 대상이 되며, 매각으로 확보한 자금은 즉각적으로 유동성 확보에 사용되어야 한다. 그리고 1사분면에 포지셔닝이 되는 사업은 비용절감 등을 통한 수익성 개선에 집중하고, 역량 확보를 위해 전략적 제휴나 M&A 전략을 추진하는 것이 적합하다.

전략적 적합성과 가치창출 잠재력이 모두 높은 2사분면에 포지셔닝 되는 사업은 해당 시장에서의 리더십을 유지하면서 사업확장 및 성장을 추구하는 전략을 선택하는 것이 좋다. 신사업 후보군들도 결국은 이 2사분면에 포지셔닝이 될 잠재력이 큰 사업을 발견하고 진출하는 것을 목표로 삼아야 할 것이다.

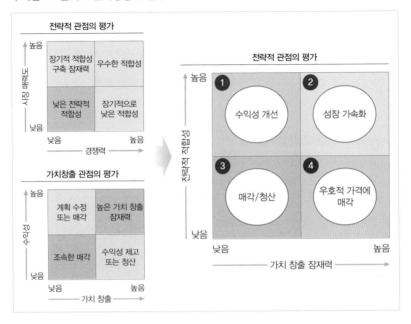

사업분할/매각 전략

구조조정기에 중요한 전략적 옵션 중의 하나가 바로 사업분할/매각이다. 특정 사업을 매각하게 되면 상당한 금액의 유의미한 자금이 즉각적으로 유입되게 된다. 그러나 이 전략은 상황에 따라 상당한 시간이 소요되고 복잡성이 높으므로 사전에 주도면밀한 준비와 더불어 조직 내 관련 역량과 경험을 필요로 한다.

분할/매각의 종류

기업분할은 거래 대상과 자사의 지분보유율에 따라 '지분매각', '자산매각', '합작', 'M&A', 'Spin-off', '자회사 분리/상장', '사내분사' 등으로 나눌 수 있다.

해당 사업을 시장 내 선도 업체와 합병(Merge)을 할 경우 사업경쟁력 강화를 기대할 수 있다. 예를 들어, 시장점유율이 1위인 업체와 합병을 하게 되면 기존 시장 내의 시장지배력을 확대하고 가격전쟁을 완화시키는 효과를 볼 수 있다. 또한 생산시설 공동활용, 기술 및 노하우의 공유, 마케팅 비용 감소, 규모의 경제에 의한 원료조달 효율성 증가 등을 통해 수익성 개선을 기대할 수 있다.

기업분할/매각의 단계

사업분할/매각은 크게 ① 매각대상사업 선정 ② 잠재적 인수자 파악 ③ 매각영역 옵션 설정 ④ 협상 및 계약의 단계로 진행이 된다.

매각대상사업 선정

앞서 설명한 사업포트폴리오 진단 및 전략 방향 수립 과정의 결과를 통해 매각대상 사업을 결정하게 된다. 이때 추가적으로 '과연 우리는 해당 사업에 최적의 운영 또는 소유회사인가?', '경쟁사 또는 타사가 이 사업을 소유하면 더 많은 가치를 창출할 수 있는가?'도 고려하여 자사보다는 인수자에게 더 가치가 있는 사업을 매각대상사업으로 선정할 필요가 있다.

잠재적 인수자 파악

매각 사업이 결정되면 이어서 명확한 인수자 선정 기준을 설정한다. 특히 현실적으로 딜이 체결될 경우의 세금 이슈, 잠재적 인수자의 수, 시장 및 경쟁사의 반응 등도 고려하여야 한다. 이를 바탕으로 잠재적인 인수자를 리스트업 한다. 이때 전략적 투자자(Strategic investor)와 재무적 투자자(Financial investor)를 모두 포함하여 대상에 따라 차별화된 접근을 할 필요가 있다.

매각 영역 옵션 설정

선정된 잠재적 인수자의 유형 및 특정 니즈를 반영하여 분할 방안을 선정하고 이를 고려하여 매각대상 리스트를 재검토한 후 최종적으로 우선순위를 정하여 잠재적 인수자와 딜을 시작한다.

협상 및 계약

잠재적 인수자와의 협상이 시작되면 비밀유지협약서(Non-disclosure agreement)와 인수의향서(Letter of intention)에 상호 서명 및 교환하는 초기 절차를 거친 뒤 실사(Due diligence)를 하고 Term-sheet를 교환 후 지속적인 협의를 통해 최종적으로 매각 계약을 하게 된다. 이후 사업을 인수하는 잠재적 인수자 입장에서는 인수 후 통합(Post-merger integration) 작업을 하게 되고, 사업을 매각하는 측에서는 Post-divestiture 작업도 이어서 실시하여 마무리하면서 원래 목표로 했던 전략적 논거(Strategic thesis)를 달성토록 하는 것이 중요하다.

기업분할/매각에 따른 세무 이슈

사업분할/매각은 당연히 거래비용이 발생하게 되고 세무적 이슈도 동반하게 된다. 이 부분은 초기에 대상사업 및 분할유형 선정 후 딜 구조설계(Deal structuring) 단계부터 면밀히 검토되어야 한다. 이 부분을 제대로 검토하지 않고 진행하다가 협상이 한참 진행된 후 이슈가 발견되어 딜의 전략을 수정해야 하는 일은 없어야 한다.

기업분할/매각은 세금부담 및 사후관리의무 부담의 최소화, 그리고 거래비용의 최소화를 염두에 두고 추진하는 것이 좋다. 예를 들어, 기업분할/매각 및 영업양수도와 관련하여 거래구조상 적격이 되도록 설계하는 것이 중요하다. 특히 적격구조조정 진행 시 사후관리 요건을 위배하면 법인세 추징의 리스크가 있으므로 이에 유의할 필요가 있다. 또한 구조조정에 따른 양도차익 발생 시 이에 대한 법인세를 부담하게 되는데, 법인세법상 적격 요건 충족 시 과세이연이 가능하므로 이 점도 고려하여야 한다.

시사점

앞서서 언급했듯이 사업구조조정은 구조조정의 여러 방안 중 가장 중요하고 영향이 크다. 따라서 실패했을 때의 여파도 매우 크기 때문에 사전에 주도면밀하고 철저한 준비를 할 필요가 있다. 그러나 현실적으로 기업에서 비용절감이나 수익성 개선 레벨의 구조조정을 해본 경험이 있는 실무진들은 많이 있을 수 있으나, 전사적 차원에서 사업 포트폴리오를 진단하고 이에 대한 전략, 즉 사업부 분할/매각 또는 M&A를 경험해 본 실무진들은 상대적으로 적다. 구조조정기의 CEO는 턴어라운드 프로젝트 초기에 PMO를 구축할 때 PMO 멤버들을 특히 사업구조조정과 재무구조조정의 경험이 있는 직원으로 구성하는 것이 중요하다. 물론 사업구조조정을 진행하는 과정에서 회사가 홀로 잠재적 인수자들과의 딜을 추진할 수는 없다. 법무법인, 회계법인 등 프로페셔널 어드바이저들의 지원을 통해 딜을 진행하는 것은 당연하다 하겠으나, PMO에서 사업구조조정의 큰 방향과 프로세스를 꿰차고 주도적으로 추진하지 못한다면 원하는 목표달성에서 멀어질 수 있는 또 다른 변수를 초기부터 안고 구조조정을 추진하는 셈이 되므로 주의를 요한다.

그리고 사업구조조정은 단순히 사업을 매각하여 유동성 확보하는 것만을 목표로 삼아서는 안 된다. To-Be 사업 포트폴리오에는 미래의 사업경쟁력을 확보하고 신수종 사업을 반영한 비전을 염두에 두고 진행되어야 한다. 미래의 사업 포트폴리오를 고려하지 않은 상황에서 특정 사업을 매각하였는데, 향후 그 사업의 특정 역량이 미래 사업과의 전략적 시너지가 크다고 판명되는 아쉬움이 없도록 큰 그림에서 접근하는 것이 중요하다. 물론 이 점도 해당 부실기업이 단기적 부채를 상환할 수 있다는 전제하에서 가능한 일이다.

재무
구조조정

앞 장에서는 사업 구조조정의 종류와 추진순서에 대해 알아보았다. 이번 장에서는 재무구조조정 대해 구체적으로 살펴보기로 한다.

재무적 곤경에 처한 회사(Financially distressed company)는 일반적으로 높은 부채비율, 영업현금 창출 저하, 높은 이자비용, 제한된 자금조달 옵션으로 인해 어려움을 겪게 된다. 특히 재무구조가 악화된 모습으로 나타나는데, 이해를 돕기 위해 우선 재무구조에 대해 간략하게 살펴보도록 하자.

재무상태표(Balance Sheet)는 일정 시점에 현재 기업의 재무상태 즉, 기업의 자산, 부채, 자본의 상태를 보여주는 재무보고서이다. 이 보고서는 해당 기업이 특정 사업을 위해 필요한 사업 자산을 확보하기 위해 얼마의 자기자본과 얼마의 외부자본을 조달하여 사업을 하고 있는지를 나타내어 준다. 재무상태표를 통해 해당 기업의 유동성, 재무적 탄력성, 수익성과 위험도 등을 평가할 수 있다. 예를 들어, 결산일로부터 1년 이내에 그 결재일이 당도하는 부채를 단기부채(Short term liability) 또는 유동부채^(Current liability)라 한다. 외상매입금, 단기차입금, 미지급비용, 선수금 등이 이에 속한다.

한편 1년 이내에 환금할 수 있는 자산 또는 전매할 목적으로 소유하고 있는 자산을 유동자산^(Current asset)이라고 한다. 현금, 예금, 유가증권, 상품, 제품, 원재료, 등이 이에 해당한다. 그런데 이 1년 이내에 갚아야 할 돈, 즉 유동부채에 비해 회사가 통장에 현금을 충분히 가지고 있지 않다면, 즉 유동부채보다 유동자산이 적다면 바로 문제가 된다.

유동성^(Liquidity)은 자산을 필요한 시기에 손실 없이 화폐로 바꿀 수 있는 안전성의 정도를 나타내는데, 기업이 자체적으로 현금 또는 현금화할 수 있는 자산이 부족하거나 금융기관으로부터 돈을 빌리기 어려운 상황에 놓이게 되면 유동성 위기에 빠졌다고 말한다. 기업의 영업이익이 흑자이거나 자산이 많더라도 유동성이 부족하면 부도 위기로 몰리게 된다.

재무상태표상 대변항목의 구성상태를 말하는 자본구조^(Capital structure)는 자기자본과 타인자본의 비율을 의미한다. 즉, 이를 부채비율^(Debt to equity ratio)이라고도 하는데 일반적으로 100% 이하가 되어야 해당 기업의 자본구조가 안전하다고 평가한다. 그러나 타인자본을 지나치게 많이 조달하여 부채비율이 높아질 경우, 영업현금 흐름이 원활하지 못하면 부채 상환능력이 문제가 될 수 있다.

이제 재무적으로 곤경에 처한 회사가 어떻게 재무구조조정을 할지에 대한 구체적 방안에 대해 살펴보기로 한다.

재무구조조정 방안

앞서 설명한 바와 같이 기업부실의 단계에서 해당 기업이 적자가 나는 '경제적 부실' 단계를 넘어 유동부채가 유동자산의 크기를 넘어 유동성 위기에 처하게 되는 '재무적 부실(Insolvency)' 단계에 이르게 되면 통상적으로 채권·채무 당사자 간 자율협약 또는 워크아웃을 실시하거나 회생법원의 관리하에 회생절차를 실시하게 된다. 물론 워크아웃이나 회생절차에 이르기 전 해당 기업이 재무구조조정을 선제적으로 실시하여 자체적인 턴어라운드를 하게 되면 가장 바람직할 것이다. 다음에 설명할 재무구조조정 방안들은 이미 해당 기업이 만성적인 결손 누적으로 회사의 자체적 노력만으로는 경영정상화가 매우 어려울 경우 채권단과의 협의하에 적용할 수 있는 옵션들이다.

재무구조조정은 크게 '현금흐름 개선'을 통한 유동성 안정화와 '재무구조 개선'을 목표로 한다.

재무구조조정을 위한 접근법

현금흐름 개선을 위해서는 아래의 3가지 관점에서의 접근하여 매우 현실적인 방안이 도출되고 실행되어야 한다.

부채 규모와 유동성 진단

단기적 및 중기적으로 갚아야 하는 부채의 규모는 얼마인가?

부실단계에 도달한 기업은 PMO에서 1차적인 재무현황 진단 시 재무구조의 안정성, 지급능력, 수익성, 자금조달능력 분석을 하게 되는데, 이 중 유동성을 가장 민감하고 중요하게 파악하여야 한다.

재무적 이벤트 파악

향후 최소 2년간의 부채 상환과 관련한 주요 재무적 이벤트(Financial event)는 '언제, 누구에게, 얼마인가?'를 파악한다. 이때 업의 특성상 지속적으로 발생하는 투자비(CAPEX) 집행 규모와 일정도 고려하여야 한다. 화학산업, 물류업과 같이 자본 집약적인 또는 Asset heavy한 산업의 특성을 가진 기업의 경우 상당한 금액의 투자가 지속적으로 집행되어야 하므로 cash outflow 관점에서 한 해만이 아니라 최소한 2년 이상의 투자집행 일정을 고려하여야 한다.

현금흐름 개선을 위한 과제 도출

앞의 두 단계에서 현재의 재무상황과 확보해야 할 유동성이 계산된다면 이후 이 금액을 확보하기 위한 구체적 과제들이 도출되어야 한다. 현금흐름 개선을 위한 과제 도출은 PMO에서 실무진과 더불어 크게 세 가지 영역으로 나누어 도출하며 세부적인 검토 과제들은 다음과 같다.

자본 회전율(Capital turnover) 증대
운전자금(Working capital) 관리 강화

매출채권 회수 강화, 매입채무 결제 기간 연장, 재고회전율 관리 등을 강화한다.

자본적 지출(Capex) 최적화

설비, 장비, R&D 투자비 등을 대상으로 단기적이고 큰 금액의 투자지출 항목부터 검토 후 연기 또는 취소를 한다.

비핵심자산 관리 강화

사업(部), 토지, 건물, 시설, 설비 등에 대해 운영정책을 수립하고 정리 대상 사업 또는 자산을 선정해 매각 또는 리스백을 실시한다.

자본조달 방안 모색

증권화(Securitization), 세일 앤 리스백(Sale & Lease back), 프로젝트 파이낸싱 등의 자본조달 방안 검토한다.

세금 최적화(Tax Optimization)

감가상각 조정, 조기 비용처리, 리스 확대, 매출 인식의 지연, 선급금의 인식 등을 검토한다.

운영비용(OPEX) 절감

OPEX는 기업의 운영 과정에서 발생하는 운영비용으로 이에는 인건비, 재료비, 임대료, 홍보비, 수선유지비와 같은 직접비용과 제세공과금 등의 간접비용으로 구성되어 있으며, 이들 운영비용에 대한 전반적 절감 방안을 검토한다.

자본구조(Capital Structure) 합리화

지본 조달

현금흐름의 시나리오를 도출하여 부도의 리스크와 단기적 자금조달 필요성에 대해 검토를 한다. 채권단과는 브리지 론이나 신용공여를 협의하여 시간을 벌 수 있는 방안을 모색한다.

부채비율(Debt-to Equity ratio) 합리화

부채 상환조건 조정, 채권단 추가 자금지원, 자산담보부 대출, 매각 후 재임대, 유상증자, 더 나아가 자산매각 및 채무조정 등의 옵션을 검토한다.

배당정책 조정

기업은 잔여배당정책(Residual dividend policy)을 채택하여 모든 초과 현금을 먼저 운영상의 필요(재투자)에 사용한 다음 남은 금액을 주주에게 배당금으로 지급할 수도 있다. 즉 기업은 더 많은 수익을 유지하고 배당금을 줄임으로써 내부 자금조달원을 늘리고 잠재적으로 부채 또는 신규 주식 발행과 같은 외부 자금조달에 대한 의존도를 줄일 수 있는 장점이 있다. 다만 배당정책의 변경 내역을 주주들에게 명확히 전달하여 기대치를 관리하며 시장으로부터의 신뢰 유지에도 힘써야 한다.

PMO에서는 상기 옵션 중 우선순위를 정한 후 해당 과제를 수행하여 창출되는 현금의 기간별 목표를 Turnaround 목표에 반영하여야 한다.

현금흐름 개선을 위한 과제 추진

PMO는 주간 및 월간 단위로 도출된 현금흐름 개선 과제들의 진척 현황 및 성과를 모니터링하고 관리한다. 또한 자금 소요의 정도를 주기적으로 파악하고 이에 대한 현금흐름을 추정한다. 필요시 단기적 자금조달과 더불어 채권단과 같은 주요 이해관계자들과는 적극적으로 커뮤니케이션한다.

지금까지 현금흐름 개선을 위한 과제 도출 방안을 크게 자본회전율 증대, 운영비용 절감, 자본구조의 합리화라는 세 가지 영역으로 나누어 살펴보았다. 이제부터는 '자산', '부채', '자본'의 영역에서 어떻게 현금흐름을 개선하고 재무구조도 개선할 수 있는지를 살펴보고자 한다.

자산 구조조정

자산은 유형 혹은 무형의 가치가 있는 물품이나 재화, 권리 등을 말한다. 유형자산은 토지, 건물, 건설기계, 항공기, 선박, 입목 등을 말하고, 무형자산은 영업권, 특허권, 지상권, 광업권, 어업권, 상표권, 실용신안권, 의장권 등을 말한다. 해당 기업은 자사 소유 자산에 대해 실사를 하고 장부상의 기재 사항과 실제와 차이가 있는지를 파악한다.

현금 창출을 위한 자산 구조조정의 방안은 여러 가지가 있는데, 국내 지점 폐쇄, 사옥 매각, 세일 앤 리스백, 토지매각, 운전자금 절감, 투자비 축소, 재고자산 관리, 사업부 매각 등을 들 수가 있다. PMO에서는 이들 과제들에 대해 전략적 영향 및 리스크, 그리고 이행 시기 및 이행의 용이성을 기준으로 재평가해야 한다. 또한 선택된 방안 또는 과제에 대해 이행 이전에 해당 과제의 적용 범위, 평가금액, 예상 현금 유입 크기, 자원 배분 등도 고려하여 결정을 한다.

부채/자본 구조조정

부실기업의 부채/자본 구조조정을 위해서는 크게 채무자인 기업의 관점과 채권자의 관점에서 각각 다르게 접근할 수 있다. 아래는 각각의 관점에서 검토해 볼 만한 방안 또는 옵션을 설명하고 있다.

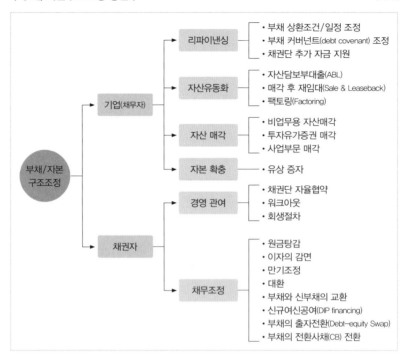

기업^(채무자) 관점에서의 방안

첫째로, 기업이 채무자 입장에서 채권단과 협의를 통해 부채 리파이 낸싱^(Debt refinancing)을 하는 것이다. 채권단과의 협의를 통해 부채 상환조 건 또는 일정을 조정하거나 대출을 받을 때 은행이 금지하는 내용을 담 은 커버넌트^(Covenant) 조항에 대한 조정하는 것, 그리고 채권단으로부터 추가로 자금을 지원받는 것이 이에 해당된다. 리파이낸싱은 거래비용 을 발생시키지 않으면서 즉각적으로 부채를 줄일 수 있는 반면, 파산과 같은 위험 요인의 단계까지 가지 않으면 채권자 설득이 용이하지 않다.

둘째로, 자산유동화^(Asset Securitization)이다. 우선 자산담보부대출^{(Asset-}

backed loan)은 외상매출채권 담보대출의 일종으로 해당 기업이 외상매출채권을 특수목적회사(SPC)에 양도한 다음 SPC가 은행으로 채권을 넘기고 은행은 할인한 현금을 기업에 지급하여 해당 기업은 현금을 확보하게 되는 구조를 띠고 있다. 매각 후 재임대(Sale & leaseback)는 기업이 사옥을 매입자에게 매각하고 다시 기존 영업장 또는 사무실 용도로 임차해 사용하는 방식이다. 이를 통해 매각자인 기업은 현금을 확보할 수 있고 매입자는 임차인 모집 걱정 없이 안정적인 임대수익을 올릴 수 있는 장점이 있다. 단, 이 추가 현금 유입의 가치와 해당 부동산의 통제권 상실의 가치를 잘 비교하여 판단하여야 한다. 팩토링(Factoring)은 기업이 매출채권을 팩토리 금융기관(Factor)에게 양도를 하고 팩토리 금융기관은 매출채권을 발행한 기업의 고객사에 대한 신용조회를 한 후 기준을 통과하면 기업에 금융(현금)을 지급하는 방식이다. 기업 입장에서는 즉각적으로 현금을 확보할 수 있고 매출채권 회수에 대한 부담을 덜 수 있다는 장점이 있다. 다만 비용이 매우 비쌀 뿐만 아니라 팩토리 금융기관이 해당 기업의 고객에게 채권 회수를 하는 과정에서 고객을 불편하게 할 수도 있고, 해당 기업이 팩토링을 발행했다는 사실이 알려지면 고객은 해당 기업의 재무건전성에 대한 우려가 커져 계속적인 거래에 부정적인 영향이 있을 수 있다.

셋째는 자산매각(disposition of asset)이다. '비업무용 자산매각', '투자유가증권 매각', '사업 부문 매각'이 이에 해당한다. 사업 부문 매각은 사업 구조조정의 한 방안이기도 하다. 부채 상환을 위한 상당한 규모의 현금을 확보할 수 있다는 장점이 있으나 상대적으로 매각에 시간이 오래 걸리고 통상 해당 자산이 담보로 잡혀 있을 경우 채권자의 동의를 얻어야 하는 절차를 거쳐야 한다.

넷째는 자본확충^(Private placement of Equity)이다. 채권발행회사가 특정 인수자에 대하여 일정 조건으로 인수계약을 체결하고, 그 발행총액을 인수자가 전액 인수하는 방법으로, 중개인 등을 통하지 않고 발행회사가 제반 절차를 직접 수행하는 직접발행 형태의 채권발행 방식이다. 은행, 보험회사, 금융투자업자 등의 기관투자가나 특정 개인에 대한 개별적 접촉을 통해 자금을 모집하는 사모 주식 발행방식이다. 사모는 공모에 비해 시간과 비용이 절약되고, 기업 내용을 공개하지 않을 수 있으며, 매입자 입장에서 유리한 조건으로 대량의 증권을 취득할 수 있다는 이점이 있다. 현금 창출과 더불어 효율적인 자본구조를 형성할 수 있는 반면 회생절차과정에 있는 회사의 경우는 투자자들이 꺼리는 옵션이며 또한 해당 회사는 경영권의 일부를 포기해야 한다.

채권자 관점의 방안

경영 관여

기업에 부실의 징후가 나타나면 그 기업의 주채권은행은 채권단 회의를 소집하고 금융기관들은 기업의 경영 상태를 조사하게 된다. 이 과정에서 채권은행은 결과에 따라 '채권단 자율협약', '워크아웃', '법정관리'의 3가지 경영 관여 방안을 고려할 수 있다.

채권단의 지원으로 경영정상화가 가능하다고 판단되면 채권단 자율협약체결이나 워크아웃을 시작하고, 회생의 가능성이 없다고 판단되면 법정관리 또는 파산절차를 선택하게 된다. 채권단이 채권단 자율협약체결이나 워크아웃을 선택할 때는 채권단의 입장에서 돈을 모두 못받는 것보다는 지원을 통해 조금이라도 더 원금과 이자를 회수할 수 있다고 판단될 경우이다. 반면 채권단은 해당 경영자 파견, 자구계획 요구 등 기업의 경영정상화에 훨씬 적극적으로 개입하게 된다.

이 경우 해당 기업은 채권단과 기업자구계획의 이행을 위한 약정을 체결하고 해당 계획에 따라 기업자구계획과 이행 현황을 매월 채권단에 보고하며, 매 회계연도 개시 1개월 전까지 경영계획을 수립해 채권단에 제출해야 한다.

채무조정

워크아웃 또는 회생절차 단계의 기업은 채권단과의 협의 또는 법원의 명령에 따라 다양한 과제를 통해 재무구조 개선을 시도하게 된다. 재무적 관점에서의 첫 번째 단계가 채무조정이다.

채무조정(Troubled debt restructuring)은 채무자의 신용하락 또는 계속기업으로서의 존속 가능성이 희박하게 되어 채무변제 능력이 크게 저하되었을 때 당사자(채권자와 채무자) 간의 합의나 법원의 결정에 따라 채무자의 부담완화를 공식화하는 구조조정 방법이다.

채권자는 채무를 부담하고 있는 해당 기업이 당장 모든 법률관계를 종료시키고 재산을 정리·분해하여 청산(liquidation)되기보다는 회생하는 것이 자기의 손실을 최소화하는 것이라고 판단하는 경우 채무자의 부담을 전부 또는 일부 완화해 주는 것에 합의하게 된다.

채무조정을 위해서는 우선 기업가치를 평가한 후 적정채무를 산정하고 이에 대한 상환방법이 구체화되면 기업가치와 적정채무의 차액 부분 중 일부에 대해 채무면제를 받게 된다.

채권·채무조정을 위해서는 당사자 간 아래의 다양한 옵션들을 검토, 협의하여 결정하게 된다.

① 채무자가 채권, 부동산 또는 기타의 자산을 채권자에게 이전

② 이자율의 인하 또는 발생 이자의 감면

③ 만기일을 연장

④ 원금의 감면

⑤ 대환

⑥ 신규여신공여^(DIP financing)

⑦ 출자전환^(Debt-equity swap)

⑧ 전환사채^(CB)

기업부실단계와 재무구조조정 옵션

앞서 설명한 재무구조조정 옵션들은 각각 기업부실의 단계별로 적용할 수 있는 시점이 차이가 있다. 유상증자의 경우 해당 기업이 워크아웃이나 회생절차에 들어가게 되면 실행하기 어려운 옵션이다. 마찬가지로 세일 앤 리스백(Sale & Leaseback)이나 팩토링(Factoring)의 경우는 오히려 회생절차에 들어가야 실행이 더 가능한 옵션이기도 하므로 이 점을 고려하여 재무구조조정 로드맵(Roadmap)을 작성하여야 한다. 또한 해당 옵션들을 실행에 옮기면 현금 유입의 효과는 있겠지만, 해당 옵션을 잘 이해할 필요가 있다. 예를 들어, 회사채에서 하이브리드, 그리고 유상증자로 갈수록 투자 리스크, 요구수익률, 경영권 희석화 리스크는 점점 커진다. 또한 해당 옵션이 부채에 해당하는지 자본에 해당하는지를 살펴보고 적절한 조합을 구성하는 것이 바람직하다. 특히 전환사채(Convertible bond), 영구채(Perpetual bond) 또는 전환상환우선주(RCPS) 등 하이브리드(Hybrid)를 적용 시 유의해야 하는데, 이들은 경제적으로는 자본과 부채

의 성격을 띠고 있지만, 법률적으로는 부채에 해당하기 때문에 자금이 유입된다 하더라도 부채비율이 상승하는 부정적인 효과도 동반하게 된다는 점을 고려해야 한다.

시사점

재무적으로 어려움에 처하거나 파산의 위험에 직면한 회사는 반드시 재무적 구조조정(Financial restructuring)을 통해 유동성(liquidity)을 확보하고 부채 및 자본구조를 개선해야 한다. 따라서 재무구조조정의 가장 큰 목표는 현금흐름 안정화(Stabilize cashflow)와 재무상태표의 강화(Shore up the balance sheet)이다.

성공적인 재무구조조정을 위해서는 특히 채권단과의 원활하고 효율적인 커뮤니케이션이 무엇보다도 중요하다. 채무자인 기업 입장에서는 재무구조 옵션을 선택시 조달금액의 규모, 기간, 거래비용, 경영권 희석 정도, 장부상 부채기재 여부, 세액 공제 여부 등의 관점에서 선택하고자 할 것이다. 반면 채권단의 입장에서는 결국 원금과 이자에 대한 최대한의 회수를 위해 리스크, 안정성, 유동성에 의거하여 재무구조조정 옵션에 대한 선호도와 우선순위가 달라질 것이다. 이처럼 서로 다른 관점과 입장의 차이를 어떻게 잘 조율하여 공동의 목표를 도출하고 달성해 나갈 것인가는 재무구조조정의 핵심 사안이다. 앞서 언급한 많은 재무구조조정 옵션은 사실상 채권자와의 협의 또는 동의가 없으면 이행하기 어려운 항목들이다. 기업이 부실징후가 나타나기 직전이나 초기에 선제적으로 구조조정을 해야 하는 이유가 바로 여기에 있기도 하다.

이익
구조조정

앞서 설명한 사업구조조정, 재무구조조정과 더불어 턴어라운드 (Turnaround)와 이해관계자 설득을 위해서 중요한 부분 중의 하나가 해당 사업의 본질적 운영을 통해 창출될 수 있는 수익성(Profitability)의 개선, 즉 이익구조조정이다.

적자상태가 된 부실기업의 경우 초기에 단기적으로 '유동성(liquidity)' 확보와 함께 가장 중요한 부분이 출혈을 멈추는 것(Stopping the bleeding), 즉 영업이익(Operating profit)을 신속하게 흑자로 전환시키는 것이다. 영업이익 은 기업의 주된 영업활동에서 생긴 매출총이익에서 판매비와 일반관리 비를 차감하고 남은 금액을 말한다. 또한 영업이익은 본연의 사업모델 을 운영하여 창출하는 본질적인 수익이므로 이의 흑자전환은 이해관계 자들에게는 다시 경영정상화로 가고 있다는 가장 확실한 청신호를 보 낼 수 있는 수단이다.

이때 영업이익에서 영업외수익 및 손실을 반영하고 특별이익과 손 실을 반영하면 '이자 및 세전 이익(Earnings before interest and taxes)'이 되는데 이자 및 세전이익이 흑자라도 영업이익이 적자이면 아직 완전한 흑자전환이 되었다고 보기는 어렵다. 왜냐하면 해당 기업이 제조업인데 부동산이나 고정자산을 매각하여 이익이 발생하였다면 기업 본연의 활동 외의 우발적이며 일회성으로 발생한 이익이라서 특별이익으로 회계처리를 하게 되고 영업이익에는 반영하지 않는다. 따라서 영업이익이 적자인 기업이 구조조정 과정에서 사업의 매각 또는 자산의 매각 등을 통해 발생하는 자본이익$^{(Capital\ gain)}$으로 인해 이자 및 세전이익$^{(EBIT)}$이 흑자가 되었다면 현금의 유입으로 인해 유동성 확보에는 도움이 될 수도 있겠지만 아직 정상적 흑자전환으로 보기는 어렵다.

이런 시각에서 이번 장에서는 영업이익 관점에서 수익성을 높이기 위한 이익구조조정에 대해 알아보기로 한다.

이익구조조정을 위해서는 수익, 즉 매출을 늘리고 원가를 줄이는 것이 가장 바람직하다. 그러나 부실에 이른 기업의 경우 매출을 늘리기 위해서는 투자와 원가가 수반되므로 선택하기 쉽지 않은 방법이다. 따라서 우선은 출혈을 막는 것, 즉 적자가 나는 요인들을 제거 또는 줄이는 것에 최우선 순위를 두어야 한다. 동시에 원가를 발생시키는 여러 요인들을 찾아 원가절감을 최대한 노력하는 것이 현실적일 것이다.

적자요인의 합리화

적자를 줄이기 위해서는 여러 방안들을 고려해 볼 수 있다. 회사의 부실 정도 및 적자의 규모 또 필요 현금의 규모와 시기에 따라 합리화의 범위와 강도를 달리할 필요가 있다.

만약 해당 기업의 적자의 규모가 크다면 바로 '적자사업을 매각'하거나 '적자 지역에서의 철수'를 검토해야 한다. 적자 지역 철수의 경우 해당 지역의 설비를 타 지역으로 재배치(relocation)함으로써 타 지역에서의 동일한 설비를 신규로 구매하는 원가를 절감할 수 있다. 그리고 '제품믹스(Product mix)'에 있어서도 적자제품의 라인을 제거하거나 적자제품의 생산을 중단하는 옵션도 고려한다. 또한 고객을 가치중심으로 재분류한 뒤 '저수익 고객을 디브랜딩(Debranding)'하여 저원가 서비스로 전환을 유도하는 것도 한 방안이다. '채널의 합리화'를 통해서도 적자를 줄일 수 있는데, 흔히 항공사에서 적자 노선을 폐쇄하거나 정유업체에서 적자가 나는 주유소를 폐쇄하는 것이 이에 해당한다.

원가 절감

원가 절감(Cost saving)에 대해 논하기 전에 우선 '원가에 관련된 개념'을 정리하고 이어서 '원가절감을 위한 접근법'으로 넘어가고자 한다.

원가(Cost)와 비용(Expense)

실무에서 원가절감 프로젝트를 추진하다 보면 원가와 비용의 개념이 명확하지 않아 혼동이 오는 경우가 많다. 원가와 비용을 구분하는 기준은 아래의 두 가지로 나누어 볼 수 있다.

① 미래에 경제적 효익을 가져다 줄 가능성이 확실한가?
② 가치가 소멸되는가?

회사가 특정 목적을 위해 취한 행위가 미래에 경제적 효익을 가져다 줄 가능성이 확실하고 가치가 소멸되지 않으면 원가로 구분되고, 이는 재무상태표(Balance sheet)상 자산(Asset)으로 기록된다. 반면 그 행위가 미래에 경제적 효익을 가져다 줄 가능성이 불확실하고, 가치가 소멸되면 손익계산서(Profit & Loss statement)상 비용으로 기록한다.

예를 들어, 원재료나 상품의 구입 원가, 제품을 생산하는 과정에서 발생한 원가 등은 미래에 경제적 효익을 가져다 줄 것으로 간주되고, 들여올 때 형태가 있는 자산(Asset)으로 취득되므로 소멸이 되지 않는 원가이다. 반면 판매나 광고 또는 관리 활동에서 발생한 원가는 수익창출을 위해 희생하여 소멸되었으나, 미래 경제적 효익의 가능성이나 규모가 불확실한 특성으로 인해 비용으로 처리하는 원가이다.

한 회사가 이삿짐센터를 운영하기 위해 트럭을 구입하였다면, 이삿짐 운송을 통해 미래에 돈이 들어올 것이므로 트럭은 차량운반구 계정의 자산으로 기록되어 원가가 된다. 이후 사업을 하면서 타이어 교체, 엔진오일 교체를 위해 사용한 돈은 경제적 효익을 가져다 줄 가능성은 불확실하나 영업을 위해 필요하고 수익창출에 기여를 하므로 비용으로 기록하게 된다.

본 장에서는 원가를 대상으로 이를 절감하는 방안에 대해 알아보기로 한다.

원가절감을 위한 5단계 접근법

전사적으로 원가절감을 위해서는 5단계 접근법을 적용할 수 있다.

자료: M. Porter, Competitive Advantage

토탈 원가 파악

전사적 원가를 value chain의 주요활동별로 분해하고 원가를 해당 활동에 적절히 배분한다. 그리고 각 원가별로 최근 3년간의 추세와 비중을 보면 어디에 가장 원가절감 효과가 클지도 파악할 수 있다. 예를 들어, 전체 원가 중 연료비가 40% 가까운 비중을 차지하는 해운업의 경우 유가가 WTI기준으로 70불에서 120불로 급격히 인상된다면 당연히 이 회사는 연료비 절감이 중요한 원가절감 대상이 된다.

원가 드라이버 파악

총 원가가 배분·정의되고 나면 변동비 및 고정비를 각각 세부 원가항목으로 구분을 한 뒤 세부적으로 해당 원가항목에 영향을 미치는 원가 드라이버(Cost driver)를 도출하게 된다. 원가 드라이버는 해당 활동의 원가에 변동을 가져오는 요인들을 말한다. 예를 들어, 유지보수원가의 원가 드라이버는 기계가동시간(machine hours), 재료비의 경우는 수주의 수, 고객서비스원가의 원가 드라이버는 서비스 콜의 수, 콜센터 직원 수, 직원당 근무시간 등이 될 수 있다.

원가 벤치마킹

벤치마킹(Benchmarking)을 하는 목적은 동일 활동 또는 프로세스에 대한 비교를 통해 차이(Gap)을 파악하고, 목표를 설정 후 그 목표달성을 위한 방안을 도출하는 것이다.

조직이 사업부 구조이거나 여러 개의 법인으로 구성되어 있을 경우 동일 활동에 대해 회사 내 상호 비교를 통해 어디가 가장 원가효율성이 높은지를 찾아 목표를 정하고 방법을 공유하는 것이 일반적이다. 필요 시 경쟁사와의 공동 벤치마킹을 통해 원가절감의 영역과 목표설정을 정하는 경우도 있다.

기회 도출

원가절감의 기회 도출을 위한 방향성은 크게 두 가지로 나눌 수 있다.

첫째는 제품/서비스의 축소(Reduce product/service)이다. 제품과 서비스의 양, 제공 범위, 빈도 등을 줄이거나 품질을 떨어뜨려 제공하는 것이 이에 해당한다.

둘째는 효율성의 증대(Improve efficiency)이다. 조직 내의 자원을 재배치하고 업무 프로세스를 간소화, 표준화, 리엔지니어링 등을 통해 투입자원 대비 아웃풋을 최대화하는 것을 말한다.

앞서 도출된 원가 드라이버(Cost driver)를 Value chain의 각 주요활동과 맵핑하고 이때 위의 두 방향성을 적용하여 원가절감 기회를 도출한다. 이때 고정원가(Fixed cost)와 변동원가(Variable cost)를 구분하여 원가절감 기회를 도출할 필요가 있다. 예를 들어, 휴대폰 요금은 크게 기본료와 통화요금으로 구분할 수 있다. 휴대폰 요금의 경우 통화량이 원가 드라이버인데, 이 통화량이 늘어나면 기본료는 변화가 없고 통화요금만 늘어나게 된다. 이처럼 원가 드라이버의 수준과 무관하게 고정되어 있는 원가를 고정원가라 하고, 원가 드라이버의 수준에 따라 변화하는 원가를 변동원가라 한다.

고정원가 비중이 큰 특성을 가진 업종(Asset heavy industry)의 경우 특히 경기침체기에는 매출이 급감하면서 고정원가를 커버하지 못해 부실에 빠질 가능성이 높다. 따라서 전체 원가 중 고정원가의 비중이 크면서 손익분기점의 수준이 높은 구조를 가진 회사가 구조조정을 단행한다면 사업부 매각, 자산매각, 인력 감원 등 매우 강력한 수단을 강구해야 한다.

실행

Project Management Office에서는 파악된 개선 기회별로 손익개선 효과를 평가한다. 이후 회사가 처한 부실의 정도 및 시급성을 기준으로 개선기회를 재배치하고 이를 원가절감 로드맵에 반영한 후 실행계획을 수립한다. 이때 해당 과제별로 KPI, 책임과 소재를 명확히 하고, 목표달성 시 성과평가 및 보상도 실시하여 조직 전체에 동기를 부여하는 것이 중요하다.

원가절감 기회의 도출 예시

아래 차트는 한 제조회사가 원가절감 드라이버 트리(Cost saving driver tree)를 활용하여 원가절감 기회를 도출한 예시이다.

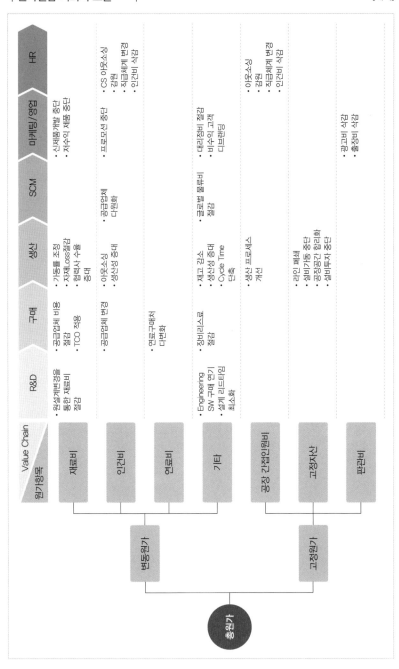

시사점

경영진은 원가절감 추진 시 그 목적, 범위, 시기에 대해 초기부터 구성원들과 명확하게 소통할 필요가 있다. 조직의 구성원들은 기업이 부실에 이르게 되면 우선 인력 감원에 대한 우려를 항상 염두에 두는데, 감원 계획을 포함한 원가절감의 전체적인 그림에 대한 경영진의 솔직하고 명확한 커뮤니케이션은 조직 전체에 강한 공감대를 형성하고 집중력을 높일 수 있게 되기 때문이다.

그리고 효과적인 원가절감을 위해서 해당 과제의 책임자를 정하고 진폭적으로 지원을 해주어야 한다. 또한 해당 목표를 달성 시에 적절한 평가를 거쳐 보상하는 것도 동기부여에 도움을 주게 되므로 원가절감을 위한 별도의 예산을 설정하는 것도 중요하다.

조직 및
인력구조조정

일반적으로 전략이 수립되면 이를 실행에 옮기기 위해 필요한 과제 중의 하나가 바로 전략과 연계된 조직구조의 설계, 그리고 이에 따른 인력과 자원의 재배치이다. Turnaround를 목표로 하는 구조조정도 마찬가지로 구조조정 전략이 수립되면 이와 상호연계(Alignment)된 조직과 인력을 재구축해야 한다.

필자가 경험한 많은 사례를 되돌아보면, 조직 및 인력구조조정과 관련하여 구조적으로 접근하지 않았거나 세밀한 구현방안을 설계하지 않았을 때 다음과 같은 부정적인 증상들이 나타나게 된다.

실패한 조직 및 인력구조조정의 증상

- 조직 재구축 과제의 결과물이 새로운 조직도와 조직별 명단만 있다.
- 새로운 조직 구조 내의 의사결정체계 및 원칙이 재설계 되지 않아 누가 의사결정을 하는지 명확하지 않고 서로 책임을 미루고 있다.

- 주요 프로세스가 과거 그대로 운영되어 프로세스 간 단절이 일어나고 있다.
- 바뀐 조직구조에 맞추어 인력과 자원이 재배치 없이 그대로 운영되고 있어 새로운 책임과 역할을 맡은 조직은 인력 부족을 심각하게 호소하고 있다.
- '왜 하는 것인지?'가 조직 내외에 명확하게 설명이 되지 않아서 새로운 조직의 몰입도가 떨어진다.
- OKR, Agile 조직구조 등 최신의 조직운영 형태에 대한 준비가 덜된 상태에서 노입을 시도한다.
- 임직원들이 이전보다 업무가 과중되어 번 아웃(Burn-out)을 호소한다.
- 구조조정 이후 핵심인력들의 이탈이 현저하게 증가하고 있다.

이번 장에서는 구조조정 차원에서 '조직을 어떻게 재구축하고, 이에 맞추어 인력을 어떻게 조정하며 재배치할 것인가?'를 주제로 설명코자 한다.

조직 구조조정

구조조정하의 조직 및 인력 재구축은 크게 다섯 단계로 접근할 수 있다.

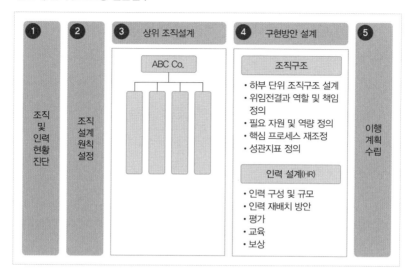

조직 및 인력현황 진단

조직 및 인력 재설계를 위한 첫 번째 단계는 현황을 진단하는 일이다.

조직 차원의 진단은 '현재의 구조가 어떻게 이루어져 있으며', '각 조직별 역할과 책임은 어떻게 이루어져 있고', '위임전결', '핵심 프로세스', '성과지표'가 현재 어떻게 운영되고 있는지에 대한 객관적인 분석과 문서화가 이 단계에서 이루어진다.

인력 차원의 진단은 현재의 조직 및 직무별 인력 구성과 규모, 그리고 역량이 어느 정도 수준인지, 또 평가, 교육, 보상 프로그램은 어떠한지를 파악하는 것이 주요 범위이다.

조직설계 원칙 설정

① 조직설계 목표와 원칙의 설정

구조조정기의 조직설계 목표는 각 사마다 특성을 반영하는 것이 당연하겠으나 명확하게 '조직효율성 증대' 및 '원가절감'을 설정하는 것이 향후 세부 과제선정이나 이해관계자들을 대상으로 커뮤니케이션하기에 좋다. 이때 구조조정의 목표와 부합되는 조직설계의 원칙으로 '조직전략화', '조직슬림화', '조직유연화'를 고려할 수 있다. 물론 이 원칙은 해당 회사의 여러 특성을 고려하여 선정하는 것이 적절할 것이다.

② 조직운영모델의 설계

조직/인력구조조정의 목표와 조직설계 원칙이 결정되면 이어서 이를 반영할 조직운영모델(Organizational Operation model)을 설계한다. 실게 시 처음부터 조직도(Organization chart)를 펼쳐 놓고 어느 조직을 어떻게 없애고 합칠 것인가를 분석하기에 앞서 조직운영모델을 설계하는 것이 중요하다. 왜냐하면 조직운영모델은 현재의 조직구조와는 별개로 전사적인 value chain을 조직과 연계하여 설계하는 개념적인 모델로서, 앞서 도출된 목표와 원칙을 1차적으로 적용하고 초기단계에 시뮬레이션해 볼

| 조직운영모델 설계 | [예시]

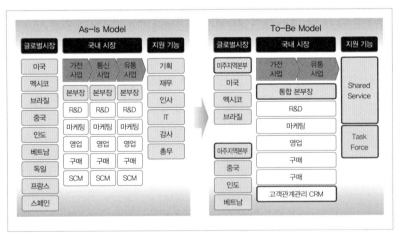

146

수 있는 기본적 툴의 역할을 하기 때문이다.

아래의 조직운영모델은 ABC사의 실제 사례를 바탕으로 한 조직운영모델의 예시이며, 앞서 임의적으로 선정한 조직설계의 원칙인 '조직전략화', '조직슬림화', '조직유연화'가 어떻게 적용되었는지를 보여주고 있다.

조직전략화 관점

ABC사는 사업구조조정전략 실행을 위해 '적자를 보여온 유럽시장에서 철수'하고, 남은 국가들을 2개의 지역본부체제(Regional Headquarter System)로 재편하였다. 이를 통해 적자를 줄이고 인력 감원의 효과를 노렸다. '기존에 지속적 적자를 보이던 유통 사업부를 분할, 매각'하여 적자감소 및 인력 감원 효과를 기대하였다. 또한 '고객관계관리가 전략적으로 중요함을 반영하여 CRM조직을 신설'하였다. 그리고 'IT 조직을 아웃소싱(Outsourcing)화시킴'으로써 원가절감과 더불어 전문성도 높이도록 설계하였다.

조직슬림화 관점

동 사는 '기존에 각 사업부별로 별도로 운영되면 기획, 재무, 인사와 같은 지원조직은 Shared service로 묶어서 유사조직 통합관리'를 함으로써 조직의 효율성을 높이고자 하였다. 또한 기존에 '각 사업부별 R&D, 마케팅, 영업, 구매, 공급망 관리(Supply Chain Management) 기능은 통폐합'하여 기능별로 하나의 조직으로 묶은 뒤 각 사업부를 지원하는 매트릭스 조직형태를 설계하였다.

조직유연화 관점

동 사는 조직구조의 경직성을 줄이기 위해 항시 '구조조정 과제별 Task force를 운영할 수 있도록 유연성을 시도'하였다. 또한 특정 분야 전문가를 하나의 풀(Pool)로 묶어서 필요시 적절하게 사내 컨설팅을 할 수 있도록 전문가 중심의 'Center of Excellence 프로그램을 운영'하고, '사내 벤처 프로그램을 도입'하여 독립적으로 사업을 운영했을 때 더욱 성과가 나는 조직구조로의 변환도 시도하였다.

상위조직설계

앞 단계에서 도출된 조직/인력구조조정의 목표와 조직설계 원칙 그리고 조직운영모델이 완성되면 이어서 향후의 조직구조를 설계하게 된다. 이때 전 단계의 결과에 최대한 부합하는 가능한 많은 조직구조의 대안을 도출하게 된다.

조직운영모델에서는 Value chain상의 기능을 중점적으로 설계를 하였으므로 이를 조직구조화 변화하는 과정에서 다양한 구조상의 옵션을 도출하도록 노력하여야 하고, 이 복수의 조직구조(안)를 대상으로 평가를 하여 최종적으로 상위수준의 조직구조를 선택한다. 평가를 할 때의 기준은 역시 구조조정기의 조직설계 목표인 '조직효율성 증대' 및 '원가절감에 얼마나 기여하는가?', 그리고 '조직설계 원칙에 얼마나 부합하는가?'의 관점에서 평가하는 것이 좋고, 이때 가능하면 효율성과 원가절감액을 계량화하는 것이 중요하다.

구현방안 설계

앞 단계에서 조직운영모델과 상위조직이 설계되었다 하더라도 너무 상위 레벨의 내용들이라 현업에 바로 적용할 수는 없다. 회사가 원하는 궁극적인 구조조정과 더불어 성과를 내기 위해서는 상세한 구현방안도 함께 설계하여야 실행에 옮길 수 있다. 조직 및 인력구조조정을 실시하는 많은 회사들이 이 상세설계 단계를 미흡하게 준비하여 원하는 성과로 연결되지 않는 경우가 종종 있다. 따라서 조직 및 인력구조조정 시 아래의 구현방안들은 반드시 고려하는 것을 추천한다.

조직구조 설계 관점에서 반영되어야 하는 구현방안들은 다음과 같다.

하부단위 조직구조 상세 설계

수직적으로는 조직계층상 최고경영자, 중간관리자, 팀원 등의 계층 간 역할이 잘 분화되도록 설계되어야 한다. 수평적으로는 중복되지 않게 유사한 기능을 한 곳으로 묶고 또 빠지거나 놓치는 기능이 없도록 한다. 또한 조직의 책임자가 관리의 범위(Span of control)가 너무 크거나 작지 않도록 설계에 반영한다.

위임전결(Delegation)과 역할 및 책임(Roles & Responsibilities) 정의

조직이 재구축됨에 따라 여러 가지 변경이 왔을 때 이 의사결정의 기준을 재조정하지 않으면 조직 내 많은 혼란을 야기시키게 된다.

위임전결과 역할 및 책임은 조직단위로 해당 조직의 장이 어떠한 의사결정 사안에 대해 어떤 역할을 수행할 것인가를 명확하게 정의하는 구현방안이다. 예를 들어 IT장비 구매의사결정의 경우 구매팀은 '제안(Recommend)'을 하고 IT팀은 이에 대해 합의(Agree)를 한 뒤, 구매금액의 규모에 따라 본부장이나 대표이사가 승인(Approve)을 하고, 이후 구매팀이 장비를 구매하는 실행(Perform)을 하는 내용을 위임전결에 명확하게 정의를 한다. 간단해 보이지만 조직 규모가 클수록 이 부분의 명확화가 중요하다.

필요 자원 및 역량 정의 및 재배치

조직이 변경되면 이에 맞추어 인력과 유관 자원도 재배치 되어야 한다. 구조조정 시에는 조직도 축소 또는 통폐합되고 인력도 감원이 되기 때문에 제한된 자원을 적절히 재배치하는 것은 조직이 유기적으로 운영되기 위해 매우 중요한 구현방안이다.

핵심 프로세스 재조정

조직구조가 바뀌고 인력 감축으로 인해 업무 공백이 생길 경우 이를 보완하기 위한 프로세스 재설계는 반드시 필요하다. 이때 비즈니스 프로세스 재설계(Business Process Reengineering)을 통해 중복되거나 부가가치가 떨어지는 프로세스를 함께 개선하면 비용·경쟁력 강화와 더불어 조직 경쟁력 강화에도 기여할 수 있다.

구조조정 시에는 조직과 인력에 동시에 변동이 오므로 특히 일차적으로는 핵심 프로세스가 단절됨이 없이 유기적으로 잘 연결되어 가동되는 데 주안점을 두어야 한다.

성과지표 정의

조직구조가 바뀌면 각 조직의 역할과 책임이 바뀌게 되므로 이에 맞추어 해당 조직의 주요 성과지표(Key Performance Index)도 조정하여야 한다. 조직이 변경되었는데 과거의 지표를 그대로 적용하면 원하지 않는 엉뚱한 결과로 나타날 수 있으므로 유의해야 한다. 특히 대규모 적자를 보고 있는 부실 기업이 조직 및 인력구조조정 후 성과지표를 그대로 사용할 경우는 문제가 될 소지가 크다. 예를 들어, 과거 성장과 규모 확대의 환경에서 설정된 영업조직의 매출액, 생산의 생산량 등의 지표를 그대로 적용할 경우 구조조정기에는 엇박자가 날 공산이 크다. 회사가 구조조정 중일지라도 영업조직은 수익이 보장되지 않거나 저수익 수주를 하여 손익을 악화시킬 수 있고, 생산조직은 판매가 되지 않더라도 생산량을 증대시켜 악성재고가 쌓이게 되어 현금흐름에 악영향을 줄 수도 있기 때문이다. 이 경우는 해당 조직에 수익성을 높이거나^{(예: 수익을 전제한} ^{매출목표 달성)} 현금흐름^(적정 재고량을 유지하는 생산량)을 개선할 수 있는 지표로 교체해 주는 것이 구조조정 전략 방향에 부합하는 성과관리이다.

이행계획 수립

앞 단계에서 도출된 주요 산출물들을 이행과제화하고 로드맵을 수립한다. 또한 이행과정상 이해관계자들을 위한 커뮤니케이션 또는 변화관리 계획도 수립한다.

인력구조조정 관점에서는 주요 보직^(Key position)을 어떻게 보임^(staffing)을 할지에 대한 방안도 수립한다. 조직 및 인력구조조정에 대한 공지를 하고 해당 과제에 대한 실행 및 지속적 모니터링을 실시한다.

인력구조조정

구조조정의 여러 방식 중 가장 어려운 결단을 내려야 하는 부분 중 하나가 바로 인력구조조정이다. 특히 명예퇴직이나 정리해고의 옵션을 선택할 경우 조직 내 구성원의 회사에 대한 신뢰도 하락, 사기 저하,

생산성의 저하, 조직의 정치화 등 수많은 보이지 않는 부작용도 함께 동반되기 때문에 사전에 철저한 분석과 신속한 실행이 중요하다.

인력구조조정을 위해서는 특히 구현방안 단계에서 인력설계에 대한 구체적인 내용을 깊이 있게 다루게 되는데, 제일 먼저 회사의 구조조정 목표와 조직 재구축 방향에 의거하여 적정 인력 구성 및 규모를 산출하게 된다. 이때 '전사 모든 부서가 10% 감원' 등과 같은 획일적인 목표는 지양하는 것이 좋다. 사업 구조조정전략과 연계되지 않을 뿐 아니라 'A사업부에서 부실이 발생했는데 왜 다른 사업부에서 희생을 해야 하는가?'라는 등 조직 내 불만이 높아질 수 있기 때문이다.

인력구조조정을 위한 옵션

인력구조조정을 위해 회사에서 고려할 수 있는 옵션들은 아래와 같다.

노동량 조정

우선 투입되는 노동량을 조정하는 방식을 고려할 수 있다. '근로시간조정'의 경우 잔업감소, 집단휴가, 순환휴직, 일시휴업 등을 통해 노동 투입량을 줄일 수 있다. 그다음은 '근로자 수'를 줄이는 방법인데, 이에는 외부적으로는 경력이나 신입사원의 채용을 중단하거나 결원된 인원은 보충하지 않는 방식이 포함된다. 그리고 내부적으로는 기존 계약직과의 재계약 중지, 정규직을 일용계약직으로 전환, 희망퇴직 또는 정리해고를 옵션으로 고려할 수 있다.

다음은 '인력재배치'를 통한 구조조정이다. 기업 내부적으로는 간접부서 직원들이나 조정대상 직원을 현장에 전진 배치하는 안을 고려할 수 있다. 기업 외부적으로는 해당 직원을 계열사에 파견 또는 전출

을 보내거나 특정 기능을 외주화하면서 인력들을 협력업체로 진출하게 하는 방안, 분사를 통해 인력을 재조정하고 퇴직 인원이 계열사 창업을 할 수 있도록 지원하는 등의 방안이 있다. 또 기업의 일부 기능을 분할한 후 내부 임직원이 이를 매입하여 새로운 회사를 운영할 수 있도록 하는 방안도 인력재배치의 옵션으로 고려할 만하다.

인사제도 조정

앞서 설명한 노동량 조정을 통한 인력구조조정 이외에 인사제도 조정을 통해서도 인력구조조정의 방안을 고려해 볼 수 있다. '임금체계

조정'을 통해 임금동결 또는 삭감, 상여금 감축을 통해 인건비 절감을 꾀하고, '직급체계 조정'을 통해 직급체계를 간소화하면서 해당 직급 내 급여 범위는 확대하여 임금구조 및 인건비 경쟁력을 제고할 수도 있다.

회사는 인력구조조정을 실행한 후 향후 남은 조직원을 대상으로 한 커뮤니케이션과 더불어, 평가, 교육, 보상 프로그램도 다시 설계하고 적용하여야 한다. 구조조정에서 생존한 직원들이 조직 내 적절한 성과를 내기위한 인사제도적인 부분은 반드시 재설계되어야 구조조정 이후에도 원하는 기능들이 원활하게 돌아갈 수 있기 때문이다.

시사점

첫째, 조직 구조조정 시 조직구조, 위임전결, 역할과 책임, 자원배치, 프로세스, 인력 등을 통합에 집중하라. 이 모든 요인들이 하나의 방향으로 정렬이 되고 통합이 되어야 원하는 성과가 창출되기 때문이다.

둘째, 회사가 경영상의 해고를 고려한다면 법적 리스크도 관리하라.
경영자들은 희망퇴직 또는 정리해고를 단행하기에 앞서 부당해고가 되지 않도록 법적인 차원에서 발생할 수 있는 리스크를 사전에 검토하고 이에 대비하는 것이 필요하다. 이 부분에 대한 미비는 노사분규로 이어질 수도 있어서 매우 신중하게 접근되어야 한다.

셋째, 구조조정 이후의 살아남은 직원들도 제대로 챙겨라.
조직 및 인력구조조정은 조직 내에 상당히 많은 부작용을 초래한다. 구조조정으로 떠난 임직원도 상처를 안고 가지만 살아남은 임직원들도 트라우마를 입게 되어 생존자 신드롬에 고통을 받는다. 이때 고용 불안감이 가중되고 기존의 핵심가치나 조직에 대한 신뢰가 무너짐에 따라 조직 아노미(anomy) 현상이 나타나기도 한다. 경영진 및 리더들은 이 점을 고려하여 조직 및 인력구조조정과 관련한 다양한 채널을 통해 조직원과 정기적으로 자주 커뮤니케이션하면서 조직 분위기 쇄신에 집중하는 것이 중요하다.

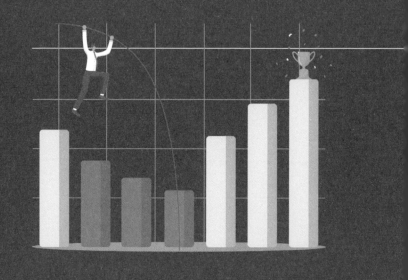

PART 2

경기침체 극복 후의
성장전략

귀사는 이제 경기침체라는 어둡고 긴 터널을 성공적으로 통과하여 터널 밖의 밝은 빛을 맞이하고 있다.

경제성장률, 물가, 환율, 원자재가격 등 주요 거시경제 요인들도 이제 경기회복으로의 진입을 강하게 가리키고 있다. 회사의 재무적 자원도 어느 정도 안정적으로 확보되어 있으며, 회사의 경쟁사 대비 전략적 경쟁력도 유지가 되고 있다.

이 단계에 이른 회사는 새로운 도약을 통해 성장을 추구해야 한다. 그럼 성장을 추구하는 회사들은 구체적으로 어떠한 전략과 방식으로 접근해야 할까?

이번 파트에서는 경기침체기를 성공적으로 극복한 기업의 성장전략 수립과 실행 방안에 대해 구체적으로 설명한다. '성장을 위한 전략적 옵션', '성장전략의 방식', '성장에 대한 평가'에 대해 살펴보고, 이어서 '신사업에 대한 타당성 평가', '신사업 조직운영 방안', '성장을 위한 M&A', '글로벌화 추진 시의 유의점', '중장기 사업계획 수립' 등의 다양한 성장 관련 주제를 다루고자 한다.

성장전략의
성공요소

사업 초기에 하나의 제품 또는 서비스로 출발한 기업이 Scale-up 즉 회사를 키우는 단계에서는 여러 가지를 고려해야 한다. 초기 사업에는 성공하였으나 성장을 위한 전략과 실행이 제대로 이루어지지 않아 사라져간 기업들은 부지기수이다. 이번 장에서는 성장(Growth)에 관련한 아래의 여러 관점에 대해 살펴보고자 한다.

첫째, 회사가 성장을 하기 위한 옵션(Option)에는 어떤 종류가 있는가?

둘째, 성장전략은 어떤 단계(Step)로 추진해야 하는가?

셋째, 성장을 위해 필요한 역량(Capability)은 무엇인가?

넷째, 회사가 성장하고 있다면 제대로 하고 있는지 어떻게 알 수 있는가?

다섯째, 관련 다각화와 비관련 다각화, 어디로 가야 하는가?

성장을 위한 전략적 옵션

| 성장을 위한 전략적 옵션 |

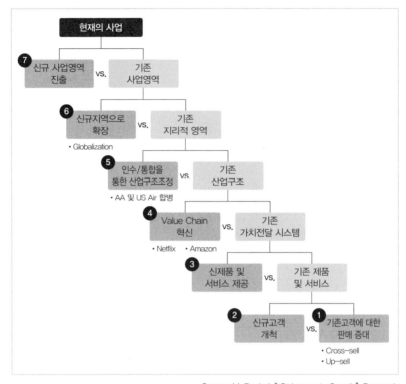

Source: M. Baghai, " Staircases to Growth", Research

기업이 성장을 위해서는 다양한 방법이 있으며, 그 중 크게 7가지의 전략적 옵션을 고려해 볼 수 있다.

기존 고객에 대한 판매 증대

이 성장옵션의 목표는 Share of Wallet(SOM)의 확대이다. 즉 기존 시장에서 기존고객(Existing customer)에게 고객의 라이프 사이클에 걸쳐 고객이 소비하는 금액 중 자사의 비중을 높이는 전략이다. 자사의 목표 고객의 SOM을 늘리는 전략은 신규고객을 확보하는 것보다 훨씬 비용이 적게 들고 용이하다. 통상 고객유지율을 5% 증가시키면 수익은 25~100% 증가되는 것으로 알려져 있다.

SOM을 늘리기 위해서는 교차판매(Cross-selling) 또는 상위제품판매(Up-selling)를 통해 제품을 더 많이 팔거나 또는 자사의 제품이 제공하는 오퍼링(Offering)을 더 늘려서 판매량을 증가시키는 전략을 적용할 수 있다.

신규고객에 대한 판매 증대

기존의 동일 제품이나 서비스를 다른 시장에 판매하여 매출을 높이는 전략이다. 목표는 시장점유율(Market share) 확대이다. 시장의 성장률이 둔화되거나 신규고객 확보가 고비용일 때 경쟁사의 고객을 유치하는 전략이다. 따라서 자사가 경쟁사 대비 강력한 가치 제안(Value proposition)이 있어야 성과로 연결된다.

신제품/서비스의 개발

기존 고객이나 신규고객에게 신제품을 개발하여 제공함으로써 성장하는 전략이다. 예를 들어 TV와 냉장고를 생산하던 삼성전자가 PC나 휴대폰 등 신제품을 개발하여 시장을 공략하는 케이스가 여기에 해당한다.

새로운 오퍼링(Offering)은 기존 제품에서 '서비스/솔루션'으로, 그리고 '고객 또는 시장에 대한 지식/데이터를 활용하는 단계'로 진화한다. 미국의 농업용 장비를 제조하는 업체인 존 디어(John Dear)사는 트랙터와 같은 농기구 판매에서 예방보전관리 서비스, 운송장비관리(Fleet management), 정밀농업(Precision Farming), 무선통신 서비스를 제공하고 더 나아가 작물, 용

수, 폐기물 관리 서비스 및 솔루션으로 확대한 뒤 이어 농작물 관리의 밸류체인상 공급망 관리, 투자, 리스크 관리까지 확대하여 성장을 추구하고 있다.

밸류체인의 혁신

기업은 기존의 가치전달 시스템을 재설계 또는 혁신함으로써 성장을 추구할 수도 있다. 네트워크 효과(Network effect)를 이용한 플랫폼 비즈니스(Platform business)는 많은 사업영역에서 기존 밸류체인의 혁신을 가져왔다. 예를 들어, 넷플릭스(Netflix)는 기존의 블록버스터(Blockbuster)가 단순하게 비디오 대여를 하던 시절에 스트리밍으로 영화를 볼 수 있도록 온라인으로 서비스를 제공했고, 이후 고객들의 영화 내용의 선호도를 데이터를 통해 파악하여 고객의 원하는 영화를 선택할 수 있도록 큐레이션 서비스를 제공하였다. 나중에는 고객이 어떤 종류의 스토리를 원하는지를 파악하여 하우스 오브 카즈(House of Cards)와 같은 드라마를 직접 제작하여 콘텐츠 배급업자에서 영화와 TV업계를 위협하는 제작업으로 사업을 확장하였다.

산업구조 재편(Consolidation)

기업이 기존의 산업구조 내에서 인수 및 합병(Merger & Acquisition)을 통해 산업 내의 지배력을 높이는 전략이다. 특히 특정 산업 전체의 수익성이 급격히 저하되거나 규모를 키워야 할 필요가 있을 때 동일 업종 내에서 통합을 통해 공급량과 가격을 조정하여 매출과 수익성을 높이는 전략이다. 미국 내 3위 아메리칸 항공(American Airlines)과 5위 유에스 에어웨이즈(U.S. Airways)의 합병은 전형적인 산업 통합(Industry Consolidation)에 해당한다.

양 사는 당시 합병을 통해 세계 최대의 항공사가 되었으며, 주요 도시 공항에서 시간당 이착륙 횟수 배정과 게이트, 육상시설을 대거 축소하여 연간 비용절감과 매출 증대 효과가 10억 달러 이상 될 것으로 추산되었다.

신규 지역으로의 확장

기업은 제품과 서비스를 국내의 다른 지역 또는 해외시장으로 진출함으로써 판매량을 늘일 수도 있다. 해외 진출 시 라이센싱이나 조인트벤처, 또는 직접 투자 방식으로 시장 진입을 하게 되는데 미국 회사인 맥도날드(McDonald's)가 아시아 시장에 진출하는 것이 이에 해당한다.

신규 사업영역 진출

특정 사업부 레벨에서 진행하는 신제품개발과는 달리 전사적 차원에서 추진하는 성장의 옵션으로 신사업(New business)을 들 수 있다. 예를 들어 아마존(Amazon)이 인터넷 서점에서 다양한 물건을 판매하는 eCommerce 비즈니스로 진출하고, 이후 언론사업 그리고 금융업으로 진출하는 것이 이에 해당한다. 흔히 다각화(Diversification strategy)라고 부르는 전략이다.

성장전략의 3 단계 사이클

앞에서는 기업이 성장을 추진 시 고려할 수 있는 7 가지의 전략적 옵션을 살펴보았다. 그러면 기업은 이 모든 전략을 동시에 추진할 수 있을까? 이 모든 옵션을 동시에 추진하려면 조직이 엄청난 자원을 동원해야 하고 조직 내의 복잡성도 급격히 증가되므로 현실성이 떨어진다.

그렇다면 조직은 어떤 순서로, 또는 어떤 방식으로 성장을 추진하는 것이 적절할까? 크리스 주크(Chris Zook)와 제임스 앨런(James Allen)은 '핵심사업에 집중(Focus)', '인접사업으로 확장(Expand)', '핵심사업 재설정(Redefine)의 단계로 성장을 추진할 것을 주장하였다. 이 순서로 진행하는 것이 '성장의 공식'이라고도 볼 수 있다. 그러면 이제 각 단계에 대해 좀 더 자세히 살펴보자.

핵심사업에 집중(Focus)

내부분의 수익성이 동반된 성장을 한 회사들은 한 개의 강력하고 잘 정의된 핵심사업을 구축하고 있다. 따라서 사업 초기의 기업들은 자사의 핵심사업이 무엇인지를 명확히 정의하여야 한다.

기업이 핵심 사업을 너무 좁거나 넓게 정의하여도 전략적인 실수를 저지를 수 있다. 예를 들어, 폴라로이드(Polaroid)사는 핵심사업을 '케미컬 및 종이에 기반한 프로세스'로 너무 좁게 정의한 까닭에 디지털 이미지 캡처와 같은 좀 더 넓은 범위의 핵심사업 정의에 실패하며 파산하였다. 반면 질레트(Gillette)사의 경우는 핵심사업이 면도기와 면도날 사업이었으나 핵심사업을 리테일 매장의 계산대에서의 구매(Checkout purchase)로 너무 광범위하게 잡아 건전지(Duracell)와 필기구(Parker) 사업으로 다각화를 하였다가 주가가 50% 이상 하락한 적이 있다.

이 단계에서의 기업은 핵심사업의 최대 잠재치(Full Potential)가 얼마나 되는지도 파악해야 한다. 만약 최대 잠재치에 도달하지 못했으면 다른 사업으로 확장하기보다는 기존 핵심사업에 집중하여 최대 잠재치에 도달하도록 노력해야 한다.

인접사업으로 확장(Expand)

기업이 기존 핵심사업의 최대 잠재치에 도달하면 이어 인접사업으로의 진출을 도모한다. 인접 사업의 선택은 기업이 '새로운 수익성 있는 성장세를 지속하느냐?' 아니면 '잘못된 선택으로 사세가 축소되느냐?'에 결정적인 영향을 미치므로 매우 중요한 전략적 의사결정이다.

신규 사업은 가능한 핵심과 너무 떨어지지 않은 인접사업으로 진출하는 것이 성공 확률이 높다. 왜냐하면 해당 사업 내에서 자사의 경험과 네트워크, 그리고 고객 자산을 활용할 수 있기 때문이다. 또한 반복 가능한 성장공식을 적용하는 것이 필요하다. 왜냐하면 성공한 모델을 반복함으로써 조직 내 학습효과를 기대할 수 있고, 익숙한 패턴 적용에 따른 복잡성을 감소시킬 수 있기 때문이다.

핵심사업 재정의(Redefine)

해당 산업이 급격한 변화를 겪고 있거나 성장이 침체기에 이르면 핵심사업을 재정의해야 할 타이밍이다. 예를 들어 산업의 수익률이 급격하게 떨어지거나, 디지털 플랫폼 비즈니스 모델과 같이 새로운 사업모델이 등장하여 핵심사업에 위협이 될 때, 또는 해당 산업의 제품이나 서비스가 더 이상의 차별화 노력이 소용없을 때가 이에 해당한다. 기업이 이런 단계에 이르면 기존의 핵심사업을 재정의하고 이에 맞추어 새로운 성장을 도모해야 한다.

성장을 위한 필요 역량

기업이 성장을 위해서 자금만 풍부하면 될까? 기업이 성과를 내는 성장을 위해서는 재무적 투자여력과 더불어 내부적으로 핵심역량^{(Core} ^{competency)}을 확보하고 있어야 한다. 당연한 말이겠으나 이 코어가 튼튼하지 않은 상황에서의 성장 추구는 자칫 모래 위에 집을 짓는 것과 같다.

특정 역량의 경우 반드시 자사가 모두 확보할 필요는 없다. 독일 소프트웨어 회사인 SAP의 경우 자사의 제품을 고객사에 설치하려면 모든 단계에서 복잡한 기술적 역량이 요구되는데, 자사가 모든 역량을 자체적으로 갖추기 보다는 외부 파트너십을 통해 이를 확보 또는 강화하고 있다. 예를 들이 SAP 제품 설치를 위한 시스템 컨설팅을 위해서는 PwC 및 E&Y와 그리고 자사의 소프트웨어가 구동되는 하드웨어는 메이커인 IBM 및 NEC와 전략적 파트너십을 맺고 성장전략을 추진하였다.

이와 더불어 '성장전략수립', 'M&A', '전사재무', '리스크 관리', '투자 및 자본관리' 등 성장추진을 위한 역량도 확보하고 있어야 한다. 이 역량이 확보되지 않은 상황에서 추진하는 성장전략은 우선은 M&A 등으로 회사가 외형적으로 성장하는 것처럼 보일 수는 있어도 자칫 보이지 않는 치명적 리스크를 떠안는 전략적 판단 오류의 악순환에 빠지고 있을 수도 있다.

성장에 대한 평가

기업이 성장하고 있다면 제대로 성장하고 있는지 어떻게 알 수 있을까? 이를 위해서는 크게 4 가지 측면에서 살펴볼 필요가 있다.

성장의 방향(Vector)

성장의 방향이 적절했는지 명확하게 평가할 수 있는 기준을 적용하기는 어렵다. 그러나 초기 스타트업이 해당 제품의 제품시장 적합성(Product/market fit)을 끊임없이 테스트하듯이 성장도 해당 방향이 적절한 지에 대해 지속적으로 시장에서의 테스트를 통해 점검을 할 필요가 있다. 현실적으로는 애초에 설정하였던 성장 전략의 가정들이 맞았는지, 또 설계한 대로 고객의 반응이 제대로 나오는지, 또 매출을 비롯한 재무적 성과가 창출되는지를 점검해 볼 필요가 있다.

성장의 규모(Size)

성장의 규모가 적절했는지는 자산의 성장성 그리고 매출의 성장성으로 평가해 볼 수 있다. 큰 규모의 투자비가 집행됨에도 불구하고 자산이 늘어나지 않고, 또 이 자산이 매출을 제대로 창출하지 못한다면 적정 성장 규모라고 보기 어렵다.

성장의 속도(Speed)

회사의 성장이 느려도 문제겠지만 지나치게 빨라도 문제가 된다. 즉 '매출액순이익률', '유보비율', '총자산회전율', '자기자본승수' 요인들의 함수로 평가한 성장률을 적정성장률이라고 보면, 이를 매출액기준 전년 대비 금년 증감률로 비교하여 적정성장률보다 지나치게 낮거나 높으면 속도에 문제가 있다고 볼 수 있다.

성장의 질(Quality)

회사가 자산 증가, 매출 성장과 같은 양적인 성장을 하였다고 해서

질적으로도 함께 성장했다고 볼 수 있을까? 즉 '커진 외형에 비해 내실도 동반되어 성장되었는가?'라는 관점에서의 평가이다.

이를 위해서는 수익성, 투자효율성, 재무구조의 건전성, 신용등급 등을 종합적으로 고려해서 평가해 볼 수 있다. 수익성의 경우 당연히 흑자가 나야 되겠지만, 최소한 영업이익으로 이자비용을 두 배 이상 커버할 정도의 이자보상배율을 확보하는 것이 좋고, 투자효율성도 투하자산효율성$^{(ROIC)}$이 가중평균자본비용$^{(WACC)}$과 같은 금융비용 이상으로 수익성을 창출해야 '양질의 성장을 했다'라고 볼 수 있다.

또한 '재무적인 투자여력의 범위 내에서 성장이 이루어졌는가?'라는 관점에서는 잉여현금흐름$^{(Free\ cash\ flow)}$의 범위 내에서 무리하지 않게 투자가 이루어져야 양질의 성장이라 볼 수 있다. 즉 영업이익에서 감가상각비를 더하고 운전자본 증감을 반영한 뒤 이자비용을 제한 다음 투자비$^{(CAPEX)}$를 차감한 금액이 잉여현금흐름인데, 이 숫자가 마이너스라면 투자비 조달을 위해 무리하게 차입금을 조달하여 재무구조가 악화되었을 가능성이 높다.

성장과 사업다각화

사업 다각화$^{(Diversification)}$는 관련 다각화와 비관련 다각화로 나눌 수 있다. 관련 다각화$^{(Related\ diversification)}$를 추진하는 기업의 경우 밸류체인상의 인접사업으로 진출하기 때문에 비관련 다각화에 비해 상대적으로 리스크는 적다. 그러나 해당 산업 전반이 침체기에 접어들게 되면 산업 전체의 수익성이 악화되어 기업 전체가 타격을 입게 되는 리스크가 있다. 선박용 엔진제조회사에서 출발하여 조선업과 해운업으로 수직적 다각화를 이룬 STX그룹의 경우 글로벌 해운업이 불황기에 접어들게 되자 그룹 전체가 타격을 입은 사례가 바로 여기에 해당한다.

반면 비관련 다각화(Non-related diversification)로 나아갈 경우는 해당 업종이 경기에 민감한 산업이라면 경기라는 리스크가 상쇄되도록 신사업을 구성하는 것도 고려해 볼만 하다. 그러나 핵심사업으로부터 멀어진 신규 사업영역 진출이므로 자사의 경험과 네트워크, 그리고 고객 자산을 활용할 수 있는 가능성이 매우 낮아지므로 해당 영역의 기존 경쟁사와 비교 시 경쟁력이 약한 상태에서 시장참여를 해야 하는 리스크도 존재한다. 기업이 비관련 다각화를 추진할 경우 신사업에 대한 타당성 검토 능력과 더불어 진출 후 다양한 사업포트폴리오를 관리할 수 있는 전사 차원의 역량이 반드시 갖추어져야 서로 상이한 사업구조와 문화를 가진 회사들을 조화롭게 관리할 수 있을 것이다.

시사점

경영성과를 볼 때 관련 다각화를 한 기업들과 비관련 다각화를 추진한 기업들 간 차이는 크지 않다. 결국 "다각화의 방향이 관련이 좋은가? 비관련이 좋은가?"라는 질문보다는 해당 산업이 처한 특성을 고려하여 적절한 성장의 방향을 추구한 회사의 성과가 좋다고 판단해야 할 것이다.

기업이 견실한 성장을 위해서는 참으로 많은 것을 고려하고 준비하여 추진해야 한다. 특히 앞서 설명한 '성장의 옵션을 잘 선택'하고, '성장의 단계별로 핵심 사안을 잘 적용'하고, '성장의 필요 역량을 제때에 확보'하며, '적시에 성장에 대한 평가를 실시'하여 추진하는 것이 성장전략의 핵심성공요소(Key success factor)라 할 수 있다.

신사업 타당성 검토와
신사업 조직 운영

    앞 장 '성장의 성공요소'에서는 기업이 성장하기 위한 7가지 전략적 옵션에 대해 설명하였고, 그 중 하나가 바로 신규 사업영역으로의 진출이었다. 이 장에서는 새로운 제품이나 서비스를 개발하는 스타트업의 단계를 넘어서서 어느 정도 단위 사업으로서의 규모와 레벨에 이른 중소·중견기업 또는 대기업 차원의 전사적인 신사업 추진에 대해 설명하고자 한다.

    많은 기업이 신사업을 추진하다 보면 크게 2가지의 도전에 직면하게 된다. 첫째는 '발굴한 신사업 후보의 타당성을 어떻게 평가할 것인가?', 둘째는 '신사업을 추진하기 위한 추진 조직을 어떻게 구성하고 운영할 것인가?'이다. 이 도전요인에 대해 어떻게 접근할 것인지 하나씩 알아보자.

신사업에 대한 타당성 검토^(Feasibility Study)

신사업 후보가 선정이 되면 아래의 네 가지 관점에서 사업의 타당성을 검토할 수 있다.

| 신사업 타당성 검토 Framework |

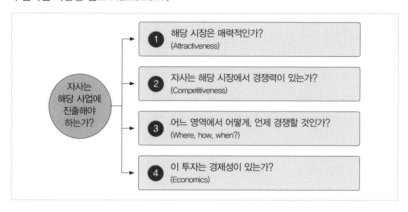

[Attractiveness] 해당 시장은 매력적인가?

해당 시장의 매력도를 파악하기 위해서는 해당 산업의 구조적 특성을 이해할 필요가 있다. 즉 해당 산업의 수익성에 영향을 미치는 아래의 요인들에 대해 면밀히 짚어보고 큰 그림 차원에서 검토하는 것이 필수적이다. 각 산업이나 시장마다 특성이 다르겠으나 대표적인 요인들은 아래와 같다.

고객

시장 규모 및 성장률

고객의 수요를 반영한 시장의 규모는 얼마나 크고 성장의 속도는 얼마나 빠른가? 시장의 규모가 충분히 크고 또 성장속도가 빠를수록 매력도는 높다.

가격민감도

고객은 가격 변동에 얼마나 민감하게 반응하는가?

구매 집중도

Top3 또는 5 고객의 시장 내 집중도는 어느 정도인가? 특정 고객군에 구매가 집중되어 있다면 신규 진입자 관점에서는 기존 상위 경쟁사의 고객을 확보해야 하므로 진입이 어렵게 된다.

고객만족도

고객의 만족도는? 만족되지 않은 니즈가 존재 하는가? 낮은 고객만족도와 만족되지 않은 니즈는 신규 진입자가 차별화시킬 좋은 기회가 될 수도 있다.

경쟁사
수익률

시장 참여자(경쟁사)들의 평균수익률은 어느 정도이며 성장의 속도는 얼마나 빠른가? 이 수익률은 영업이익률, 투자회수율 등 다양한 지표로 평가할 수 있는데, 결국 자사의 자본조달비용보다 높아야 매력도가 높은 시장이라 볼 수 있다.

집중도

Top3 또는 5 경쟁사의 시장 내 집중도는 어느 정도인가? 이 집중도가 높을수록 시장은 상위 경쟁사에게 유리하다. 예를 들어, 가격에 대한 통제권이 이들에게 있으며 수백 개의 참여사들이 존재하는 분화된 시장보다 시장진입은 어렵기 때문이다. 이 경우 신규진입자가 Top3 시장참여자를 M&A로 인수하여 시장진입을 하지 않는다면 상대적으로 불리하므로 매력도는 떨어진다.

추가적으로 시장참여자들의 시장점유율(Market share)이 어떻게 되며, 누가 시장을 넓혀가고 누가 줄어드는지, 그리고 이러한 시장점유율의 변화를 초래하는 원인이 무엇인지도 파악하여야 한다.

수급 균형도

수요와 공급 중 수요가 초과하는가? 생산용량이 많아서 공급과잉 상태라면 당연히 가격전쟁(Price War)에 들어가고 수익률이 떨어져 고정자산에 대한 가동률과 매각이 이루어질 수 있으므로 반드시 검토해야 한다.

공급자

공급자 교섭력

공급자가 시장참여자에 대해 교섭력(Bargaining power)이 더 크다면 시장 매력도는 떨어진다. 예를 들어, 석유를 전적으로 해외에 의존하여 수입해야 하는 한국의 석유화학업의 경우 교섭력은 중동과 미국, 러시아 등 석유생산국의 오일 업체들이 강하게 가지고 있다.

공급자 집중도

시장참여자들 입장에서는 공급자가 무수히 많이 존재하는 것이 상위 3~5개 공급자가 집중되어 있는 것보다 유리하다. 반도체에 사용되는 특수 희토류의 경우 중국에서만 생산되는데, 이 경우 공급자가 교섭력이 매우 강하게 되어 매력도는 떨어지게 된다.

공급 원료의 가격 수준 및 변동성

공급 원료의 가격이 지나치게 높고 계속 상승 추세이며, 가격 변동성이 크다면 시장참여자 입장에서는 모두 수익성에 영향을 미치는 요인이므로 매력도는 떨어진다.

공급 원료의 대체재 존재

원료의 대체제가 존재한다면 매력도는 높다. 예를 들어, 특정 발전설비의 경우 연료로 가스와 석탄을 모두 사용할 수 있는데, 만약 가스가격이 급격히 오른다면 석탄으로 전환하여 발전을 할 수 있으므로 대체재의 존재는 시장참여자에게 전략적 자유도를 높여준다.

대체재

대체재의 존재

대체재가 존재한다면 항상 유의해야 할 부분이다. 언제라도 현재의 시장참여자들이 제공하는 제품이나 서비스에 대해 고객들이 변심하고 대체재로 구매를 전환할 수 있기 때문이다. 90년대까지 휴대용 음악감상기기로 음악애호가들의 사랑을 받던 SONY의 워크맨은 어느 순간 Apple의 iPod라는 대체재에게 자리를 내주고 사라지게 되었다.

대체재의 가격전략

대체재가 유사한 기능과 품질을 제공하면서 저가로 공략해 올 가능성이 있다면 시장은 전체적으로 가격전쟁으로 몰려가면서 업계 전체의 수익성 하락으로 이어질 수 있어서 매력도는 떨어진다.

신규 시장진입자

신규 시장진입자의 위협이 크면 클수록 시장의 경쟁이 심해지게 되므로 매력도는 떨어진다. 이 경우 신규 시장진입자들이 고려하게 되는 변수가 바로 진입장벽(Entry barrier)이다. 진입장벽 요인들을 살펴보면 아래와 같다.

규모의 경제(Economies of scale)

규모가 큰 기업은 일반적으로 규모의 경제에 의해 경쟁자보다 우월한 비용 경쟁력을 갖고 있다. 이러한 우위는 학습곡선 효과, 최고의 원재료 공급원에 대한 접근, 폭등 전 가격으로 구매한 자산, 정부 보조금 또는 뛰어난 입지 등으로 얻어진다.

요구 자본

특정 산업은 사업을 위해 대규모의 투자가 초기뿐만 아니라 운영 시에도 지속적으로 이루어져야 하는데, 이는 진입장벽으로 작용하게 된다. 신규 진입자의 경우 대규모의 투자비가 소요되기 때문이다. 자동차, 컴퓨터 제조, 광물질 채취, 석유화학 산업 등과 같이 거대자본이 필요한 특정 분야는 잠재 진입자의 수를 제한하게 된다.

채널 접근성

신규 사업 진입 시 유통채널을 자체적으로 구축하기 어려우면 기존 유통채널을 활용해야 하는데, 이 또한 높은 비용을 수반하므로 진입장벽이 될 수 있다. 예를 들어, 새로운 식품업자는 가격파괴, 판촉, 강도 높은 판매 노력 및 기타 방법을 동원해서라도 진열대에서 다른 제품을 자신의 제품으로 교체해야 한다. 도소매 경로가 제한적일수록 기존 경쟁자가 유통 채널을 장악하고 있어 해당 산업으로의 진입은 더욱 어려워진다.

기존 제품의 경쟁 우위

기존 시장참여자들이 제품의 기능이나 디자인 등이 월등하게 뛰어나거나 비용 경쟁력이 뛰어날 경우 이를 극복해야 하므로 신규진입자들에게는 진입장벽이 된다. 진입장벽이 높으면 높을수록 기존 시장참여자들에게는 유리하다. 신규참여자들이 못 들어오게 하면서 기존의 시장참여자들끼리 파이를 나누어 가지기 때문이다. 신규 시장진입자들이 이 진입장벽을 넘기 위해서는 많은 비용이 수반되는데, 그럼에도 불구하고 다른 요인들이 매력적이라서 진입하고 나면 오히려 유리하게 작용할 수가 있다.

규제 및 법률

특정 시장에 진입하려면 관련 법률이 진입 장벽이 될 수 있다. 특히 환경관련 법규, 세제, 회계 원칙 등은 각 산업마다 상이하다. 특정 산업에서는 신규 기업의 진입에 규제가 존재하기도 한다. 따라서 목표 시장에 대해서는 규제와 법률 관련한 사전적인 검토를 반드시 거쳐야 한다.

아무리 경제적 측면의 기대효과가 크다 하더라도 이 부분을 넘지 못하면 신사업 추진은 어렵기 때문이다.

[Competitiveness] 자사는 해당 시장에서 경쟁력이 있는가?

사업 타당성 검토를 위해서는 시장 매력도 파악과 더불어 해당 시장에 진입 시 자사가 충분히 경쟁력이 있는지도 면밀히 따져봐야 할 부분이다. 이를 위해서는 해당 사업의 가치사슬(Value chain)을 정의하고 가치사슬의 각 활동별로 필요한 자원(Resource)과 역량(Capabilities)을 정의한다. 이후 이 핵심 자원과 역량을 기준으로 자사가 해당 시장 진입 시 해당 시장의 사업성공요소(Key success factor)를 중심으로 전략적 중요도를 평가하고, 이를 기존의 시장참여사와 비교 시 얼마나 경쟁력이 있는지를 시장조사를 통해 엄밀히 검토한다.

[Where, how, when] 해당 시장의 어느 영역에서, 어떻게, 어느 시기에 경쟁할 것인가?

[Where] 어느 영역에서 경쟁할 것인가?

신사업 추진에 있어서 가장 중요한 단계 중 하나이다. 처음 진입할 때 자사에 가장 적합한 영역을 선정하여야 하는데 이는 향후 신사업의 사업영역(Business domain)이 되기 때문이다.

시장세분화(Market segmentation) 관점

시장진입 영역 선정 시 해당 시장의 매력도를 시장 전체뿐만 아니라 시장을 세분화하여 개개의 시장별로도 검토해야 한다. 시장세분화를 통해서 목표시장을 선정(Targeting)하고 해당 목표시장에서 기존 경쟁사와 대비하여 고객에게 '어떻게 차별화된 포지셔닝$^{(Positioning)}$을 할 것인가?'를 구체적으로 검토한다.

예를 들어, 한 제조사가 자전거 시장으로 진출을 고려한다고 가정하자. 해당 시장을 가격 기준으로 저가, 중가, 고가 시장으로 세분화$^{(Segmentation)}$한 후 해당 세그먼트별로 사업성공요소$^{(Key\ success\ factor)}$를 조사하니 저가 세그먼트는 저가 생산능력, 중가 세그먼트는 품질과 비용효율성, 고가 세그먼트는 혁신적인 디자인과 명품 브랜드 이미지로 나타났다. 시장의 규모면에서는 저가 세그먼트가 가장 크고 성장성과 수익성은 고가 세그먼트가 가장 크다. 이 자전거 제조업체의 핵심역량은 대량생산을 통한 품질과 비용 경쟁력이다. 결론적으로 세그먼트별 사업성공요소와 이 회사의 핵심역량을 분석하고 맵핑해 보면 이 회사는 중가 세그먼트로 진입하는 것이 승산이 높을 것이다. 해당 중가 세그먼트에서 기존 경쟁사와 비교하여 어떻게 차별화된 포지셔닝을 하여 경쟁에 이길 수 있는지도 검토가 되어야 할 것이다.

가치사슬 관점

해당 시장의 밸류체인에서 자사의 역량을 고려 시 어디부터 진입을 할지와 더불어 향후 어떻게 성장을 할 것인가에 대해 처음부터 계획을 세우고 들어가야 한다. 예를 들어, 태양광 사업의 가치사슬은 '폴리실리콘 제작', '잉곳/웨이퍼 제작', '셀 제작', '모듈 제작', '유통/통합', '설치'로 이루어져 있다. 이 사업 자체가 엄청난 투하자본을 요구하는 사업이므로 처음부터 가치사슬 모두를 커버하는 시장진입은 무리가 따른다. 물론 각 가치사슬 단위별 투하자본, 수익률, 경쟁강도 등은 모두 상이하다. 이 경우 자사의 자원과 역량상 강점을 살려 최대한 경쟁력이 있고 매력도가 높은 가치사슬상의 영역부터 진입하는 것이 성공의 가능성이 높을 것이다.

[How] 어떻게 경쟁할 것인가?

사업영역(Business domain)과 목표시장(Target market)이 결정되면 '여기서 어떻게 경쟁할 것인가?'에 대해 검토를 한다.

'목표 시장의 고객에게 어떠한 가치를 제공할 것인가?', 즉 가치명제(Value proposition)을 명확히 짚어보고 검토를 한다. 고객의 충족되지 못한 니즈(Unmet needs)나 고통(Pain point)이 명확하게 한 문장으로 제시될 수 있어야한다. 그리고 '차별화된 제품/서비스를 제공하기 위해 어떠한 Business system을 구축해야 하는가?', '해당 전략과 연계된 역량을 어떻게 확보할 것인가?', '해당 전략과 연계된 적합한 조직구조와 인력은 어떻게 구축할 것인가?'도 검토할 포인트이다.

시장진입(Market entry)의 모드(Mode)는 리스크와 통제력, 경영권, 유지 기간 등의 변수에 따라 '직접투자', '인수', '합병', '지분참여', '합자회사', '전략적 제휴', '라이센싱 계약' 등의 단계로 나눌 수 있으며 회사의 상황에 따라 적절히 선택하여야 한다.

[When] 어느 시기에 경쟁할 것인가?

특정 산업에서는 경기 Cycle에 따라 '언제 투자를 하느냐?'가 경쟁력에 지대한 영향을 미칠 수 있다. 경기 사이클 단계상 현재 경기침체기의 끝에 있고 조만간 회복기로 접어들 것이라는 확신이 든다면 상대적으로 싼 가격으로 시장에 진입할 수 있는 기회가 될 것이다.

신시장 진입도 해당 산업의 특성을 고려하여 적절한 진입 타이밍을 결정해야 한다. 예를 들어, 특정 사업의 시장이 전체적으로 수익에서 흑자가 나지 않는다면 이 시장에 진입해야 할까? 산업의 라이프 사이클 상 성숙기에 접어들었다면 공급과잉이나 수요부진 등 여러 요인들로 인해 흑자로 전환하기에 용이하지 않을 수 있다. 그러나 라이프 사이클 상 초기 진입기이고 특히 플랫폼 비즈니스라면 다시 생각해 볼 일이다. 시장 전체가 적자이더라도 아직까지 적절한 규모의 공급자와 소비자가 확보되지 않은 탓일 뿐, 만약 어느 정도의 규모를 확보하면 급속하게 거래가 증가하여 네트워크 효과를 기대할 수 있으므로 이때는 전략적인 차원에서의 검토가 필요할 것이다.

최초 시장진입자(First mover)가 항상 유리한 것은 아니다. 오히려 초기 시장에서 모든 리스크를 감수하고 이 요인들을 어떻게 극복하는지에 대한 대안을 개발하느라 역량을 소진하고 또 해당 요인이 완화되었을 때 2위나 3위의 후발주자에게 시장을 내준 경우가 허다하다. 후발업체들은 기술과 시장의 불확실성이 사라진 후에 진입함으로써 위험을 줄일 수 있고, 기존 제품과 차별화된 가치를 제공하거나 보다 우월한 경영자원 활용을 통해 성공할 수 있다.

M&A를 통해 시장진입을 시도한다면 목표 회사를 인수 고려 시 경기침체가 더 길어질 것으로 예상된다면 인수시기를 늦추는 것이 여러모로 협상테이블에서 유리한 고지를 점령할 수 있다. 특정 시장에서 철수(Exit)도 경기가 좋을 때 더욱 유리한 조건으로 빠져나올 수 있다.

[Economics] 이 투자는 경제성이 있는가?

신사업 투자의 경제성 분석 결과는 사업 타당성 보고서에 반드시 들어가는 중요 항목이다. 사내 투자의사결정 뿐만 아니라 투자금을 외부에서 조달 시 은행이나 투자자들 대상으로도 사용되기 때문이다.

신사업을 추진하면 결국 일정 규모의 자본을 투자하게 되고, 이에 대한 수익성 또는 투자회수율은 경제성이라는 관점에서 반드시 검토하게 된다. 일반적으로 가장 많이 사용되는 수익성 관점의 재무 지표는 '매출', 'EV/EVITDA', 'NPV(순현가법)', 'Payback period(회수기간법)', 'IRR(내부수익률법)'을 들 수 있다. 이 다섯 가지 지표 중 가장 중요한 하나만을 선택한다면 IRR을 꼽을 수 있는데, 이는 다른 지표들의 중요 가정과 요소들을 대부분 반영하기 때문이다.

IRR (Internal Rate of Return : 내부수익률법)

사업을 추진 시 사업기간 동안의 현금 유입의 흐름을 현재가치로 환산하여 합한 값이 현금유출인 투자지출과 같아지도록 할인하는 이자율을 말한다. 신사업의 전체 사업기간 동안의 수익률을 평가하는 지표이며, 투자안의 IRR이 목표 IRR, 혹은 시장이자율보다 크면 이 투자안을 채택한다. 대부분의 국내외 기업에서 공통적으로 사용하는 투자 수익성 지표이다

회사 내부적으로 통과 기준을 'IRR이 자사의 3년 평균 WACC(가중평균자본비용) 이상'과 같이 정의하여 투자심의위원회의 평가기준으로 정해 놓으면 커뮤니케이션이 용이할 수 있다.

신사업 추진조직의 구성과 운영

많은 기업들이 연말 조직개편 시 조직도상 신사업 조직을 새로 편재한다. 신사업을 추진할 때 조직도에 반영하고 팀원을 뽑아 놓기만 하면

회사가 원하는 방향으로 제대로 운영될까?

기업이 성공적으로 신사업을 추진하기 위해서는 '적절한 조직구조'와 더불어 '필요 자원과 역량을 제공'하고, '짜임새 있는 운영방식'이 필요하다.

구조

조직구조

신사업 추진조직 설계에 있어서 가장 중요하게 고려해야 할 점은 '신사업 전담조직을 회사의 조직도상 어디에 위치시킬 것인가?'이다. 예를 들어, 전통적인 제조업을 운영해온 조직이 디지털 플랫폼 사업으로 진출코자 할 경우 신사업 전담조직이 기존 조직 내에 있으면 여러 가지 문제가 발생한다. 기존의 조직은 전통적 사업모델을 운영하던 방식과 기준, 문화를 바탕으로 완전히 새로운 비즈니스 모델에 대해 관여 및 평가를 하게 된다. 따라서 신사업 본연의 가치를 온전히 이해하기 전에 조기에 부정적 시각과 의견에 부딪혀 실행에 어려움을 겪게 되기 십상이다. 이는 기존사업과 신규 성장엔진이 동일조직 및 동일 시스템 또는 플랫폼상에서 동시에 운영 시 효과를 내기 어렵고 혼란을 초래하기 때문이다. 따라서 신규사업 전담조직의 조직 내 위치는 기존 사업과의 연관성이 높은 신사업을 발굴 및 추진코자 한다면 전담조직을 사내에 편재하고, 사내 유관부서의 협력하여 신규사업을 육성하고 주도하는 것이 적절하다. 이후 해당 신사업이 안정화가 되면 이 신사업은 사업부로 이관하게 된다.

이와는 반대로 기존 사업과의 연관성이 낮은 신사업을 발굴 및 추진코자 한다면 신규사업 전담조직을 아예 사외로 분사를 하여 독자적으로 역량을 갖추고 사업 발굴, 육성, 실행까지 전담을 하게 하는 것이 효율적일 것이다.

운영

역할

신사업 전담조직의 위치가 결정되면 이어서 조직구조 설계와 더불어 역할 및 책임을 도출한다. 일반적으로 신사업 전담팀은 '사업 콘셉트 개발', '타당성 검토', '시장진입전략 수립 및 실행', '신사업 인큐베이션' 등의 역할을 주로 담당한다.

팀원의 구성

신사업 전담 팀원의 구성은 위 역할에 맞춘 역량을 갖춘 인원으로 구성하고 필요시 타부서로부터 파트타임 또는 태스크 포스를 만들어 운영을 한다. 이때 리더는 가능한 신사업 추진을 해 본 경험이 있으며 프로젝트 관리 능력과 커뮤니케이션 능력이 뛰어난 인재가 적합하다. 팀원 중 전략수립 경험, M&A 경험, 재무회계 지식을 바탕으로 기업가치평가 모델링을 한 경험, 그리고 현장 오퍼레이션 경험을 한 직원은 반드시 한 명씩은 구성하도록 한다.

성과관리 및 KPI

기존에 운영되고 있는 사업부의 지표를 신규사업의 성과지표로 그대로 사용하기에는 무리가 많이 따른다. 따라서 신사업 전담팀의 KPI는 신사업 진행 마일스톤에 따른 진척도와 신사업 아이디어의 퀄리티에 대한 정성적 평가를 병행하여 진행하는 것이 좋다. 만약 1년 내에 신사업 추진 건수라는 지표를 적용하게 되면 연말이 다가올수록 실적에 쫓기는 전담팀은 무리한 M&A를 진행하여 본업을 위험에 빠뜨리게 할 수도 있다.

시사점

신사업이 성공하기 위해서 경영진은 아래의 사항에 대해 리더십을 발휘해야 한다.

첫째, 신사업 추진의 목적을 명확히 하고 현실적 목표를 수립해야 한다. 경영진은 신사업의 목적과 목표 수립 과정상 얼마나 엄정한 시장 테스트를 거치고 탄탄한 논리적 근거에 의해 만들어졌는지를 반드시 짚어야 한다.

둘째, 자사의 자원과 역량에 대해 객관적이고 균형 있는 판단을 해야 한다. 실제로 신시장에 진입했을 때 자사의 역량이 경쟁사보다 더 뛰어난지에 대해서 냉정하게 판단을 해야 하며, 기술과 시장의 적합성, 기존사업과의 인접성, 자사의 핵심역량의 활용성 등을 자세하게 검토해야 한다.

셋째, 신사업이 시장에 진입한 후에도 정기적으로 검토해야 한다. 시장진입전략 못지않게 실행도 성과에 큰 영향을 미치므로 주요 마일스톤을 기준으로 일정이 준수되었는지, 자원과 역량은 적절히 투입되었는지, 진행상 걸림돌은 없는지 등을 검토하는 것이 중요하다.

끝으로 "많은 경쟁사가 해당 신사업을 하니 우리 회사도 해야 된다"는 식의 의사결정을 피하기 위해서는 경영자는 평소에 메가 트렌드(Mega trend)를 파악하고 냉철한 결단을 내릴 필요가 있다.

성장의 묘약,
M&A

    기업의 성장을 위해서는 경영자원의 활용방법에 따라 유기적 성장 (Organic growth)과 비유기적 성장(In-organic growth)의 옵션을 고려할 수 있다. 3)

    유기적 성장은 기업이 내부적으로 보유하고 있는 경영자원과 조직 역량을 바탕으로 신제품개발, 업무혁신, 설비증설 등을 통해 점진적인 성장을 추구하는 방법이다. 유기적 성장은 기존 조직문화를 유지하면서 내부 기업가정신을 고취할 수 있는 장점이 있으나, 비유기적 성장에 비해 보다 많은 시간과 자원이 소요될 수 있다.

    비유기적 성장은 M&A나 전략적 제휴(Strategic alliance)와 같이 외부의 타력을 활용하여 성장하는 보다 급진적인 방법이다. 기업은 자신이 보유하고 있지 않은 사업과 경영자원을 타 기업 인수합병 또는 전략적 제휴를 통해 보다 신속히 확보하고 내부역량 강화를 도모할 수 있다.

    M&A와 같은 외적 성장방식은 다음과 같은 특징과 이점이 있어서

---

3) SeungJoo Lee, "Corporate strategy manual"

빠른 성장을 도모하는 성장형 기업들이 많이 선택하게 된다.

- 처음부터 사업을 시작하는 것보다 리스크가 낮음
- 상대적으로 용이하게 사업을 빠른 속도로 키우거나 다각화가 가능함. [예) 구글(Google)은 200개 이사의 회사를 인수하여 고속 성장을 함. (2016년 기준)4)]
- 진입장벽이 높은 국내외 신시장에 들어갈 수 있는 수단으로 활용함. [예) 월마트(Walmart)의 인도 온라인 리테일러인 플립카트(Flipkart) 인수를 통한 인도시장 진출5)]
- 기업이 새로운 역량이나 자원 확보를 가능하게 함. [예) 마이크로소프트(Microsoft)의 챗GPT 메이커 오픈에이아이(OpenAI) 인수/투자6)]
- 새로운 고객에게 접근이 가능함. [예) 코카콜라(Coca-Cola)의 코스타커피(Costa Coffee) 인수를 통한 탄산음료보다 커피를 좋아하는 고객 세그먼트로 진출7)]

이와 같은 특성으로 인해 M&A는 앞 장에서 설명한 바가 있는 "성장을 위한 전략적 옵션"을 실행함에 있어서 모든 옵션에 적용이 가능하다. 즉 신규고객 개발, 신제품개발, Value chain 재설계, 산업구조재편, 신규지역 확장, 신사업 진출에 있어서 M&A는 당연히 적용 가능한 전략적 이니셔티브(Initiative)이다.

---

4) Wikipedia, "List of mergers and acquisitions by Alphabet"
5) BBC, "Why did Walmart buy India's Flipkart?"
6) Bloomberg, "Microsoft Invests $10 Billion in ChatGPT Maker OpenAI"
7) BBC, "Coca-Cola to buy Costa coffee for £3.9bn"

이번 장에서는 성장전략의 툴(Strategic growth tool)로서의 M&A에 대해 매수자(Buyer) 관점에서 살펴보도록 하자.

M&A란 무엇인가?

M&A의 사전적 의미는 기업의 합병(Merger)과 인수(Acquisition)를 의미한다. 인수는 기업의 경영권을 수반한 타 기업의 주식 또는 지분의 인수, 혹은 자산(영업)의 양수를 의미하고, 합병은 두 개 이상의 법인이 하나의 법인으로 통합되는 상법상의 법률행위를 의미한다.

비즈니스 사이클(Business cycle) 관점에서 보면 경기침체나 불황기에는 규모축소 또는 유동성 확보를 위한 구조조정형 M&A가 많이 추진되고, 경기회복 또는 성장기에는 시장참여 또는 경쟁력 제고를 위한 성장형 M&A가 많이 이루어진다. 따라서 경기순환 사이클에 따라 선행적으로 적기에 검토 및 실행하는 타이밍이 매우 중요하다.

M&A 실패의 주요 요인[8]

앞서 설명한 비유기적 성장방식인 M&A의 많은 이점에도 불구하고 많은 기업의 M&A는 다음과 같은 이유로 실패하는 경우가 많다.

• 불명확한 투자 논거(Investment thesis)

---

8) T. Copeland, "Valuation", Kison Patel, "10 Biggest Challenges During M&A & How to Overcome Them"

- 목표 회사 사업에 대한 지나치게 낙관적인 평가
- M&A에 따른 시너지 효과에 대한 비현실적인 기대
- 불충분하거나 부적절한 실사
- 딜 브레이킹 요인(Deal breaker)이 발생하였음에도 불구하고 딜 진행
- 과도한 인수 가격의 지불(Overpaying)로 인한 승자의 저주(Winner's curse)
- 회사의 M&A 관련 경험 및 역량 부족
- 인수합병 후의 통합(Post merger integration) 실패

위의 각 항목별로 M&A의 초기단계부터 미리 철저한 준비를 하는 것만이 기업이 애초에 원했던 M&A의 목표를 달성하는 길임을 주지할 필요가 있다.

M&A의 주요단계

일반적으로 전략적 투자자(Strategic Investor)로서의 매수자(Buyer) 관점에서 보았을 때 개괄적인 M&A 추진 단계는 'M&A 전략수립 → Target 기업 선정 → Target 접촉 및 교섭 → LOI 제출/IM 수령 → Target 기업 실사 → 협상 → 대금지급/주식이전 → 인수 후 통합(PMI)'의 순서로 진행된다. 다음은 주요 단계별 특성 및 유의점을 살펴보자.

M&A 전략의 수립

좋은 인수 전략을 개발하려면 인수자가 인수를 통해 얻을 것으로 기대하는 것, 즉 대상 회사를 인수하는 비즈니스 목적(예: 제품 라인 확장 또는 신규 시

^{장 진출}이 무엇인지 명확히 파악하는 것이 핵심이다. 왜 M&A를 하려는지에 대한 투자 논거^(Investment thesis)를 명확히 하는 것은 향후 딜 클로징뿐만 아니라 인수 후 통합과정에도 영향을 미친다. 성장과 관련한 일반적인 M&A의 목적으로 다음의 예를 들 수 있다.[9]

- 인수합병을 통해 해당 산업의 생산용량^(Capacity)를 줄여 가격 통제권을 확보
- 복잡하게 파편화된 시장구조를 통합^(Consolidation) 후 규모의 경제^(Economy of Scale)를 확보
- 새로운 시장 진출이나 신규고객의 확보
- 신기술이나 R&D 역량의 확보
- 유통 채널의 확보
- 안정적 공급망^(Supply chain) 확보
- 기존의 사업 포트폴리오와의 시너지를 최대화

인수 대상 기업은 어떻게 선정하는가?

M&A 전략과 투자 논거가 수립되고 나면 이어서 대상^(Target) 후보 기업을 탐색하고 평가하게 된다. 이때 잠재적 대상 기업을 식별하기 위해서는 앞서 도출된 투자 논거^(Investment thesis)를 중심으로 주요 기준을 정한다. ^(예: 수익률, 지리적 위치 또는 핵심 기술, 정부 라이선스, 고객 기반 등) 이후 인수자는 식별된 검색 기준을 사용하여 잠재적 인수 대상 기업을 찾고 평가를 실시한다.

---

9) CFI, "Mergers Acquisitions M&A Process"

일차 후보^(Long listed target) 발굴은 다양한 소스를 통해 시도해 볼 수 있다. 데스크톱 리서치를 할 때는 증권사의 산업/기업 리포트, 각 산업의 협회발간 연차보고서, 블룸버그나 로이터 등의 데이터베이스, 투자은행/사모펀드의 업계관련 산업분석/최신 거래 관련 보고서 등을 일차적으로 활용할 수 있다. 그 외 다양한 대내외적 네트워크를 활용하여 잠재적인 인수후보군을 도출한다.

일차 후보군이 선정되면 스크리닝을 위해 구체적인 탈락기준^(Knockout criteria)를 정하여 평가를 한다.[10] 탈락기준으로는 예를 들어, '목표 회사의 규모가 매출기준으로 일정 수준이 되어야 한다', '지리적으로 해외 사업 비중이 50% 이하여야 한다', '저수익 사업 부문의 비중이 10% 이하이어야 한다', '재무적으로 부채비율이 200% 이하이고 이자보상배율이 2 이상이어야 한다', '딜에 대해 우호적이어야 한다' 등을 들 수 있다. 이 탈락기준을 통해 단계적으로 후보군을 압축해 나갈 수 있다.

이 과정을 통해 인수대상 기업이 선정되면 이후 '인수대상 기업 접촉 및 교섭'을 시작하고 어느 정도 교섭이 진전되면 'LOI^(인수의향서)'를 송부한 다음 구체적 협의에 들어간다.

실사^(Due Diligence)에서 꼭확인해야 할 사항들

실사는 M&A과정에 있어서 인수대상 기업의 비즈니스 지배구조, 재무구조, 경영성과 및 재무상태, 보유기술 및 인적자원, IT시스템, 우발부채 등을 종합적으로 검토하여 value와 Risk를 확인하는 일련의 작

---

10) T. Copeland, 《Valuation》,

업을 의미한다.[11)]

실사의 목적

실사를 하는 목적은 크게 4가지이며 이를 통해 인수 의사결정을 위한 중요 정보를 확보한다.

M&A 타당성에 대한 재확인

- 기업의 전략실행을 위해 M&A가 꼭 필요한가?
- 사내 자체 개발이나 전략적 제휴 등의 다른 대안보다 더 나은가?
- 최초 검토 시 기대되었던 가치(Value)가 실제로 존재하는가?

시너지 효과와 구조조정 기회의 존재 파악

- 양사 간의 시너지가 존재하는가?
- 인수 후 구조조정의 기회가 존재하는가?

리스크 요인의 파악

- 가치와 시너지를 떨어뜨리는 리스크가 존재하는가? 그 정도는?
- 잠재적 리스크는 줄이거나 주식매매계약서(SPA)에 의해 방어가 가능한가?

가치평가

- 파악된 가치와 리스크가 valuation에 적절히 반영되었는가?

---

11) Deloitte, 《Cross-border M&A》

- 인수대상회사의 미래의 가정에 위험요소는 어떤 것이 존재하는가?

실사의 종류

대표적인 실사의 종류는 크게 '영업적 실사', '재무적 실사', '세무적 실사', '법무적 실사'의 네 가지로 정리할 수 있다. 물론 그 외 인사나, IT, 환경부문에 대한 실사도 포함하여야 한다.

영업적 실사 : Commercial DD

영업적 실사에서는 아래의 사항을 주로 확인해야 한다.

- 인수대상 기업이 속한 산업의 밸류체인(Value chain)은 어떻게 구성되어 있는가?
- 공급망은 안정적인가?
- 생선설비의 효율성, 설비투자의 규모, 자산의 가치 등은 어떠한가?
- 영업 및 마케팅 역량은 시너지 기회가 있는가?

시너지 기회는 아래의 세 영역에서 찾아볼 필요가 있다.

매출 시너지

- [고객] 기존 고객의 다변화된 니즈 충족이 가능한가?
- [고객] 새로운 고객 세그먼트로 진출이 가능한가?
- [네트워크] 인수 대상 기업의 글로벌 네트워크를 공동 사용할 수 있는가?
- [제품/서비스] 인수 대상 기업의 제품을 통합하여 패키지를 제공할 수 있는가?

비용 시너지

- [OPEX] 중복된 기능이나 조직에 대해 간접비 절감 기회가 있는가?
- [고정자산] 건물, 창고, 국내외 법인, 공장, 설비 등 공동사용가능 자산이 있는가?

전략적 시너지

- [지적자산] 특허, 라이선스, R&D 역량, 기술 등의 지적자산 공유가 가능한가?

재무적 실사: Financial DD

재무적 실사에서는 아래의 사항을 주로 확인해야 한다.

자산/부채의 질(Quality of assets and liabilities)

- 자산과 부채항목 분석을 통해 자산의 건전성 및 부외부채 검토를 목적으로 한다.
- 자산과 부채는 건전한가?
- 우발 또는 숨겨진 부채는 없는가?
- 순자산 조정 필요성은 없는가?
- 운전자본(Working capital): 회사가 정상적인 상황에서 사업을 영위하기 위해 필요한 운영자금의 수준을 파악함.
- 금융권 부채 이외에도 부채성격(debt-like item) 항목(운전자본에 반영되지 않았고 EBITDA 산정 시에도 반영되지 않은 항목)은 없는가?

수익의 질(Quality of earnings)

- 과거 손익 분석을 통해 수익성 및 연속성 검토가 목적이다.
- 경상적(Recurring) 수익과 비경상적(Non-recurring) 수익은 어떠한가?
- 사업부별 수익성은 어떠한가?
- 손익 추이는 어떠한가?
- 관계사와의 거래는 어떠한가?
- 개별회사 비용(Stand-alone cost)
- 본사가 있을 경우 구매, 인사, 재무, IT 등의 셰어드 서비스(Shared service)에 대한 수수료는 어느 정도인가?
- 직접 간접 또는 배분된 비용은 어떠한가?
- Normalized EBITDA 산정 : 이는 정상적인 영업활동을 통하여 창출할 수 있는 이익을 말하며, DCF valuation 작업 시 매우 중요한 항목임.
- 비경상적인 항목 : 특수관계사 거래, 환율과 파생 영향 제외, 구조조정, 자회사 손실, 재해 등 비경상적 비용이나 손실 제외
- 자산/부채 실사 결과에 따른 재무제표 조정 내용 반영

회계의 질(Quality of accounting)

- 내부 통제 및 재무 숫자 검토를 통한 재무자료의 신뢰성 검토
- 재무정보 및 시스템의 투명성(Transparency)과 신뢰성(integrity)은 어떠한가?(회계정책, 회계 시스템, 내부통제 시스템, 재무/회계 인력 등)

프로젝션(Projection)

- 추정재무수치에 대해 달성 가능성을 검토함. (매출. 비용 변동 요인 검토, 최근

실적 분석, 과거 예산 대비 실적 분석, 추정의 가정 검토 등)

세무적 실사 : Tax DD

세무적 실사에서는 아래의 사항을 주로 확인해야 한다.

세무 관련 우발부채 가능성 검토

- 과거 tax filing 오류로 인해 세무상의 잠재적 우발부채는 존재하는가?
- 법인세 측면에서 부당행위계산 부인, 상여금 손비 인정, 공제/감면세액 요건 충족 여부 등 파악
- 부가가치세 측면에서 신고 누락한 매출 유무, 공급시가와 세금계산서 발행일 일치 여부, 매입세액 불공제 대상의 공제 여부, 공통 매입세액 안분 계산 적정성 검토
- 그 외 원천세, 지방세, 인지세, 배당세 관련하여 이상 징후는 없는가?

법률적 실사 : Legal DD

법률적 실사에서는 아래의 사항을 주로 확인해야 한다.

계약서(Contract)

- 판매 및 공급계약서, 차입금 계약서 등
- 임대계약서, 라이선스 계약서 등 검토

권리와 의무(Rights and obligations)

- 지분 및 부동산의 소유권 확인

• 특정 사업권^(예: 광산 채굴권) 보유 여부 확인 등

우발채무^(Contingent liabilities)

• 진행 중이거나 향후 예상되는 소송 사항 검토
• 각종 규제나 법 위반 여부 확인
• 지적재산권 침해 관련 소송 가능성 검토

통제권 변경^(Change of control)

계약서상 소유권 변동 관련 조항 검토 및 대응 방안 수립^{(판매, 공급, 차입}
^{금 계약서 등)}

실사 과정에는 반드시 시너지 영역을 포함하여 가치를 증대시킬 수 있는 기회도 철저히 파악해야 한다. 인수 후 성과를 내기 위해서는 일정 부분 구조조정을 통해서 가치를 올리는 과정이 필요하기 때문이다. M&A가 성공하기 위해서는 지나치게 높은 인수 프리미엄^(Acquisition premium)을 지불하면 곤란하다. 실사를 통해 파악된 시너지 효과와 구조조정 활동을 통한 효과의 현재가치의 합이 인수 프리미엄을 상회해야 인수가 플러스의 가치를 창출할 수 있다. 따라서 실사 과정에서 시너지와 구조조정 관련 기회를 철저히 현실적으로 점검해야 할 중요성이 매우 크다.

또한 M&A에 대한 경험이 많다 하더라도 모든 과정을 외부 전문가의 도움 없이 기업 자체적으로 실시하는 데는 어려움이 많다. 특히 상대방이 여러 영역의 전문가와 함께 프로젝트에 대응하고 있다면 협상 테이블에 마주 앉았을 때의 상황을 고려해 볼 필요가 있다. 실사과정에

반드시 재무, 세무, 법률, 운영 등 각 영역의 전문가를 참여시키고 함께 협의하는 것은 매우 중요한 요소이다. 결국 회사는 이 모든 과정에 대한 프로젝트 관리 능력이 가장 중요한 역량이 될 것이다.

가치평가$^{(Valuation)}$에 대한 오해와 진실

M&A 과정에서는 목표기업의 가치를 평가하기 위해 다양한 가치평가 기법이 사용된다. 하지만 이러한 기법들을 둘러싼 몇 가지 오해와 신화가 존재한다. 여기에서는 M&A 거래에서 가치평가 기법과 관련된 몇 가지 일반적인 오해와 그 실체에 대해 살펴보고자 한다.

오해1 : 인수 대상 회사에 대한 '올바른' 가치 평가는 하나뿐이다.

진실: 가치 평가는 예술과 과학의 결합이며, 기법마다 다른 결과를 도출할 수 있다. 최종 가치 평가는 관련 당사자가 사용하는 가정, 방법론, 관점에 따라 달라진다. 합리적인 가치 평가 범위에 도달하기 위해서는 다양한 가치 평가 접근법을 고려하고 기본 가정을 이해하는 것이 중요하다.

오해2 : 가치 평가 기법은 과거 성과에만 기반한다.

진실: 과거 실적은 많은 밸류에이션 기법에서 중요한 요소이지만, 미래 예측과 성장 전망도 필수적인 요소이다. 가치 평가는 시장 기회, 경쟁 환경, 성장 전략 등 대상 기업의 미래 잠재력을 고려해야 한다.

오해3 : 기업가치가 높을수록 매각자에게 유리하다.

진실: 높은 기업 가치는 매각자에게 매력적으로 보일 수 있지만, 거래 구조와 조건도 고려해야 한다. 지불 조건, 언 아웃 방식(Earn-out: M&A 시, 추후 발생할 이익이나 손실을 매도자와 매수자 간에 배분하기로 하는 매매가 결정 방식), 잠재적 부채(potential liabilities)와 같은 요소는 판매자가 받는 전체 가치에 큰 영향을 미칠 수 있기 때문이다.

오해4 : 비교기업 분석(Comparable company analysis)은 간단하고 객관적인가치 평가 기법이다.

진실: 비교 기업 분석은 적절한 동종업계 기업 및 관련 밸류에이션 배수의 선택에 의존한다. 비교기업을 선택하는 것은 매우 주관적이며 애널리스트의 판단에 따라 달라진다. 또한 배수는 기업과 산업에 따라 크게 달라질 수 있으므로 다양한 배수를 고려하고 이러한 변화의 근본적인 동인을 이해하는 것이 필수적이다.

오해 5 : 할인된 현금흐름(DCF) 분석이 가장 정확한 가치 평가를 제공한다.

진실: DCF(Discounted Cash Flow) 분석은 널리 사용되고 이론적으로 타당한 가치 평가 기법이지만, 미래 현금 흐름, 성장률, 할인율에 대한 가정에 크게 의존한다. 이러한 가정을 조금만 변경해도 최종 가치 평가에 상당한 변동이 발생할 수 있다. 따라서 보수적인 가정을 사용하고 민감도 분석을 통해 이러한 가정이 가치평가에 미치는 영향을 이해하는 것이 필요하다.

결론적으로, 가치평가 기법과 관련된 오해와 진실을 이해하는 것은 M&A 거래에서 매수자와 매도자 모두에게 필수적이다. 합리적인 가치

평가 범위에 도달하기 위해서는 여러 가치 평가 기법을 조합하여 사용하고, 다양한 관점을 고려하며, 기본 가정을 면밀히 검토하는 것이 중요하다.

주식양수도계약(SPA) 체결 시 이것만은 챙기자.

인수대상 회사와의 오랜 시간에 걸친 실사와 협상을 거쳐서 이제 당신은 상대편과 계약서를 앞에 놓고 마주하고 있다. 법률적인 효력이 발생하는 이 공식적 문서에 매수자 입장에서는 어떠한 내용을 반드시 짚어보고 또 반영해야 할 것인가? 계약서 작성에서 챙겨야 할 사항들에 대해 알아보자.

주식양수도계약 (SPA: Stock Purchase agreement)

일반적으로 매수자와 회사 또는 주주 등 두 당사자 간의 법적 구속력이 있는 계약으로, 회사 주식 매매에 대한 약관을 명시하는 계약이다.[12] 일반적으로 SPA에는 용어정리, 구매가격, 진술과 보증, 확약사항, 선행조건, 면책 및 손해보상, 해지 등의 내용을 담고 있다. 이제 SPA 작성 시의 유의점에 대해 살펴보자.

서문 및 용어 (Preamble & Definition)

SPA의 제일 앞에 기술되는 내용으로, 인수자와 매도자의 일반적인 회사정보가 기술된다. 특히 용어정의 란에는 계약서상 사용되는 각종

---

12) Wongoo Lee, "M&A Execution"

용어에 대한 정의도 기술되는데, 운전자본과 차입금에 대한 정의, 회계 기준에 대한 정의, Closing date에 대한 정의는 상호간 명확히 해 두는 것이 좋다.

구매 및 매각 (Purchase & Sale)

딜에 가장 핵심이 되는 조항이다. 여기에는 매각대상, 구매가격 (Enterprise value 또는 Equity value 기준), 종결(Closing) 방식(시간 및 장소, 지급방법, 교부문서 등), 가격조정기제(Price adjustment mechanism)을 포함한다. 매각대상이 되는 자산, 부채, 계약관계, 근로사 등의 범위에 대해서는 목록을 작성하여 첨부하는 것이 좋다. 가격조정기제의 경우 만약 구매 가격이 Enterprise value라면 "Net debt 및 운전자본 추정액으로 Closing date까지 지급하고 추후 60일 내로 정산한다."와 같이 기재하는 것이 좋다.

진술과 보증 (Representations & Warranties)

매각자와 매수자가 딜에 전제가 되는 사항들에 대해 진술과 보장을 제공하고 위배 시 손해배상 청구를 할 수 있도록 하는 조항이다.

매각자의 진술과 보증은 valuation의 기본 전제 사항들에 대한 내용을 담는다. 주로 회계기준에 의하여 자료가 작성되었으며, 인수 대상 자산의 상태가 양호하며 사업 영위가 가능하다는 내용을 담고 있다. 매수자 입장에서는 특히 알려지지 않은 우발채무가 없고, 환경과 관련된 이슈 및 채무가 없다는 점이 반영되었는지 확인할 필요가 있다.

이 진술과 보증은 계약 체결 시 뿐만 아니라 계약 체결 후 거래 실행 사이의 기간 동안에도 위반사항이 발생할 수 있음을 유의해야 한다.

확약사항 (Covenants)

딜 마감일까지 매각자가 회사를 운영하고 통제하고 있으므로 매수자는 목표 회사의 가치에 중대한 변동 가능성을 제한하고자 하는 것이 주목적이다. 따라서 아래 항목을 반영하는 것이 중요하다.

거래 종결 전에는 매각자가 통상적인 영업활동을 준수하고, 특정사항에 대해 매수자에게 통보하고, 정보에 대한 매수자의 접근을 허용한다는 내용을 반영하고, 거래 종결 후에는 목표 회사가 기존 임직원에 대해 고용을 하지 않겠다는 내용과 겸업금지 내용, 고객정보 사용 금지 내용도 반영하는 것이 좋다.

선결조건 (Conditions Precedent)

매각자와 매수자가 딜 종결일까지 각자 선결해야 할 조건을 기술한 것으로, 만약 어느 한 쪽이 선결조건을 충족하지 못하면 한 측이 계약 해지가 가능하다.

면책 및 손해배상 (Indemnification)

매각자와 매수자가 SPA상 기술한 '진술 및 보장' 등의 위반으로 인해 발생한 손실에 대해 책임의 존속기간과 손해배상책임의 제한에 대한 내용이다.

먼저 금액(지급액 산정 방식 및 금액 등)이 기술되고, 유효기간(Survival period: 통상 1년 반에서 3년), 그리고 면책절차 등이 반영되어야 한다. 조세문제나 환경문제처럼 특수한 경우에는 5년에서 10년의 장기 책임 존속기간을 약정하는 경우도 있다.

해지 (Termination)

딜 종결일 전 양측이 특정 상황이 발생한 경우 계약을 해지할 수 있는 규정을 말한다. 특히 SPA 체결 후 어느 한 측의 사유로 인해 계약이 해지되는 경우 해지수수료(Break-up fee)를 지급하는 규정을 두기도 한다.

인수 회사는 주식양수도계약서(SPA)에는 이러한 주요 사항을 반영함으로써 자신의 이익을 보호하고 위험을 최소화하여 원하는 M&A 목적을 달성하는 법적 조치를 면밀히 잘 준비하는 것이 좋다. 책임감 있는 경영진이라면 이러한 내용을 사전에 꼼꼼히 체크해 보는 마인드가 필요하다.

PMI를 잘해야 M&A가 결실을 맺는다.

M&A의 딜이 성사된 이후 상당수가 기업가치 저하를 초래한다고 한다. 주로 시너지 목표 달성 실패, 핵심 인재 이탈, 통합 프로세스 실패로 인한 기존 사업의 성과 하락이 전형적인 문제로 지적되고 있다. 바로 인수 후 통합(Post merger integration) 과정에 대한 준비 및 실행 미흡으로 인해 비롯되는 결과들이다. 따라서 M&A가 궁극적으로 원하는 성과를 내기 위해서는 딜 프로세스 과정부터 인수 후 통합에 대해 계획을 수립하고 준비를 하는 것이 중요하다.

각 회사의 상황에 맞게 PMI TF를 구성하고 PMI 100일 계획을 수립 후 실사에서 발견된 리스크 대응, 인수 후 운영상의 제도, 프로세스와 시스템 통합, 핵심인력 이탈 방지 방안 수립, 그리고 전사적으로 투명한 대임직원 및 이해관계자 커뮤니케이션을 실시하는 것이 주요 과제라 할 수 있다.

시사점

성공적인 M&A를 위해서는 아래의 사항들에 대해 반드시 면밀한 점검을 하고 딜을 진행할 것을 권고한다.

첫째, 투자목적(Investment thesis)**를 처음부터 명확히 정의하라.**

동 인수를 통해 얻고자 하는 궁극적 목적이 무엇인지에 대해 정확하게 정의를 내리는 것은 딜 성공의 필수 요소이다. 이 딜을 통한 사업 규모 확대로 '시장지배력을 강화하고자 하는가?', '인접사업으로 확장을 통해 사업영역을 늘리려고 하는가?', 아니면 'R&D 역량 확보가 목적인가?' 등에 대한 명확한 방향성과 목적을 정의해야 한다. 이 투자 목적은 전체 점검 항목 중 가장 중요하며, 이 목적 또는 의도가 딜의 처음부터 끝까지 의사결정 과정상 적용되어야 한다.

둘째, 인수목표 회사의 산업에 대해 명확히 이해하라.

해당 산업의 구조분석을 통한 성장성, 수익성, 안정성, 수익동인(Profit driver) 등을 실사 과정을 통해 면밀히 검토해야 한다. 해당 산업의 구조와 트렌드를 반영한 산업의 매력도가 인수목표회사의 성과(Performance)보다 중장기적으로 더욱 중요할 수도 있고, 이 점이 가치평가(Valuation)를 할 때 반영이 되기 때문이다.

셋째, 인수목표 회사에 대해 철저히 파악하라.

인수목표 회사는 왜 매각을 하려고 할까? 표면적인 이유가 아닌 물밑의 진짜 이유와 의도가 무엇인지를 파악하는 것은 인수 협상 과정 뿐 아니라 인수 후에도 큰 영향을 미친다.

넷째, 자사가 해당 딜을 추진할 역량과 준비가 되어 있는지 점검하라.

'동 딜은 자사의 전사전략과 연계되어 있는가?', '동 딜을 추진할 재무적 여력은 충분한가?', '해당 딜을 추진할 내부 조직과 팀원은 M&A관련 사선 경험과 역량, 필요 스킬을 충분히 확보하고 있는가?'는 반드시 짚어 보아야 한다.

소규모 회사가 성장을 위해 어느 정도 규모가 있는 M&A를 추진할 때는 사전에 최소한 3번 이상의 소규모 M&A 딜 경험을 해보는 것이 좋다. 회계법인, 법무법인 등 전문가 조직의 도움을 받는다고 하더라도 결국 프로젝트의 전반적인 방향을 결정하고 의사결정을 내리는 주체는 회사이기 때문에 이 경험을 갖추어야만 딜 진행 중 혼란에 빠지지 않게 된다.

다섯째, 딜 결렬요건^(Deal breaker)에 대해 반드시 명확히 정하고 딜에 임하라.

딜 결렬요건이란 인수자 또는 매각자가 딜을 취소하게 만드는 모든 것을 의미한다. 예를 들면, 인수합병에 따른 반독점 또는 산업별 규제와 같은 규제 해결 여부가 불확실하다든지, 인수대상 회사의 재무상태가 불안정하다든지[예: 실사 중 발견된 상당한 금액의 우발부채^(Contingent Liability)], 인수 대상 기업의 특허, 상표, 저작권과 관련된 문제가 있는 경우는 딜 진행의 어느 단계에서 딜을 과감하게 종결해야 할 필요가 있다.

이처럼 딜을 반드시 파기하고 협상장을 떠나야 할 필수 사안들이 무엇인지를 사전에 명확히 정하고 협상에 임해야 후회하지 않는 의사결정을 할 수 있다. 필자의 경험으로 볼 때 많은 딜이 마지막 단계에 가서 경영권(Management right) 관련한 부분이 명확하지 않게 정의된 연유로 결렬된 적이 많았는데, 이는 밸류에이션(Valuation)보다 더 큰 딜 결렬 요인이었다.

글로벌화의
함정에 유의하라

90년대 이후 수많은 국내 기업들은 아래와 같은 동기에 의해 글로벌화를 추진해 왔다.

- 국내 시장 포화에 따른 해외시장에서의 성장기회를 포착하기 위해
- 해외에서의 저렴한 생산요소를 확보하기 위해
- 국내에서 부족한 기술, 지식 등을 해외에서 확보하기 위해
- 고객이 해외 진출 시 동반 진출을 위해
- 경쟁사가 해외 진출 시 이를 견제하고 방어하기 위해

산업통상자원부와 한국수출입은행에 의하면 2014년부터 2022년까지 9년간 해외직접투자(FDI: Foreign Direct Investment)를 통해 해외에 신규 설립된 법인은 총 2만7336개로 집계됐다. 그러면 국내 기업들의 글로벌화에 따른 성과는 어떠할까? 안타깝게도 국내기업의 글로벌화 실패 사례는 굳이 언급을 하지 않더라도 부지기수이다. 그 원인은 여러 가지가

있을 수 있겠으나 대표적으로 '글로벌화의 목적이 불명확한 상태에서 해외 진출한 경우', '해당 시장에 대해 정확한 사전 조사 및 준비 없이 해외시장에 진출한 경우', '국내사업과 동일한 사업모델과 전략으로 해외시장에 그대로 적용한 경우'. '해외 진출 이후 적절한 운영모델이 부실한 경우' 등을 들 수 있다.

글로벌화를 추진하였거나 추진할 계획이 있는 회사라면 아래의 질문에 얼마나 답변을 할 수 있는지 먼저 진단을 한 번 해보자.

| 글로벌화를 위한 Key question |

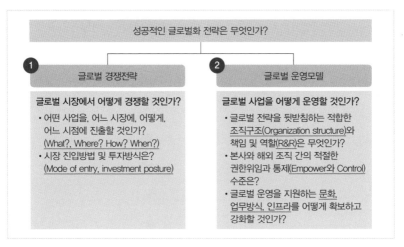

글로벌화를 추진하는 기업들은 여러 가지 도전과제에 직면하게 된다. 예를 들면, '어떤 제품이나 서비스를 어느 국가의 어떤 세그먼트의 고객을 대상으로 사업을 할 것인가?', 또 '해당 사업의 밸류체인상 어느 영역에서 경쟁할 것인가?', 그리고 '수출, 직접투자, 전략적 제휴 등 어떤 진출의 방식을 택할 것인가?' 등은 회사로서는 매우 중요한 전략적 의사결정 사안이 아닐 수 없다. 그러나 필자가 프로젝트를 한 많은 기

업들이 해외시장 진출 시 위 이슈들에 대해 면밀한 검토 없이 우선 진출한 이후 어렵게 뒷수습을 해가는 경우를 많이 보아 왔다.

필자는 글로벌화를 추진함에 있어서 아래 핵심 질문에 대해 사전에 철저히 검토 및 준비를 하고 해외시장 진출하기를 권한다.

글로벌화의 목적과 전략을 명확히 하라

글로벌 시장에서 어떻게 경쟁할 것인가? 즉 경쟁전략(Competitive strategy)을 초기에 명확히 수립하고 추진하는 것이 중요하다. 이를 위해서는 아래 항목들에 대해 더 세부적인 검토와 준비를 필요로 한다.

왜? 어떤 사업을, 어느 시장에, 어떻게, 어느 시점에 진출할 것인가?

[Why] 전략적 의도(Strategic intent)의 명확화

글로벌화의 'Why?'는 어느 시장에 어떻게, 어느 시점에 진출할 지와 연계된 가장 첫 번째 의사결정 사항이다.

회사는 글로벌화의 동기에 맞추어 타당성 검토 초기에 이를 명확히 하고 구체화시켜야 한다. 예를 들어, '국내 시장 포화에 따른 해외시장에서 성장기회 포착'이 목적이라면 해당 사업의 성장 가능성이 큰 해외시장을 선택해야 한다. 성장성이 큰 시장이라면 당연히 해당 시장 내에서 자사의 경쟁력이 큰 지도 봐야 한다. '또 국내의 높은 인건비 부담으로 인해 저렴한 노동력을 확보'하는 게 목적이라면 당연히 낮은 인건비 시장에 접근해야 한다. 만약 국내에서 부족한 기술, 지식 등을 해외에서 확보하기 위해 글로벌화를 추진한다면 사전에 해당 기술이 전략적으로 중요하지만 자사의 내부역량이 취약한 경우인지를 따져보는 것이

필요하다.[13] 해당 기술의 라이센싱이나 R&D 계약을 통해 기술도입을 할 경우는 소요되는 투자는 적을 수 있으나 체득할 수 있는 새로운 기술적 역량은 제한적일 수 있다. 반면 M&A나 합작투자 방식은 높은 투자 부담과 위험을 수반할 수 있으나 상대방의 기술역량을 포괄적으로 확보할 수 있다는 측면에서 매우 효과적인 방안이 될 수 있다.

전략적 의도가 명확하지 않은 글로벌화는 해당 시장 진출 후에 부실에 이르게 하는 가장 큰 원인이 될 수 있다.

[What] 사업

해외 시장 진입 시 자사가 복수의 사업을 영위하고 있다면 어느 사업을 해외로 진출시킬지를 자사의 전사 전략과 연계하여 결정해야 한다. 당연히 앞에서 언급한 자사의 전략적 의도(Strategic intent)의 연장선상에서 해외진출 사업을 결정한다.

[Where] 해당 국가 및 시장
국가의 매력도(Attractiveness)

해외시장 진출 사업이 결정되면 시장진입(Market entry)을 고려 중인 해외 국가의 매력도를 검토하게 된다. 이때 경제적, 기술적, 정치 및 규제적, 사회문화적인 측면에서 고루 검토할 필요가 있다. 예를 들어, 경제적 요인의 경우, '천연자원은 충분한가?', '해당시장의 잠재적 성장성은 충분한가?', '환율은 안정적인가?' 등의 사항이 그 고려대상이다. 최근 터키에 진출했다가 환율변동에 의해 환차손을 입은 국내기업들을

---

13) D. Leonard-Barton, "Wellsprings of Knowledge"

보라. 각 국가별로 또 지역적 위치에 따라 노동 인력의 가용성, 숙련도, 생산성, 노무비 수준은 천차만별이다. '자금조달을 위한 자본시장은 활용가능한가?', '재무·회계 시스템의 특성은 어떠한가?' 등은 짚어봐야 할 부분이다. '기술적 요인'의 경우, '기술혁신의 원천 국가인가?', '기술이전 관련 정책은?', '산업전반의 인프라와 기술수준은 어떠한가?', '지적재산권 및 특허에 대해 법률적으로 보호를 받을 수 있는가?'가 중요하다. '정치·규제적 요인'의 경우 '정치적으로 안정적인가?', '우리나라와 긍정적인 정치외교관계가 형성되어 있는가?'를 따져봐야 한다.

또한 '환경 규제'의 정책적 요인도 짚어봐야 한다. 예를 들어, 중국의 베이징 주변에 제조공장을 운영하게 되면 환경 규제가 강화됨에 따라 향후 더욱 내륙으로의 공장 이전을 감수해야 한다. 또한 자국민을 위한 다양한 노동관련 법규와 더불어 베이징, 상하이 등 지역에 따라 정책이 상이한 점도 고려해야 한다.

'사회문화적 요인'의 경우, '종교적으로 금기사항이나 규제가 있는가?', '공통의 언어를 사용하고 있는가?'도 살펴봐야 한다. 가령, 인도의 경우 지역마다 사용언어가 매우 달라서 인력 채용 및 운영 시 고려 요인이다.

자사의 경쟁력(Competitiveness)

목표 국가 선정 시 해당 국가를 대상으로 목표시장에서 기존의 해당 국가 경쟁사와 대비하여 자사가 경쟁력이 있는지도 객관적으로 평가를 해야 한다. 아무리 국가자체의 매력도가 높다 하더라도 자사의 역량으로 해당 시장에서 경쟁력이 없다면 사업성과가 나기 어려운 것은 자명하다. 예를 들어, 목표 국가가 글로벌 경쟁사의 본국이라면 신규진입자에게는 여러 모로 불리할 요인들이 많다. 외국계 자동차사들이 현대기아차의 본국인 한국으로 시장진입을 할 때의 경우가 이에 해당한다.

해당 시장의 value chain상 어디부터 진입을 할지도 결정을 해야 한다. 일반적으로 해외 진출을 할 때 단순히 영업만 할지, 아니면 설비를 갖추고 생산을 직접 할지, 더 나아가 연구개발도 현지에서 할지에 대해서도 단계적 준비를 미리 하는 것이 중요하다. 물론 이 경우도 해당 value chain상의 모듈별로 자사의 역량을 고려 시 경쟁사와의 경쟁 포지션을 평가해야 한다.

[How] 해당 기업이 선정된 국가내의 목표 시장에서 '어떻게 경쟁할 것인가?'에 대한 부분이다.

핵심역량의 활용

목표 시장에서의 사업 성공요소를 기준으로 자사의 역량이 가장 강점을 살리는 방향으로 경쟁력을 발휘하는 방안을 고안해야 한다. 세계 최대의 가구 다국적 기업인 이케아(IKEA)의 핵심역량은 많은 사람들에게 합리적인 가격으로 탁월한 디자인의 기능적인 홈퍼니싱 제품을 제공할 수 있는 저비용 비즈니스 모델이다. IKEA는 이 역량을 바탕으로 보수적인 전통 가구시장을 공략하여 유럽, 미국, 일본, 중국, 한국 시장 등에 성공적으로 진출하였다.

현지 고객 니즈를 반영

목표 시장의 고객을 대상으로 어떠한 가치를 제공(Value proposition)할 지를 명확히 하여야 한다. 이때 자사의 국내 제품의 특성이 해외 고객에게 그대로 동일하게 환영 받을 것이라는 가정은 처음부터 다시 검토하여야 한다. 스타벅스$^{(Starbucks)}$의 이탈리아 진출은 창업 47년 만이었다. 음식에 관해서라면 자부심이 크기로 유명한 이탈리아인들에게 미국스러운 커피를 판다는 것은 매우 어려운 일이었다. 스타벅스는 로컬 문화 존중 차원에서 옛 건물을 개조하여 이탈리아풍을 유지했고, 에스프레소 바에서 빠르게 마시고 나가는 이탈리아 커피 문화를 반영해 스타벅스의 경쟁력이었던 폭신한 소파와 넓은 테이블도 대폭 줄였다. 대신 에스프레소를 한 입에 털어 넣고 갈 수 있는 커피 바가 가장 많이 차지하도록 매장을 재배치했다. 메뉴에서는 프라푸치노, 바닐라 라떼 같은 미국식 메뉴는 과감히 없애고, 대신 커피 지식이 풍부한 바리스타들로 직원을 채용해 손님들 취향에 맞는 원두를 골라 원하는 방식으로 커피를 내려주었다. 결국 스타벅스는 겸손하게 이탈리아 현지인들의 입맛과 마음을 사로잡아 로컬라이제이션$^{(Localization)}$에 성공하였다.

[When] 시장진입 시기

특정 산업에서는 경기 싸이클에 따라 '언제 특정 국가에 시장 진입을 하느냐?'가 경쟁력에 지대한 영향을 미치게 된다. 특히 중화학산업, 정보통신사업 등 대규모 투자를 수반하는 Asset heavy업종은 해당 업종의 사이클이 상승기인지 하락기인지를 잘 판단하여야 한다.

M&A를 통해 로컬회사를 인수하여 해외시장 진입을 고려 시 경기 침체가 더 길어질 것으로 예상된다면 인수시기를 늦추는 것이 여러 모로 협상조건이 유리해질 것이다. 마찬가지로 특정 시장에서 철수$^{(Exit)}$도 경기가 좋을 때 더욱 유리한 조건으로 빠져나올 수 있으므로 이를 고려할 필요가 있다.

신시장 진입도 해당 산업의 라이프 사이클상의 단계를 고려하여 적절한 진입 타이밍을 결정하여야 한다. 업종의 초기단계에 해외 시장에 진입 시 최초 시장진입자(First mover)가 항상 유리한 것은 아니다. 왜냐하면 초기 사업단계에서 어느 정도의 시장 입지를 차지하기 전까지는 초기 시장 진입자는 모든 리스크를 제일 먼저 떠안고 이를 이겨 나가야 하기 때문이다.

시장진입 방법 및 투자방식

| 해외 시장진입의 모드(Mode of Foreign Market Entry) |

수출 (Export)	국제계약 (Contractual Agreement)	해외직접투자 (Foreign Direct Investment)

• 간접수출[1]
• 직접수출
	• 기술 라이센싱
	(Technology licensing)
	• 프랜차이징(Franchising)
	• 기술, 공동생산, 경영서비스
	  관련 계약(Contract)
	• 턴키 프로젝트
	(Turnkey project)
		• 매전략적 제휴
		(Strategic alliance)
		• 합작투자(Joint venture)
		• 자회사 신설투자(Greenfield
		  investment)
		• 합병 및 인수(M&A)

낮음 　　　 Commitment(투자금액), 리스크, 통제력, 기대이익 　　　 높음

1) 수출 중개인/상사 이용
2) 현지유통업체를 또는 현지법인을 통해 현지 마케팅/영업 활동 실시

시장진입모드(Market entry mode)의 분류

특정 국가에 진입 시 바로 해외직접투자를 하기보다는 '수출(Export)', '국제계약(Contractual Agreement)', '해외직접투자(Foreign Direct Investment)'의 3가지 옵션 중 리스크와 통제력, 경영권, 유지 기간 등의 변수를 면밀히 검토한 후 적절한 시장진입 모드를 선정해야 한다. 수출에서 국제계약, 해외직접투자 단계로 갈수록 투자금액, 리스크, 통제력, 기대이익을 점점 더 커지는 특성을 고려해야 한다.

시장진입모드(Market Entry Mode)의 결정

시장진입모드 결정 시 기준은 위에서 언급한 투자금액, 리스크, 통제력, 기대이익과 더불어 추가적으로 아래의 요인들을 고려해야 한다. 운송비와 관세율이 낮으면 수출이 적합하다. 이어서 노하우가 라이센싱(Licensing)을 통해 이전이 가능하고 법률적으로 보호를 받을 수 있으면 국제계약(Contract) 모드로 가는 것이 적절할 것이다. 반면 노하우가 라이센싱을 통해 이전이 불가능하고 해외사업에 대한 본사의 강력한 통제가 필요하다면 해외직접투자로 가는 것이 적합하다고 할 수 있다.

글로벌 사업에 적합한 운영모델(Operating model)을 구축하라

엄밀히 말하면 해외시장진입(Overseas market entry)과 글로벌화(Globalization)는 동등한 개념은 아니다. 기업이 해외시장진출을 위한 전략을 수립하고, 이에 맞추어 해당 시장에 진출하였다면, 이는 글로벌화의 첫걸음을 뗀 것이고, 이에 맞춘 글로벌 운영 모델이 더 구체적으로 수립되어 실행되어야 비로소 글로벌화가 체계적으로 진행되고 있다고 말할 수 있다. 필자는 많은 기업들이 초기 해외시장 진입에만 초점을 맞추고 이후 글로벌 운영모델이 확립되지 않아 혼란을 겪는 상황들을 많이 보아왔다.

앞서 설명한 글로벌 경쟁전략이 수립되면 다음 단계에서 설계해야 할 부분이 바로 '글로벌 사업을 어떻게 운영할 것인가?'이다. 해외 시장 진입 시 하나의 국가에 하나의 법인만을 진출시킬 때는 아직 글로벌화의 초기 단계이므로 의사결정 사항은 단순할 수 있다. 그러나 해외 진출 국가의 수와 해외 법인의 수가 급격히 늘어나게 되면 이에 대한 운영모델을 구축하는 것은 매우 중요한 전략적 의사결정에 해당한다.

글로벌 조직구조^(Global Org structure)

글로벌화가 진행됨에 따라 해외 법인의 수가 늘어나면 증가하는 복잡성에 효과적으로 대응하기 위한 조직구조가 재구축되어야 한다. 본사와 해외 법인간의 구조로 갈 것인가, 아니면 본사와 지역본부 간의 구조로 갈 것인가도 결정해야 할 사안이다. 이 조직구조와 더불어 해당 조직 또는 법인별로 역할 및 책임^(Roles & Responsibilities)도 재규정하여야 효율적 조직운영이 가능해진다. 예를 들어, 미주, 아시아, 중동, 유럽에 여러 개의 해외 법인을 운영하고 있는 제조회사를 가정하자. 이 경우 이 회사는 모든 법인들에게 생산과 영업을 하는 역할을 동일하게 부여하는 것이 전략적인 모델일까?

실제로 중국의 한 전기차 스타트업 업체는 전기차의 사업성공요소^(Key success factor)가 '혁신적 디자인', '가격경쟁력', '대량생산역량'이라고 정의하고 이에 맞추어 글로벌 법인들의 역할을 지역적 특성에 따라 글로벌 운영모델을 구축하였다. 즉 혁신적 디자인을 갖춘 전기차 생산을 위해서는 혁신적 아이디어와 설계 능력을 확보한 엔지니어가 풍부한 미국 실리콘 밸리 소재 미국 법인에게 R&D와 설계를 미션으로 부여하였다. 그리고 가격 경쟁력 확보를 위해 싼 금리로 자금을 조달하고자 중국 화교들의 자본 조달이 용이한 홍콩 법인에는 파이낸싱을 미션으로 부여하였다. 또 대량생산은 중국 국내에서 기존 자동차 OEM의 생산을 해 본 법인을 통해 역량을 확보하고 이 중국 법인의 미션을 대량생산으로 부여하였다. 이 회사는 스타트업이기는 하나 성장해 나가면서 아예 초기부터 글로벌 운영모델을 수립하고 지역의 특성에 맞게 전략적 미션을 부여해 사업을 하는 글로벌 운영모델의 한 사례라 할 수 있다.

글로벌 권한위임과 통제(Empowerment & Control)

한 제조업이 중국에 생산 법인을 설립하고 영업을 하고 있다. 해당 법인장은 고객사로부터 대규모 수주를 하고자 하는데, 이를 위해서는 공장을 하나 더 증축을 하고 관련 부지 및 설비, 그리고 인력을 충원해야 한다. 중국의 해당 법인장은 상당히 큰 규모의 투자가 수반될 것으로 보이는 이 전략적 의사결정을 어디까지 스스로 의사결정을 하고 또 어디까지 본사로부터 승인을 얻어야 할까?

이처럼 글로벌 운영을 하는 기업의 경우 글로벌 본사 차원에서 위임전결 규정을 구비하여 의사결정 사항과 승인주체에 대해 명확히 문서화해 놓는 것 좋다. 이 위임전결규정은 글로벌 운영상 지배구조(Governance)를 명확히 하고 의사결정의 속도를 높일 뿐만 아니라 나중에 문제가 발생 시 책임소재를 가리는 것을 가능하게 할 것이다.

또한 본사와 지역본부 간의 역할 규명은 결국 본사가 지역본부에의 관여 수준에 따라 크게 세 가지로 나눌 수 있다.

재무적 통제형

글로벌 본사는 단지 재무적 투자자처럼 해외 법인에 대해 성과만 관리하는 모델이다. 전략과 예산수립의 주체는 해외법인이며, 본사에서 해외 법인에 자율권을 제일 많이 주는 모델이라 할 수 있다.

전략적 통제형

글로벌 본사는 해외 법인의 전략적 레벨의 사안에 관여를 하고 관리를 하는 모델이다. 전략과 예산수립의 주체는 여전히 해외법인이며 본사에서는 해외법인 또는 지역본부 간의 시너지 창출을 유도하고 조정한다. 앞서 설명한 중국 전기차 스타트업의 지역별 특성에 기반한 해외법인의 미션 부여는 바로 전략적 통제형 모델이 가장 이상적으로 적용된 사례라 볼 수 있다.

운영적 통제

글로벌 본사는 재무적 전략적 사안뿐만 아니라 해외법인의 운영관리 전반에 대해 세부적인 사안까지 관할을 하는 모델이다. 이때 전략과 예산수립의 주체는 글로벌 본사와 지역본부이고 이를 해당 법인에 내려주고 관리를 하는 모델이다.

위와 같이 권한위임과 통제가 정리가 되면 이어서 제도와 프로세스 차원에서 주요한 수주 및 투자의사결정의 프로세스, 상정 기준, 평가 기준, 의사결정 방식 등을 구체화하고 수주 및 투자심의위원회를 구성하고 운영해야 실질적인 글로벌 운영이 될 수 있을 것이다.

시사점

스타트업과 중견기업은 공히 사업 초기에는 새로운 비즈니스 모델을 개발하고 이 모델이 시장에 적합한지를 끊임없이 테스트하게 된다. 기업의 해외시장 진출은 어쩌면 사업 초기단계의 초심으로 돌아가서 이와 버금가는 자원과 역량을 투입해야 할 전략적 이니셔티브이다.

만약 자사가 미주, 아주, 구주 등 글로벌 여러 지역에서 사업을 운영하고 있다면 조직운영구조상 지역본부체제^(Regional Headquarters system)를 도입할 필요가 있다. 글로벌 본사^(Global Headquarters)에서 각 로컬 고객의 급변하는 다양한 니즈에 일일이 신속하게 지원하고 대응하는 데는 한계가 있기 때문이다. 이 경우 본국의 글로벌 본사로부터 각 지역본부에 적절한 권한위임과 통제가 이루어져야 글로벌 오퍼레이션이 제대로 돌아가게 된다.

글로벌화 추진에 따라 필수적으로 고려해야 하는 요인이 바로 글로벌 HR관리이다. 한국에서 통하던 한국식 경영방식을 문화와 제도 종교 등 나양한 이질적 요인이 존재하는 해외에서 그대로 적용하다가는 큰 어려움을 당하기 십상이다. 또한 글로벌 본사의 HR 정책과 연계된 로컬 상황에 맞는 직무 및 직급체계, 성과보상체계와 인력운영 방안에 대한 로컬화를 단계적으로 준비할 필요가 있다. 글로벌화의 동기가 싼 노동력을 확보하기 위한 것이라면 해당 해외시장 인력의 생산성을 반드시 사전에 확인해 볼 필요가 있다. 단순히 해당 국가의 일인당 인건비가 국내보다 싸다고 해서 동일한 해외 인원을 고용 시 전체 인건비가 절감될 것이라는 가정은 매우 위험하다. 왜냐하면 각 국가마다 인력들의 생산성이 천차만별이기 때문이다. 인력 생산성은 국가에 따라 한국 인력에 비해 생산성이 3~7배까지 차이가 날 수 있다. 이는 결국 한국 인력 한 사람이 할 일에 대해 여러 명의 해외 인력이 투입되어야 함을 의미하므로 기대했던 수익성보다 낮아질 수 있는 요인이다. 필자는 이 점을 고려하지 않고 해외시장 진출 계획을 수립했다가 막상 진입 후 수익성이 급격히 낮아지는 경우를 종종 보아 왔다.

해당 시장 진입을 위한 타당성 검토 시 철수 전략^(Exit strategy)도 반드시 검토하는 것이 좋다. 국가에 따라 시장 진입을 할 수 있으나 여러 가지

사정으로 인해 사업 철수를 할 때는 해당 국가에서의 해외기업에 대한 여러 가지 제약으로 인해 철수 자체가 어렵거나 철수하더라도 많은 것을 포기하고 나와야 하는 국가가 있기 때문이다. 중국 시장에 진출하였던 많은 한국 기업들이 규제, 세금, 인력문제 등으로 인해 많은 어려움을 겪은 것을 참고할 필요가 있다.

글로벌화를 추진하려는 회사는 앞서 설명한 글로벌 경쟁전략과 글로벌 운영모델을 반드시 검토하고 준비하는 것이 성공 가능성을 높일 수 있는 길이다.

전략에 근거한
중장기 사업계획 수립

각 기업들은 해마다 4 분기에는 다음 해 사업계획 수립에 분주해진
다. 올해의 실적을 추정하면서 이를 바탕으로 '내년의 사업계획상의 목
표를 어느 정도로 잡고 예산을 얼마로 잡아야 할 것인가?' 등을 중심으
로 복잡한 과정이 진행된다.

필자가 실제로 프로젝트를 수행한 기업들에서의 경험을 되돌아보
면 사업계획 수립 관련하여 아래와 같은 현상들을 많이 관찰할 수 있었
다. 이는 중소·중견기업일 뿐만 아니라 조 단위의 자산과 매출 규모를
가진 큰 기업에서도 흔히 나타나는 이슈들이었다.

사업계획수립과 관련된 이슈들

- 연간사업계획은 수립하지만 3년 이상의 중장기 사업계획은 수립
  하지 않는다.
- 차년도 사업계획 목표 설정 시 전년 대비 매출과 비용을 전년도

대비 물가상승률이나 추세를 반영하는 정도로 부분적인 숫자 조정하는 데만 치중한다.

- 영업에서는 매출목표 설정, 생산은 투자비, 재무는 자금조달 계획에 각각 집중하고 서로 협의하지 않는다.
- 경영진은 매출성장률과 손익규모를 기준으로 사업계획의 적정성을 판단한다. (연간사업계획으로 추정 손익계산서 작성은 가능하나 추정재무상태표와 추정현금흐름표는 작성이 어려워 간과한다.)
- 회사의 전략은 있으나 이 전략이 사업계획과 연계되어 있지 않다.
- 사업계획이 성과관리, 보상과의 연계가 미흡하다.
- 한 번 수립된 연간사업계획은 외부환경이 급변하더라도 1년 내내 수정 없이 그대로 고수한다.

기업이 사업 초기에 어느 정도의 규모에 이르기 위해 외형적인 성장에 집중하는 것은 당연한 일이라고 볼 수 있다. 그러나 기업이 어느 정도의 사업 규모에 이르렀음에도 불구하고 전략수립이나 사업계획 수립 방식이 여전히 외형적 성장 위주로 진행된다면 이 방식은 많은 잠재적 리스크를 내포하게 된다.

아래는 외형적 성장위주의 경영에 초점을 맞추어 온 중견 제조기업 A사의 사업계획 프로세스를 보여주고 있다.

A사의 As-Is 사업계획수립 프로세스

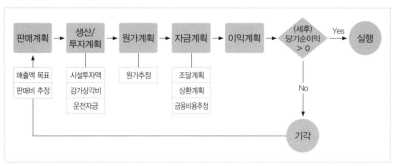

| A사의 As-Is 사업계획수립(Budgeting) 프로세스 |

LGERI 자료 인용

프로세스

이 기업의 사업계획수립은 크게 6단계로 이루어진다.

- [판매계획] 주로 영업조직에서 시장 환경과 자사역량 및 사업목표 등을 반영하여 매출 목표를 설정한다.
- [생산/투자계획] 매출목표를 기반으로 생산에서는 재고량, 생산용량 등을 고려하여 생산량과 투자액을 추정한다.
- [원가계획] 생산량에 따라 제조원가/매출원가 및 판매관리비를 추정한다.
- [자금계획] 자금소요액, 조달방법. 금리, 기간 등을 결정한다.
- [이익계획] 마지막으로 이익계획을 통해 예상 손익을 따져보고 사업계획의 적정성 여부를 결정한다.

한계점

위와 같은 사업계획수립 프로세스는 몇 가지 한계점을 가지고 있다.

우선 회사는 성장을 위한 막대한 자금을 당연히 쉽게 조달할 수 있다고 믿게 된다. 이 프로세스에서는 회사가 '내부적으로 투자여력이 있는지?^(통상 이익잉여흐름의 규모로도 판단 가능하다.)', '외부차입을 하게 되면 회사의 재무구조나 신용상태에 따라 얼마나 차입이 가능한지?', '투하된 자산은 수익성이 얼마나 될지?', '차입에 따른 부채비율은 얼마나 높아지게 되는지?' 등 재무상태표와 연계된 의사결정 사항은 고려하지 않는다. 재무부서도 주어진 투자금을 조달하는 데에만 주력하게 되고 재무구조 관리는 등한시하게 된다.

매출 목표 달성을 위해 대규모 투자는 정당화되고 이 대규모 투자금은 장기간에 걸쳐 나누어 매해 감가상각비로 배분되므로 투자수익성에 비해 과도한 투자가 이루어져도 당해에는 큰 부담을 주지 않을 수 있다. 따라서 당해의 영업이익률이 좋게 보이는 착시현상을 일으킨다. 당연히 투자비의 누적과 관련이 있는 누적 감가상각비가 커져 보이게 하는 중기사업계획 수립은 회피하게 하는 동인이 된다.

이런 사업계획 프로세스를 사용하는 A사는 조직별로 조직이기주의 및 부문최적화가 만연하게 된다. 영업조직은 외형상 매출 목표 상향 조정 및 달성만 추구하고, 생산은 투자가 수반되는 생산용량^(Capacity) 확대와 더불어 수익성이 떨어지더라도 공장 가동률만 높이는 데 주력한다. 재무도 자금조달만 해오면 잘 한다고 칭찬을 받게 된다. 즉 각 부문에서 각자의 목표를 향해 열심히 달리지만 전사적 관점에서 수익성과 재무구조의 건전성 주제는 의사결정의 테이블에 오르지 않는다. 경기침체가 오거나 사업 환경이 바뀌면 A사는 재무적 유연성이 떨어져 매우 위험해 질 수 있다.

A사의 To-Be 사업계획 수립 프로세스

기업이 성장을 추구하는 것은 당연한 일이다. 그런데 재구구조의 건성성과 투하자산의 수익성을 유지하면서 동시에 성장을 도모할 수는 없을까? 이 조건을 반영한 사업계획 프로세스가 아래의 A사 To-Be 사업계획 프로세스이다.

| A사의 To-Be 사업계획수립(Budgeting) 프로세스 |

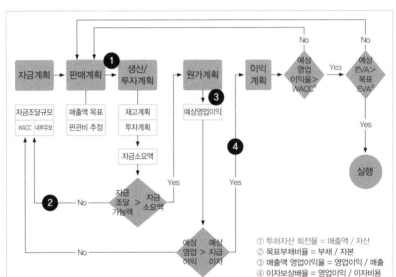

1) 가중평균자본비용
2) EVA = 투하자본 X (ROIC–WACC)

자료: LGERI/기업구조조정론 인용 및 수정

프로세스

To-Be 사업계획 프로세스에서 가장 크게 개선된 점은 첫째, 사업계획의 출발점은 가능한 자금조달규모부터 파악하는 점이며 둘째, 매 단계마다 적정한지를 지표를 통해 판단한다는 점이다.

첫 단계에서 A사의 목표 재무구조 하에서 조달 가능한 자금의 규모와 자본조달비용을 추정하기 위한 자금계획을 수립한다. 이를 위해 투자회수율, 영업이익률, 자본비용과 같은 지표의 과거 추이와 미래 목표를 설정하여 조달가능한 자금규모를 추정한다.

다음 단계는 As-Is 프로세스와 동일하게 매출액과 생산량을 추정한다. 판매계획에서 생산/투자계획단계로 넘어가기 전 투하자산회전율이 기준을 통과하는지 점검한다. 이를 통과하면 투자금액이 자금조달 가능액보다 적을 시 원가계획으로 넘어간다. 예상 영업이익이 나오면 목표 영업이익률에 도달하는지를 평가하고 이어서 '이 금액이 예상지 급이자보다 큰가?', 즉, 이자보상배율이 일정 수준(예: 2배) 이상인가를 따져보게 된다. 끝으로 '예상 영업이익률이 가중평균자본비용보다 높은 가?'를 점검하고 이를 통과하게 되면 사업계획의 큰 과정을 마무리 하게 된다.

장점

이와 같은 To-Be 사업계획 프로세스는 다섯 가지 장점이 있다.

첫째, 과도한 차입을 억제하여 재무구조의 안정성을 꾀할 수 있다. 투자안에 대해 투자여력 및 투자수익성 등 여러 각도에서 평가 및 조정을 하기 때문이다.

둘째, 사업계획의 각 단계별 주요 평가지표를 설정하여 평가하므로 타당성 판단을 사업계획 수립 초기단계부터 용이하게 해준다.

셋째, 외형적 성장과 더불어 투자수익성과 같은 내실도 동시에 챙길 수 있다.

넷째, 단기적 손익에 초점을 맞추는 손익계산서 위주의 사업계획을 넘어 중기적이며 투자수익성과 자본비용 등 경제적 이익을 중시하는 재무상태표까지 고려한 사업계획을 수립할 수 있다.

다섯째, 재무적 건전성과 투자회수율을 중요시 하는 금융단이나 투자자들과의 커뮤니케이션도 용이하게 된다.

추가적인 프로세스 개선점

이 To-Be 사업계획 프로세스는 위에서 언급한 장점에도 불구하고 추가적으로 보완되어야 할 부분들이 있다.

첫째, 연간 사업계획수립을 중장기 사업계획수립으로 기간을 확대해야 한다. 동 프로세스는 연간사업계획수립에 국한되어 있어서 1년이라는 단기적 관점에 치우쳐 의사결정을 하게 되는 한계점이 있다. 이 경우 아래와 같은 문제점들이 나타나게 된다.

- 단기목표에만 집중하고 장기 비전이 결여될 수 있다. 1년만 계획하면 조직은 1년간의 단기적 결과에만 집중하고 장기적인 목표와 목적은 우선순위가 뒤로 밀리게 된다.
- 1년 단위로만 계획하면 상당한 투자가 필요한 장기 프로젝트에 충분한 리소스를 할당하지 못할 수 있다.

따라서 최소한 3년 정도의 중장기 사업계획으로 기간을 확장하여 중장기적 관점에서 사업계획을 수립해야 한다.

둘째, 전략이 사업계획 수립 프로세스에 반영되어야 한다. 위에서 언급한 사업계획 프로세스를 연간사업계획을 포함하여 중장기로 기간만 확대하면 위 두 가지 문제점들이 해결될까? 극단적으로 현업에서는 동일한 연간사업계획을 조금씩 변경하여 세 번 반복하는 현상이 나타날 수도 있다.

위 사업계획 프로세스는 중장기로 기간을 확대할 뿐만 아니라 전략적인 관점(Strategic Perspective)을 반영할 필요가 있다. 전략(Strategy)은 조직이 미래에 달성하고자 하는 바람직한 상태를 의미하는 비전(Vision)을 달성하기 위해 취하는 일련의 결정과 행동을 말한다. 전략수립(Strategy Formulation) 프로세스를 통해 조직은 내·외부 환경 분석, 3~5년의 전사차원의 전략적 방향 및 전략과제 선정을 하게 된다.

이 전략은 조직이 비전 달성을 위한 로드맵을 제공하고 활동을 조정할 수 있게 해준다. 또한 전략은 의사결정을 위한 프레임워크를 제공한다. 예를 들어, 전략은 조직이 인력, 재정, 시간 등 자원의 우선순위를 정하는 기준을 제공하고 리소스를 보다 효과적이고 효율적으로 할당할 수 있도록 해준다. 따라서 전략수립 프로세스를 먼저 진행 후 그 결과를 연간 및 중기 사업계획 프로세스에 반영할 필요가 있다.

셋째, 동 To-Be 사업계획 프로세스에 목표가 정해지면 각 사업 부문별 KPI 및 목표를 설정하고 각 사업 부문의 action plan을 수립 후 성과관리 및 보상체계와 연계시켜야 한다.

넷째, 매 분기단위로 남은 기간(12월 말)에 대한 예측(Forecasting)을 수행하고(Rolling plan)을 실시한다. 그래야 외부의 급변하는 환경을 반영하여 사업의 방향과 목표를 수정하는 유연성을 확보할 수 있기 때문이다.

시사점

'외형적 성장' 중심으로 경영을 할 때는 조직구조도 기능형 조직(Functional structure)인 경우가 많고, 당연히 경영계획도 물량중심으로 이루어지게 되며, 재무 보고도 외부 감사인, 금융권, 증권거래 위원회 등에 제출하다 보니 전사적 차원에서만 실적을 알 수 있고, 내부 조직별 세부성과는 파악하기 힘든 구조이다. 그러나 '가치중심 경영'으로 발전하게 되면 조직구조도 '사업부 구조(Business unit structure)'로 진화하게 되고, 경영계획도 투자수익성이나 현금흐름 중심으로 이루어지게 되며, 재무보고도 외부뿐만 아니라 내부재무성과 보고도 가능해져서 각 Business Unit 또는 부문별 성과 관리로 더 세밀하게 발전하게 된다.

따라서 성과가 나는 사업계획 수립 및 운영을 위해서는 회사 내 관련 인프라스트럭처(Infrastructure)가 구비되어야 제대로 프로세스가 가동될 수 있다. 예를 들어, 연간 경영계획, 원가관리, 계획/실적, 경영회의, 일정관리, 운영관리와 관련된 정책, 프로세스, 조직별 역할 및 책임, 그리고 시스템이 함께 갖추어져야 한다. 조직이 어느 정도 규모로 커지면 이에 상응하는 경영지원시스템을 갖추는 것은 필수 요건이다. 잘 구축된 사업계획 프로세스는 그 자체로서 기업에게 경쟁력을 갖게 하는 훌륭한 자산이 될 수 있다.

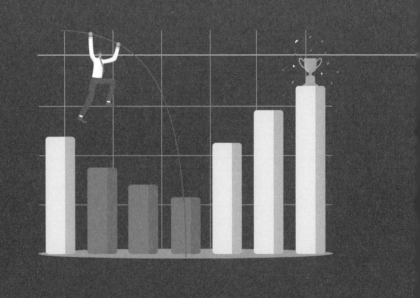

PART 3

유니콘을 향한
새로운 여정

앞서 Part 2에서는 경기침체를 성공적으로 극복한 회사의 성장전략 수립과 실행 방안에 대해 살펴보았다.

회사가 성장을 추구하다 보면 신사업 진출은 필연적이다. 그런데 시장이 직면한 여러 문제들을 기존의 신사업 방식으로 접근하다 보면 도저히 해결되지 않는 경우가 많다. 이는 전통적인 신사업 방식이 많은 한계점을 가지고 있기 때문인데, 예를 들면 다음과 같다.

첫째, 불충분한 고객 니즈 검증이다. 기존의 신사업 개발 방식은 고객관련 가정을 적절히 테스트하지 않고 고객의 요구에 대한 가정을 기반으로 제품이나 서비스를 개발하므로 시장 수요에 부합하지 않는 제품을 만들 가능성이 높은 방식이다.

둘째, 유연성의 부족이다. 기존 신사업 방식은 신사업 계획이 수립되면 매 단계별로 경영진의 승인이 나야 다음 단계로 넘어가는 게이트 웨이(Gateway)방식을 적용한다. 따라서 한 번 결정된 방향을 수정하기 위해 이전 단계로 돌아가기에는 여러 가지 어려움이 따른다.

셋째, 혁신성의 저하이다. 기존의 신사업 개발 방식은 위험(Risk) 최소화를 강조하는 경향이 있어 혁신을 저해하는 결과를 낳기 쉽다. 따라서 혁신성보다는 위험을 사전에 고려한 특성으로 인해 호랑이를 그리려다가 결국은 고양이를 그리게 되는 결과가 나오기도 한다. 바로 이러한 한계점들로 인해 완전히 새로운 관점과 방법론으로 사업기회를 발굴하고 접근하는 필요성이 대두되게 되었다.

이번 파트에서는 새로운 사업기회를 발견하고 이를 사업화하는 전략과 방법을 기존의 신사업 방식이 아닌 린 스타트업 방식(Lean startup approach)를 적용하여 설명하고자 한다.

또한 이 파트는 기존 사업의 경영자나 임직원들에게는 다시 과거에 창업할 때의 초심으로 돌아가서 도전적이고 혁신적인 마인드로 재무장할 수 있는 계기를 제공하고 있으며, 새로 스타트업을 설립하고 운영코자 하는 창업가에게는 사업 추진을 위한 다양하고 실질적인 접근법과 툴을 제공하고 있다.

기업가,
그들은 누구인가?

　많은 투자자들이 스타트업에 대한 투자의사결정 과정에서 가장 중요하게 보는 요소 중의 하나가 바로 스타트업 창업가이다. 투자자들의 관점에서 보았을 때 기술이나 자본은 사업을 운영해 나가는 과정상 조정을 해 나갈 수 있지만, 창업가가 적절한 자질, 자세, 역량을 보유하지 못하면 바꾸기도 쉽지 않고 또 해당 스타트업의 성패에 너무나 큰 영향을 미치기 때문이다.

　마찬가지로 큰 기업의 경우도 사내 벤처를 통해 신사업을 추진하더라도 결국 '해당 사업의 리더가 누구냐?'라는 문제는 해당 기업의 투자 심의 과정뿐만 아니라 외부로부터 자본조달 시 투자자들에게도 매우 중요한 의사결정 요소 중의 하나이다.

　이처럼 스타트업의 성공과 실패에 매우 큰 영향을 미치는 '기업가'는 과연 어떤 사람들일까? 이번 장에서는 '기업가정신은 무엇인가?', '성공적인 기업가는 어떠한 특성과 자질을 가지고 있는가?', '기업가는 어떠한 유형이 있는가?', '초기 창업가가 직면하는 현실적인 어려움은 무엇인가?'에 대해 알아보자.

기업가정신의 정의

기업가, 즉 'Entrepreneur'라는 단어는 프랑스어의 동사인 'Entreprendre'로부터 유래되었는데, '모험하다', '시도하다'를 의미한다. 따라서 기업가정신은 특정 시장 내의 사업적 기회를 발굴하고 이를 사업화하여 수익을 창출하기 위해 기업을 설립하고 개발, 성장하는 전반의 과정상 기업가가 갖추어야 할 자세 또는 정신을 말한다. 결국 기업가정신은 위험과 불확실성을 무릅쓰고 이윤을 추구하고자 하는 기업가의 모험적이고 창의적인 정신을 가리킨다.

성공적인 기업가의 자질 및 특성

그러면 성공한 기업가들은 어떠한 자질과 특성을 가지고 있을까? 이는 크게 다섯 가지로 나누어 볼 수 있다.

미래를 꿰뚫는 비전(Visionary)

기업가들은 다른 사람들이 보지 못하는 사업적 기회를 발견하는 능력을 보유하고 있다. 이들은 현재와는 다른 미래를 비전으로 만들고, 그 비전을 실제적으로 달성하는 역량이 있다.

국내 음식 쓰레기의 100 중 80은 재활용되지 못하고 있다. 음식물 쓰레기 리사이클링 솔루션 기업인 스타트업 뉴트리인더스트리의 홍종주 대표는 "음식물만큼 재활용이 안 되는 쓰레기도 없다"라는 문제점을 발견하고 그 사업적 솔루션을 곤충에서 발견했다. 음식물쓰레기에 영양분을 첨가해 통째로 곤충 먹이로 만들면, 그간 재활용되지 않던 음식물 폐수까지 한꺼번에 처리할 수 있기 때문이다. 홍 대표는 음식 쓰레기를 바이오 컨버전을 통해 사업화하는 기회를 발견하고 이를 실현하는 자질을 가진 비전형 경영자이다.[14]

위험 감수성(Risk-taking)

위험 감수성은 사업의 결과에 대한 확실한 사전적인 정보나 지식이 없어도 과감히 도전하려는 의지를 뜻하며, 적극적으로 기회를 모색하고 추구하려 하는 의욕을 말한다. 일론 머스크(Elon Reeve Musk)는 세계 최고의 전기 자동차 회사인 테슬라(Tesla)와 우주 탐사 회사인 스페이스X(Space X)를 설립하여 야심 찬 비전을 달성하기 위해 노력하고 있다. 머스크는 불확실한 미래에도 불구하고 이들 회사에 수백만 달러를 투자하는 위험을 감수하였다. 테슬라 사업 초기에 일론 머스크는 사업성공 확률이 10% 정도밖에 되지 않았다고 말한 바 있다.

사업에 대한 열정(Passionate)

열정은 원하는 목표를 달성하기 위해 행동으로 옮기게 하는 감정이다. 이는 동기부여와 창의성의 원천이 될 뿐만 아니라 어려운 시기도 인내할 수 있는 힘을 준다. 따라서 이 열정은 수많은 불확실성과 싸우며 앞으로 나아가야 하는, 창업가에게는 필수적인 자질이다.

일론 머스크, 마크 저커버그, 카카오의 김범석 회장과 같은 창업가

---

14) "골칫덩이 음식 쓰레기…곤충으로 바꿔 돈 버는 이 남자", 《헤럴드경제》.

들은 사업 초기 반드시 성공하겠다는 일념으로 모든 자원과 에너지를 개발에 투자하였다. 그들은 자신과 팀을 끊임없이 밀어붙였고, 그 과정에서 어떤 장애물이 있더라도 기술을 완벽하게 완성하기 위해 열정적으로 도전하였다.

실패를 극복하는 회복탄력성^(Resilience to failure)

기업가는 실패를 극복하는 끈기를 필요로 한다. 새로운 사업 아이디어를 개발하고 실행하는 것은 다양한 형태의 실험을 필요로 하는데, 이 과정은 많은 거절과 실패를 동반한다. 때문에, 끈기와 인내는 기업가들의 필수적인 요소라 볼 수 있다.

클라우드 스토리지와 파일 동기화 서비스를 제공하는 회사인 드롭박스^(Dropbox)의 창립자 드루 휴스턴^(Drew Huston)은 MIT 재학 시절 USB 플래시 드라이브를 잊어버리는 일이 반복되자 Dropbox의 개념을 고안해 내었다.[16] 그러나 드루 휴스턴도 많은 실패를 끈기 있게 극복하면서 오늘날 Dropbox의 등록 사용자 수는 6억 명 이상이며 기업 가치는 80억 달러가 넘는 글로벌 컴퍼니로 도약하였다.

초기 창업 실패

휴스턴은 드롭박스를 설립하기 전에 웹 기반 SAT 준비 프로그램을 제공하는 에콜레이드^(Accolade)라는 회사를 설립했으나 큰 호응을 얻지 못

---

16) Brandon Olson, From Calculated Risk to Great Rewards: 4 Examples of Risks Top Entrepreneurs Have Taken, CoreDial
17) Megha Rani, Drew Houston—CEO & Co-Founder of Dropbox | Internet Entrepreneur, Startup Talky,

하고 결국 실패했다. 하지만 휴스턴은 이 경험을 통해 많은 것을 배웠고, 그 지식을 바탕으로 Dropbox를 창업하였다. [17]

와이 컴비네이터로부터의 거절

드루 휴스턴은 유명 스타트업 액셀러레이터(Startup Accelerator)인 와이 콤비네이터(Y Combinator)에서 두 번이나 거절당했다. 이 거절로 인해 휴스턴은 사업을 재평가하고 몇 가지 사항을 수정한 후 다시 지원하였다.

초기 출시 실패

2008년 Dropbox가 처음 출시되었을 때, 제품 초기에는 몇 가지 문제가 있었다. 일부 사용자들이 파일을 잃어버렸다고 보고했고, 이는 회사에 큰 차질이 되었다. 그러나 휴스턴과 그의 팀은 신속하게 문제를 해결하고 사용자들의 신뢰를 회복하기 위해 노력하여 사업 안정화를 이룩하였다.

드루 휴스턴은 "실패에 대해 걱정하지 말라. 한 번만 옳으면 된다". (Don't worry about failure. You only have to be right once.")라고 실패를 두려워하지 말 것을 강조하였다.

실행력(Capacity to get things done)

마지막으로 실행력이다. 아이디어만 내는 것은 쉽지만, 그것을 현실화하여 사업 목표를 달성하는 것은 또 다른 차원의 역량이다. 실행력은 아이디어나 전략을 현실로 바꾸어 사업 목표를 달성할 수 있게 하는 역량을 말한다.

실행력이 뛰어난 창업가는 명확하게 목표를 설정하고, 구체적으로 전략 및 계획을 수립하며, 뛰어난 문제 해결력과 함께, 문제에 집중하는 특성을 보인다.

폐타이어로 신발 밑창을 만드는 스타트업 트레드앤그루브(Tread&groove)의 이온 대표는 실행력이 강점인 창업가이다. 이 스타트업은 대학교 창업 동아리에서 출발하였다. 이온 대표는 우연히 방송에서 아프리카 주민들이 폐타이어를 직접 잘라 신발로 만드는 것을 보고 사회적으로 도움이 되는 사업을 하고 싶어서 스타트업을 시작하게 되었다.

창업 초기 이온 대표는 사업 아이템을 정한 바로 그날, 한 카센터로 가서 폐타이어 얻어 동아리방에서 연구를 시작했다. 타이어를 신발에 부착할 수 있는 가공기술이 없어 연장을 사용해 수작업으로 타이어를 자르고 붙여야만 했다. 이후 직접 시제품을 만들고 크라우드 펀딩(Crowd Funding)을 통해 자금을 조달하였다. 또한 중국에서 납품을 받아 네이버 스토어에 입점을 하기도 했다.

트레드앤그루브의 창업가는 "폐타이어로 신발 밑창을 만든다"라는 명확한 목표와 비전을 설정하고, 이를 달성하기 위해 문제 해결에 집중하며, 제한된 자원과 역량을 극복하여 성공적으로 시장에 제품을 출시하는 뛰어난 실행력을 보여주었다.[18]

기업가의 네 가지 유형

제프리 티몬즈(Jeffry Timmons)는 기업가를 크게 두 가지의 기준, 즉 '창

---

18) 〈폐타이어 신발 1개가 탄소배출 9kg 줄인다! 폐타이어로 신발 밑창 만드는 '트레드앤그루브'〉, 《정책주간지 K공감》 / 〈거절당하는 게 일상…, 폐타이어 신고 첫발 뗀 지구 디톡스〉, 《머니투데이》

19) Jeffry Timmons, "New Venture Creation: Entrepreneurship for the 21st Century"

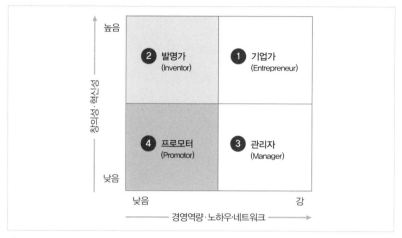

자료: Timmons, *New Venture Creation*

의성·혁신성'의 관점과 '경영능력·노하우··네트워크'의 관점에서 구분
하여 기업가 유형을 4가지로 정리하였다.[19]

기업가

기업가(Entrepreneur)는 창의성과 혁신성이 있을 뿐 아니라 사업을 효
과적으로 경영할 수 있는 능력이 있는 사람이다. 사업기회를 발견하고
자원을 확보하여 조직 내 리더십을 발휘하는 경영자로서의 자질과 역
량, 네트워크를 갖춘 유형의 사람이다.

이런 유형의 사람은 남에게 간섭을 받기보다는 스스로 보스가 되고
자 하는 욕구가 강하며, 새롭고 혁신적인 제품이나 서비스를 창조하는
것에 흥미를 느끼고 리스크를 감수하면서 어려운 의사결정을 내리는
데 상대적으로 편하게 느끼는 타입이다.

발명가

발명가(Inventor)는 새로운 아이디어와 기술을 개발하는 데 뛰어난 혁신가이나, 이를 사업화하고 관리할 수 있는 능력이 부족한 유형이다. 이들의 기술 전문성과 창의적인 문제 해결 능력은 아이디어를 실현하는 데 도움이 되므로 스타트업의 초기 단계에서 매우 중요하다.

관리자

관리자(Adminstrator)는 경영능력은 있으나 창의력과 혁신성이 부족한 사람으로서 기존 비즈니스의 효율적 관리와 성상에 너 뛰어난 관리형 유형이다. 효율적인 시스템을 만들고, 리소스를 최적화하며, 벤처의 장기적인 지속 가능성을 보장하는 데 중점을 둔다. 이 유형이 가진 디테일에 대한 관심과 팀 관리 능력은 기업의 안정성을 유지하고 성장을 촉진하는 데 도움이 된다.

프로모터

프로모터(Promoter)는 네트워킹, 마케팅, 고객, 투자자 및 기타 이해관계자에게 스타트업의 비전을 세일즈하는 데 탁월하다. 이들의 커뮤니케이션 및 설득 기술은 자본을 조달하고 브랜드 인지도를 높이며 전략적 파트너십을 구축하는 데 매우 중요하다.

일반적으로 '기업가' 유형에 해당하면 스타트업의 창업가로서 주변에 상호보완적인 역량을 갖춘 균형 잡힌 팀 구성에 집중하는 것이 좋다.

'발명가' 유형의 사람은 창의성과 혁신성으로 사업을 일정 수준으로 성장시킨 뒤 전문경영인에게 경영을 위임하거나, 아니면 사업을 매각

후 새로운 스타트업으로 연쇄 창업을 하는 방안을 고려해 볼 수 있다.

'관리자' 유형의 사람은 창업 전 큰 기업에서 일을 해 본 경험이 있는 경우가 많다. 따라서 이 유형의 사람은 엔젤투자자로서 혁신적인 비즈니스 모델에 투자를 하거나 소규모 M&A를 통해 사업을 인수 후 효율적 관리를 통해 회사를 성장시키는 방법도 고려해 볼 수 있을 것이다. 이 유형은 조직이 급격하게 성장하고 있을 경우 역량을 발휘할 기회가 많다.

'프로모터' 유형의 사람은 스타트업 내부뿐만 아니라 스타트업 외부 생태계의 여러 참여자들을 살펴보고 본인의 성향과 강점에 맞는 영역에서 가치를 창출할 수 있는 기회도 함께 고려하는 것도 좋을 듯하다.

위 네 가지 유형의 기업가 중 어떤 유형이 성공적인 스타트업을 구축하는 데 가장 적합한지에 대한 명확한 답은 없다. 왜냐하면 각 유형은 스타트업에 각기 다른 형태의 가치 있는 기술과 역량을 제공하기 때문이다.

창업가의 딜레마

기업가는 수많은 리스크와 불확실성을 상대로 싸워야 하고 매우 힘들고 복잡한 과정을 인내력을 가지고 묵묵히 수행해야 하는 숙명을 가지고 있다. 특히 사업 초기의 창업가들이 직면하는 주요 어려움들은 다음과 같다.[20]

---

20) Noam Wasserman, "The Founder's Dilemmas"

재무적 리스크^(Financial Risk)

사업을 시작하면 필연적으로 재무적 자원을 필요로 하게 된다. 사업 초기에 창업가는 자기 자신의 자본이나 외부의 투자자로부터 펀딩을 받거나 금융기관으로부터 융자를 받아 사업운영 자금을 확보하게 되는데, 이 과정상 적기에 적정 자금을 적정한 외부 기관 또는 투자자로부터 조달하는 것은 매우 불확실성이 큰 과업이다.

또 기존에 직장생활을 하였다 하더라도 재무나 회계 업무를 다루어보지 않았다면 투자자나 금융기관과의 회의에서 곤혹스러운 상황을 많이 직면하게 된다.

불확실성과 불안정성^(Uncertainty and instability)

사업을 한다는 것은 본래 불확실하고 예측 불가능한 요인들과의 싸움이다. 코로나 팬데믹이 일어날지 누가 알았겠으며, 우크라이나와 러시아 간의 전쟁이 일어날지 누가 예측이나 했겠는가?

시장 상황은 끊임없이 변하고, 오직 이에 신속하게 적응하는 기업만이 살아남는 것이 이 바닥에서 게임의 룰이다. 자금력이 풍부하고 이미 경쟁력을 확보한 중견기업 또는 대기업에 비해 스타트업들은 외부 환경 변화에 더 민감하고 심각하게 영향을 받을 수밖에 없다.

직원 채용과 관리^(Hiring and managing employees)

사업의 규모가 커지고 성장함에 따라 창업가는 효과적으로 인력을 관리하는 역량을 확보해야 한다. 적정 필요인력을 산정 후 신규 직원을 채용하고, 교육 및 훈련을 시키며, 성과에 대한 평가와 보상, 인사노무법과 같은 규제에 대한 이해 등 이 모든 것을 제대로 관리해야 소규모 조직이라 하더라도 원하는 방향으로 제대로 운영된다.

코로나 팬데믹 상황에서 재택근무의 증가에 따라 IT업종의 수요가 급증하게 되었고, 이에 따라 신규로 개발자들을 채용하기가 하늘의 별 따기처럼 어려웠을 때 채용의 어려움은 한층 배가 되었었다.

사업 스케일업(Scaling the business)

창업가는 '어떻게 사업을 키울 것인가?'가 항상 머릿속을 떠나지 않는 도전적 과제이다. 이와 동시에 사업이 커짐에 따라 이에 적합한 경영시스템을 구축하는 것도 어려운 일이다.

시장으로부터의 주문이 폭주한다고 해서 단순히 직원만 급격하게 많이 충원한다고 문제가 해결되지는 않는다. 성장에 따라 사전에 면밀하게 계획을 수립하고 실행하는 일은 필수불가결한 과제이다.

시사점

성공적인 창업자가 되기 위해 필요한 핵심 성공 요소에는 미래를 꿰뚫는 비전, 위험 감수성, 사업에 대한 열정, 실패를 극복하는 회복탄력성, 실행력이 포함된다. 그 외에도 문제 해결 능력, 적응력, 리더십, 기술, 재무관리 능력, 마케팅 및 영업기술, 네트워킹, 지속적인 학습 등이 요구되기도 한다.

그러나 이 모두를 다 갖추고 스타트업을 경영하는 창업가는 현실적으로 찾기 쉽지 않다. 따라서 창업자 자신은 자신의 강점과 약점이 무엇인지를 냉정하게 파악하고 특정 분야에서 부족한 부분이 있다면 다음과 같은 방안을 통한 보완을 고려해 볼 수 있을 것이다.

멘토의 지원

창업자는 훌륭한 멘토를 모시고 그 멘토로부터 기술을 개발하고 약점을 극복할 수 있도록 귀중한 지침과 지원을 받을 수 있다.

팀원 채용

창업자는 자신에게 부족한 기술과 전문성을 갖춘 팀원을 고용하여 업무상의 문제 해결 및 사업 성장을 지원할 수 있는 다재다능한 팀을 구성할 수 있다. 채용 시 본인괴는 다른 경험과 기술을 가진 팀원을 고용해야 하는 이유도 바로 여기에 있다.

아웃소싱

정규직 직원을 고용할 수 없는 경우, 창업자는 필요한 기술을 보유한 프리랜서와 프로젝트를 통해 문제 해결을 꾀할 수 있다. 이 아웃소싱에는 서비스형 소프트웨어인 SaaS^(Software as a Service)도 포함할 수 있다.

창업가는 고객관계 관리, 프로젝트 관리 또는 인사/회계 소프트웨어와 같은 비즈니스 애플리케이션을 SaaS 프로그램 구독을 통해 낮은 초기 비용, 자동 업데이트 및 유지관리 등의 장점을 잘 살릴 필요가 있다. 특히 인공지능에 기반하여 개발된 새로운 비즈니스 애플리케이션들은 향후 스타트업의 생산성과 혁신성 향상에 많은 도움을 줄 것이다.

교육 및 워크숍 참석

오늘날처럼 급변하는 환경 속에 경영자로서 필요한 자질 중의 하나가 바로 새로운 것을 배울 수 있는 학습 능력이다. 창업자는 다양한 교육 및 워크숍에 적극적으로 참석하여 부족한 분야의 기술을 개발할 수 있다.

네트워킹

다른 창업자, 투자자 및 업계 전문가와의 네트워킹은 창업자가 개선할 부분을 파악하고 기술을 개발하는 데 도움이 되는 귀중한 인사이트와 조언을 얻을 수 있다.

사업기회의
발굴과 JTBD

일반적으로 스타트업들은 다음의 단계를 거쳐서 성장을 하게 된다.

| 스타트업의 단계[(Startup Phases)] |

1) Product/market fit [자료] Y Combinator, 인용/수정

제일 먼저 창업자는 '사업기회[(Opportunity)]를 발굴'하고, 이어 이 '기회에 대한 가설을 수립' 후, 프로토타입[(Prototype)]을 통해 '가설이 시장의 니즈에 부합하는지를 테스트[(Test)]'한 뒤, 시장에 '제품을 출시[(Launch)]'하게 된다. 제품 출시 후에도 지속적으로 시장의 니즈에 맞추어 사업모델을 수정해 가면서 '고객을 유입 또는 획득[(Traction)]'하고, 이 고객을 유료 고객으로 전환시키면서 '이익을 창출[(Monetization)]'하며, 이 과정이 반복되면 '지속

적 성장(Growth)'을 하게 된다. Part 3의 전반부에서는 대체적으로 이 단계들의 순서에 따라 설명이 진행될 것이다.

그러면 성공적인 창업가들은 스타트업 초기, 특히 위 도표의 첫 번째 단계에 해당하는 '① 사업기회 발굴 단계'에서 어떤 식으로 접근하여 사업기회를 발굴할까? 이 단계를 구체적으로 알아보자.

사업기회는 무엇인가?

우선 '사업기회가 무엇인가?'에 대해 명확히 정의하고 이어서 여러 관련 주제들을 살펴보자.

사업기회의 정의(Defining Opportunities)

기회(Opportunity)는 '고객의 문제', '기술적 솔루션', '회사의 역량'이 동시에 교차하는 영역에서 발생될 수 있다.

첫째, 고객은 고객이 처한 상황에서 다양한 충족되지 못한 또는 해결되지 못한 문제(Unmet needs), 또는 고통(Pain point)이 존재해야 한다.

| "기회"의 정의(Defining Opportunities) |

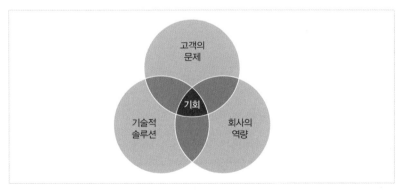

둘째, 시장 또는 회사 내에 고객의 문제를 해결할 혁신적 솔루션이 존재해야 한다.

셋째, 스타트업은 이 고객의 문제를 해결할 수 있는 솔루션을 개발하고 제공할 수 있는 역량이 있어야 한다. 즉, 기회는 이 세 가지 요인이 동시에 존재하며 교차하는 영역에서 발생하게 된다.

예를 들어, 마이크로소프트의 Surface Pro 4 제품은 위에서 언급한 3가지 요소들이 동시에 교차한 상황에서 탄생한 사례이다.

- [고객의 문제] 고객의 입장에서 태블릿^(Tablet)은 동영상 시청이나 텍스트를 읽는 데는 좋지만 문서 작업과 같은 세밀한 작업을 하는 데는 불편하다. 따라서 고객은 태블릿^(Tablet)과 랩탑^(Lap top)을 동시에 가지고 다녀야 하는 불편이 있다.
- [회사의 역량] 마이크로소프트는 윈도우 에코시스템과 신제품설계역량을 보유하고 있다.
- [기술적 솔루션] 키보드를 탈·장착 가능하고, 얇고 가벼우면서도 동시에 랩톱과 같은 파워를 가진 진보된 태블릿.

결국 위의 3가지 요인들이 조합되어 초박형 터치스크린 노트북인 Surface Pro 4가 탄생하게 되었다.

사업기회 발굴 시 유의할 점

사업 초기에 좋은 아이디어를 발굴하는 과정에서 창업가들은 아래와 같은 실수들을 많이 하게 된다.

- 초기 아이디어에 집착하여 고객의 문제에 대한 집중도를 잃어버림
- 고객의 관점에서의 니즈보다는 스타트업의 니즈에 더 집중함.
- 제품 아이디어에 대한 정의의 범위를 지나치게 좁게 잡아 혁신방안 도출 실패
- 고객의 문제를 해결할 다른 대안이 있음을 간과하고 지나치게 성급히 솔루션을 도출함

그러면 이와 같은 사업 초기 아이디어를 발굴하고 진행하는 과정상의 실수를 어떻게 피할 수 있을까?

첫째, 특정 기술이나 솔루션에 너무 매몰되지 말라. 기술을 포함하여 사업기회에 대한 다양한 의견을 들을 수 있는 복수의 채널을 확보하는 것이 필요하다.

둘째, 고객의 기존 행동 패턴과 기존 관행을 바꾸는 변화가 어려움을 직시하라. 이를 위해서 창업가는 해당 제품을 사용하지 않는 고객이나 경쟁사의 고객 등에 대한 관점을 확장할 필요가 있다.

셋째, 사업기회를 구현하기 위해서는 많은 내·외부 장애요인이 있음을 인지하라. 고객은 해당 문제에 대해 당신이 제공하는 솔루션 이외에도 다양한 대안이 있음을 염두에 두어야 한다.

넷째, 해당 사업기회는 반드시 수익화가 되어야 함을 인식하라. 사업 초기 일정 기간은 고객을 확보하고 매출을 올리면 된다고 생각할 수 있으나, 궁극적으로 수익으로 연결되지 않는 비즈니스 모델은 시장에서 긍정적인 피드백을 받기 어렵기 때문이다.

린 스타트업 프레임워크에 대한 이해

다음 단계로 세부적으로 들어가기 전에 우선 중요한 개념인 린 스타트업 프레임워크(Lean Startup framework)의 개념에 대해 살펴보자. 이는 향후 설명하는 많은 새로운 개념과 툴들을 이해하는 데 많은 도움을 줄 것이다.

《린 스타트업(The Lean Startup)》의 저자인 에릭 리스(Eric Ries)는 사업 아이디어를 최소한의 초기 단계 제품인 MVP(Minimum Viable Product)를 통해 테스트하고 고객의 피드백을 반영하는 과정을 반복하는 것에 중점을 두면서 신속하게 신제품을 개발 및 출시하는 것을 강조하였다. 에릭 리스가 주창한 린 스타트업 프레임워크의 목표는 스타트업이 제품개발 과정상의 낭비를 최소화하고, 위험을 줄이며, 성공 가능성을 극대화하여 성공적으로 비즈니스를 개발하는 것을 돕는 것이다.

이 프레임워크를 접근법(Approach) 형식으로 도식화하면 아래와 같다.

사업 아이디어가 발굴되면, 이에 대한 가설을 수립하고 이를 최소한의 초기 단계 제품인 MVP(Minimum Viable Product)를 만들고, 이를 목표 시장

| 린 스타트업 접근법 |

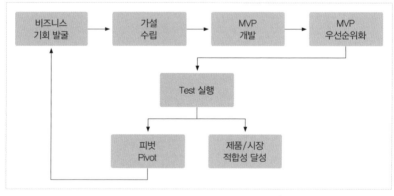

자료: Eric Ries & Tom Eisenman

에서 테스트한 후 고객의 피드백을 반복적으로 사업 아이디어에 반영한다. 만약 테스트 결과가 목표와 너무 동떨어지면 이를 피벗(Pivot)하여 사업 아이디어를 재조정하고, 이 테스트를 초기 제품이 시장의 니즈에 부합될 때까지 반복한다. 여기서 피벗이란 스타트업이 MVP를 사용하여 테스트를 한 결과가 고객의 니즈에 부합하지 못하거나 시장이 급격하게 변할 때, 스타트업의 비즈니스 모델, 제품, 또는 목표 시장을 변경시키는 중요한 변화를 말한다.

가설(Hypothesis)의 수립

앞서서 사업기회의 정의에 대해 알아보았다. 이제 '사업기회를 발굴'하고, 이를 '테스트' 후, '시장에 출시'하는 단계에 대해 알아보자.

사업기회 발굴은 어디서 시작하는가? 바로 가설로부터 시작된다. 사업기회에 대한 가설은 특정 고객의 문제를 해결할 솔루션을 개발할 기회가 있을 것이라는 믿음을 담은 문장(Statement)을 말한다.

가설 수립 프로세스

가설을 수립하기 위해서는 아래의 3 단계에 따른다.

첫째, 가설적 고객 문제 정의

고객의 문제를 가설적으로 정의한다. 예를 들어, '특정 고객은 이러이러한 문제(Problem) 또는 고충(Pian point)을 가지고 있다.'

둘째, 제안 솔루션

우리는 고객의 문제를 해결할 솔루션을 만들 기회가 있다.

셋째, 가설

고객이 우리가 제공하는 솔루션을 원하고 이를 구매할 의사가 있는 지를 파악하기 위해 아래의 가설에 대해 알고자 한다.

가설 1: _____

가설 2: _____

…………

[가설의 예시: 스마트 여행가방]
위에서 설명한 가설 수립 프로세스에 의하여 도출된 가설의 예시는 아래와 같다.

■ **첫째, 고객 문제**(Customer problem)
항공 여행객들은 수하물을 맡기게 되면 그들의 짐이 어디에 있는지, 또 비행기에 실렸는지, 그리고 언제 수하물 찾는 곳에 도착하는지에 대한 정보가 없어 불편하다.

■ **둘째, 제안 솔루션**(Proposed solution)
우리는 스마트 폰으로 여행 가방의 위치를 알 수 있는 스마트 여행가방을 제공하여 고객의 불편을 해소할 수 있다고 믿는다.

■ **셋째, 가설**(Hypothesis)
• 가설 1: 공항에서 맡긴 수하물이 종종 분실되거나 비행기에 실리지 않는다.
• 가설 2: 공항당국은 배터리가 장착된 여행가방을 비행기 내에 실을 수 있도록 허용한다.
• 가설 3: 모의 스타트 여행가방에 대한 스케치를 보고 설명을 들은 항공 여행객들의 40%는 구매할 의향이 있다.

좋은 가설의 조건

좋은 가설이 되기 위해서는 다음의 기준에 부합되어야 한다.

첫째, 테스트 가능성(Testable): 좋은 가설은 실험, 리서치 등과 같은 방법을 통해 테스트가 가능해야 한다. 이를 위해서는 반드시 어떠한 데이터가 필요하고 어떻게 측정할지가 명확해야 한다.

둘째, Yes/No 판별성(Falsifiable): 좋은 가설은 Yes, No로 답할 수 있어야 한다. 즉 정확하지 않으면 틀렸다고 확인할 수 있어야 한다. 이는 편견을 방지하고 가설을 반증할 수 있는 증거를 찾도록 독려하는 데 도움이 되므로 중요하다. 불확실성과 싸우는 스타트업들은 시장에서 가설을 테스트를 하는 과정에서 원하는 긍정적인 답만을 선택적으로 찾고자 하는 유혹에 빠져 잘못된 결론에 도달할 수 있기 때문에 이 판별성은 중요하다.

셋째, 구체성(Specific): 좋은 가설은 구체적이어야 한다. 가설이 구체적일수록 테스트가 용이하고 결과도 더 명확하기 때문이다.

이제 위에서 예시로 든 '스마트 여행가방' 케이스를 위 3가지 관점에서 검토해 보자.

> **[가설 1]** 공항에서 맡긴 수하물이 종종 분실되거나 비행기에 실리지 않는다.
>
> ■ **테스트 가능성: Yes.**
> 이 가설은 수하물 처리 데이터의 추적 및 분석을 통해 테스트할 수 있다.
>
> ■ **Yes/No 가능성: Yes.**
> 이 가설은 수집한 데이터가 수하물 분실은 흔한 문제가 아니라는 사실이 입증되면 '거짓'으로 판명될 수 있으므로 Yes, No로 답할 수 있다.
>
> ■ **구체성: Yes.**
> 이 가설은 공항에서 위탁한 수하물이 분실되거나 비행기에 실리지 않는

경우가 많다는 구체적인 내용을 담고 있다.

[가설 2] 공항당국은 배터리가 장착된 여행가방을 비행기 내에 실을 수 있도록 허용한다.

■ **테스트 가능성: Yes.**
이 가설은 항공사와 공항의 정책에 대한 리서치와 문의를 통해 테스트할 수 있다.

■ **Yes/No 가능성: Yes.**
이 가설은 공항 당국이 배터리가 든 여행 가방을 기내에 반입할 수 없다는 사실이 데이터로 입증되면 거짓으로 판명될 수 있다.

■ **구체성: Yes.**
이 가설은 "공항 당국이 배터리가 들어 있는 여행 가방의 기내 반입을 허용한다"라는 내용을 행위의 주체와 결정 사항까지 구체적으로 명시하고 있다.

[가설 3] 모의 스마트 여행가방에 대한 스케치를 보고 설명을 들은 항공 여행객들의 40%는 구매할 의향이 있다.

■ **테스트 가능성: Yes.**
이 가설은 설문조사나 기타 데이터 수집 방법 등을 통해 테스트할 수 있다.

■ **Yes/No 가능성: Yes.**
이 가설은 설문 조사나 인터뷰를 통해 데이터를 분석하여 항공 여행객의 40% 미만이 모의 시작 여행 가방을 구매할 의향이 있는 것으로 나타나면 거짓으로 판명될 수 있다.

■ **구체성: Yes.**
이 가설은 '모의 스마트 여행가방 스케치를 보고 설명을 들은 항공 여행객'이라는 테스트 대상, '구매의사 표명 여부'라는 측정의 기준 그리고 '40%'라는 측정의 계량적 목표가 구체적으로 기술되어 있다.

위 세 가지 가설에 대한 테스트 결과 가설 2의 결과가 "공항 당국은 배터리가 장착된 여행가방을 비행기 내에 실을 수 있도록 허용하지 않는다."라고 결정이 나면 스타트업은 신속하게 이에 대한 현실적인 대안을 모색하여야 한다. 즉, 공항 당국을 설득해서 정책을 수정하게 하든지, 아니면 해당 사업 아이디어를 다른 방향으로 피벗(Pivot)하는 것을 신속하게 결정해야 한다.

앞서 위에서 설명한 기준에 부합하는 강력하고 명확한 가설은 스타트업들이 사업기회를 발견하고 이를 어떻게 추구할지에 대해 더 많은 양질의 정보를 바탕으로 한 의사결정을 내릴 수 있도록 해줄 것이다.

JTBD

이제 사업기회를 발굴하기 위한 좀 더 구조적이고 체계적인 접근법에 대해 알아보자.

스타트업들은 사업 초기에 사업기회를 발견하기 위해 종종 직접적으로 잠재 고객과 인터뷰를 하게 된다. 이때 흔히 하는 질문은, "당신의 문제(Problem) 또는 충족되지 않은 니즈(Unmet needs)는 무엇입니까?", "우리 제품의 어떤 기능을 더 개선하면 좋을까요?"이다. 그러나 이러한 질문은 한계가 있다. 왜냐하면 고객들은 종종 원하는 것이 무엇인지 잘 모를 경우가 있고, 또 문제를 해결하기 위해 제품의 어떤 기능을 개선해야 하는지 등을 잘 모를 경우가 많기 때문이다.

JTBD(Jobs-to-be-Done)[21] 프레임워크는 바로 이런 상황처럼 고객이 원하

---

21) Clayton Christensen, Know Your Customers' "Jobs to Be Done", Harvard Business Review, 2016

는 것이 무엇인지 잘 모를 때, 또 제품에 어떤 기능을 포함 또는 추가해야 할지에 대해 명확하지 않을 때 구조적인 접근방안을 제시한다.

JTBD 분석 접근법

스타트업은 JTBD 분석이라는 일련의 과정을 통해 사업기회의 발견을 구체화할 수 있다. 다음은 JTBD 분석 방법과 이를 Airbnb의 사례에 적용해 재구성하여 살펴보기로 한다.

| JTBD 분석 접근법 |

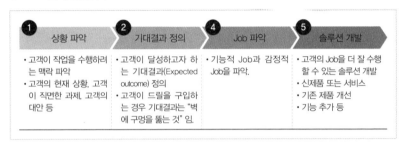

상황(Context) 파악

JTBD 분석의 첫 번째 단계는 바로 고객이 처한 맥락을 파악하는 것이다. 즉 고객의 현재 상황, 고객이 직면한 과제, 고객이 선택할 수 있는 대안 등에 대해 파악하는 단계이다.

기대결과(Expected Outcome) 정의

그다음은 고객이 달성하고자 하는 기대결과를 정의하는 일이다. JTBD의 목표(Goal)는 고객에게 판매하고자 하는 '제품'이 아니라 고객이 달성하고자 하는 '기대하는 결과(Expected Outcome)'에 집중하여 고객의 문제를 파악하는 것이다. 예를 들어 고객이 드릴을 구입한다면 기대결과는 '벽에 구멍을 뚫는 것'이 될 것이다. 또 고객이 혁신적인 전기톱을 구매한다면 기대결과는 '작동 시 파편이 얼굴로 튀는 가능성의 최소화' 또는 '칼날의 덮개가 재료에 걸리는 현상 최소화'라고 볼 수 있다.

Job 파악

JTBD[Jobs to be Done] 프레임워크에서 작업[Job]은 고객이 해결하거나 달성하고자 하는 특정 작업 또는 문제를 의미한다. 이는 고객이 제품이나 서비스를 '고용[Hire]'하는 이유이기도 하다.

Job은 '기능적 Job'과 '감성적 Job'으로 나눌 수 있다. 기능적 Job[Functional Job]은 고객이 달성하고자 하는 Job을 말한다. 예를 들어, 새로운 스마트 폰을 구매하는 고객은 더 긴 배터리 수명이나 더 나은 카메라 기능을 원할 수 있다. 반면, 감성적 Job[Emotional Job]은 고객이 작업[Job]과 관련하여 느끼는 감정과 인식을 말한다. 예를 들어, 헬스장 멤버십을 구매하는 고객은 자기 계발과 성취감에 대한 정서적 Job을 원할 수 있다.

기능적, 감성적 Job에 대한 깊이 있는 이해는 결국 고객이 체감하는 실용적인 솔루션을 도출하는 기반이 되며, 이를 통해 새로운 사업기회로 연결이 되는 중요한 단계이다.

솔루션[Solution] 개발

앞의 1~3단계에서 파악한 상황, 기대결과, Job 파악을 바탕으로 고객의 요구를 더 잘 충족하는 솔루션을 개발하는 단계이다. 여기에는 새로운 제품이나 서비스를 만들거나, 기존 제품이나 서비스를 수정하거나, 단순히 제품이나 서비스의 마케팅 또는 판매 방식을 개선하는 것이 포함될 수 있다. 중요한 것은 앞서 1~3 단계에서 파악된 콘텐츠와 방향성에 철저하게 연계된 솔루션을 개발하는 것이다.

JTBD 예시: Airbnb

앞서 설명한 JTBD 분석 접근법을 적용하여 어떻게 솔루션이 개발되고 사업기회가 발굴되는지를 예시를 통해 살펴보자. 여기서는 글로벌 숙박 서비스 플랫폼 회사인 에어비앤비(Airbnb)의 사례를 재구성하여 분석하였다.

[여행객/게스트 관점에서의 JTBD 분석]

- 상황(Context)

  고객은 비즈니스 또는 레저 목적으로 여행하며, 기존 호텔과는 다른 숙박 대안을 찾고 있다.

- 기대결과(Expected Outcome)

  고객은 여행하는 동안 편안하고 저렴하며 독특한 숙소에 숙박하기를 기대한다.

- Job

  고객은 아래의 기능적 및 감성적 Job을 원하고 있다.

[기능적 Job]

- 호텔 객실보다 더 넓은 공간을 저렴한 가격에 예약하여 비용을 절약하고 싶다.
- 예약이 편리했으면 좋겠다.
- 호텔 음식을 먹지 않고 가족을 위해 요리를 할 수 있도록 주방이 있으면 좋겠다.
- 가족 및 친구들과 연락할 수 있도록 무료 Wi-Fi에 액세스하고 싶다.
- 가족이 휴식을 취하고 친목을 도모할 수 있도록 숙소 내에 거실이 있으면 좋겠다.

[감성적 job]

- 호스트와 교류하여 호스트의 도시와 문화에 대해 배울 수 있기를 원한다.
- 에어비앤비 숙소가 위치한 동내를 체험할 수 있어 방문 도시를 더 진정

성 있게 경험할 수 있기를 원한다.

- 호스트의 개성이 반영된 숙소에 머물면서 내 집에 온 듯한 느낌을 받고 싶다.

솔루션(Solution)

에어비앤비(Airbnb)는 이러한 JTBD분석을 기반으로 집, 아파트, 기타 독특한 숙소를 빌려주려는 호스트와 여행자를 연결해주는 플랫폼(Platform)을 개발하였다.

이 플랫폼은 다양한 유형의 숙소, 위치, 가격대 등 여행자의 다양한 요구와 선호를 충족할 수 있는 다양한 옵션을 제공한다. 예약 절차는 간단하고 사용하기 쉬우며, 플랫폼은 호스트와 게스트 간의 명확한 커뮤니케이션을 제공한다. 또한, 에어비앤비는 현지 경험을 강조하고 호스트가 주변 지역 탐험에 대한 추천과 팁을 제공하도록 장려하여 게스트가 지역 사회와 문화에 유대감 형성을 지원한다.

[임대인/호스트 관점에서의 JTBD 분석]

- 상황(Context)

  임대인은 남는 방이나 아파트, 기타 독특한 공간을 여행자에게 빌려줄 의향이 있다.

- 기대결과(Expected Outcome)

  임대인은 사용하지 않는 공간을 여행자에게 임대하여 추가 수입을 올리기를 원한다.

- Job

  임대인은 아래의 기능적 및 감성적 Job을 원하고 있다.

[기능적 Job]

- 모기지와 세금의 일부를 지불할 수 있도록 추가 수입을 창출하고 싶다.
- 시간을 생산적으로 사용할 수 있도록 수익성 있는 부업을 하고 싶다.
- 숙소를 등록하고, 예약을 관리하며, 게스트와 소통할 수 있는 간단하고 편리한 수단이 필요하다.
- 여행객에게 안전하고 편안한 경험을 제공하기 위한 도구와 리소스도 필요하다.

[정서적 Job]

- 전 세계의 새로운 사람들을 만나 사귀고 다양한 문화에 대해 배우고 싶다.
- 수입을 다각화하여 재정적으로 더 안정감을 느끼고 싶다.
- 손님이 내 문화와 내 나라에 대해 훌륭한 경험을 제공하고 싶다.
- 서비스를 제공할 때 성취감을 느낄 수 있도록 슈퍼 호스트 지위를 얻고 싶다.

솔루션(Solution)

에어비앤비는 이러한 JTBD분석을 기반으로 호스트가 숙소를 쉽게 등록하고 전 세계 여행자와 연결할 수 있는 플랫폼을 개발하였다. 이 플랫폼은 가격 제안, 사진 촬영 팁, 안전 가이드라인 등 호스트가 숙소를 관리하는 데 도움이 되는 다양한 도구와 리소스를 제공한디. 또한, 에어비앤비는 안전한 결제 시스템과 피해 및 사고에 대한 보험기능을 제공하여 호스트가 더욱 안심하고 호스팅할 수 있도록 지원한다. 또한, 에어비앤비는 호스트가 게스트에게 독특하고 개인화된 문화적 경험을 제공하도록 장려한다.

에어비앤비의 성공 요인은 호스트의 기능적, 정서적 요구를 충족하는 동시에 여행자에게 독특하고 진정성 있는 여행 경험을 제공하는 데 있다.경우가 많다는 구체적인 내용을 담고 있다.

사업기회에 대한 평가[22]

초기 사업기회에 대해 여러 가지 테스트를 시행하기에 앞서 아래의 10가지 평가를 통해 다음 단계로 나아가기 전에 좀 더 부족한 부분을 보완하든지 아니면 기각을 하고 다시 처음부터 시작하든지 하는 식의 사전적 진단을 하기를 권한다. 이는 제한적 자원으로 운영해야 하는 스타트업이 불필요한 낭비를 줄이는 데 도움을 줄 것이다.

---

22) Mary Cagan, 《Assessing Product Opportunities》

① 고객의 어떠한 문제를 해결해 줄 수 있는가? (가치 제안)

② 이 솔루션은 누구를 위한 것인가? (목표 고객)

③ 기회는 얼마나 큰가? (시장 규모)

④ 이 솔루션에 대한 대체재가 존재하는가? (경쟁 구도)

⑤ 왜 우리 회사가 가장 적합한 회사인가? (차별화 요소)

⑥ 왜 지금 이 시점에 이 솔루션이 필요한가? (타이밍)

⑦ 이 솔루션을 어떻게 시장에 출시할 것인가? (제품출시전략)

⑧ 이 사업의 성공 여부를 어떻게 측정할 것인가? (주요 지표)

⑨ 이 사업 아이디어를 어떻게 수익화할 것인가? (수익화 전략)

⑩ 사업 성공 요소는 무엇인가? (사업 성공 요소)

위 10가지 질문에 대한 구체적인 접근법은 이후 여러 장에서 다양한 각도와 콘텐츠로 논의될 것이다.

시사점

어떤 가설은 사업의 특성에 따라 사업 초기에 짧은 시간 내 테스트가 끝나지 않을 수도 있다. 예를 들어 미국의 승차공유서비스 업체 우버(Uber)의 경우, "승차공유서비스에 대해 기존 택시회사들은 이를 용인할 것이다", 또는 "규제 당국은 이 비즈니스 모델에 대해 라이선스를 발급할 것이다."와 같은 가설은 테스트를 마치기까지 상당한 시간이 걸렸다. 특히 플랫폼 비즈니스(Platform business)가 새롭게 시장에 진입할 경우 기득권을 가지고 있는 전문가 집단 또 규제당국 같은 이해관계자들과의 협상은 높은 진입 장벽으로 작용하며, 이의 극복은 상당한 시간이 걸린다는 점을 유의할 필요가 있다.

JTBD^(Jobs-to-be-done) 프레임워크는 새로운 비즈니스 아이디어를 개발하려는 스타트업 창업가에게 강력한 도구가 될 수 있다. 그 외에도 마케팅, 혁신, 경쟁사 분석, 고객세분화 등 다양한 영역에 적용될 수 있다.

이번 장에서는 가설의 수립 및 JTBD 프레임워크를 포함하여 사업 기회를 발굴하는 방법에 대해 알아보았다. 이어서 다음 장에서는 도출된 사업 아이디어를 시장에서 테스트 하기 위한 여러 방안들에 대해 살펴보기로 한나.

MVP로
PMF를 달성하라

앞 장에서는 사업기회를 발굴하는 방법에 대해 알아보았다. 사업기회가 도출되었다면, 그 기회가 시장에서 반향을 일으키고 매출로 연결될 수 있을지는 어떻게 알 수 있을까?

기업과 투자활동에 대한 시장정보를 제공하는 플랫폼 기업인 CB Insight에 의하면 스타트업이 실패하는 두 번째 이유가 바로 시장의 니즈가 존재하지 않은 제품을 만들어 공급하거나, 해당 스타트업이 출시한 제품 또는 서비스가 시장과 잘 맞지 않는 경우이다. 아무리 그럴듯한 사업 아이디어가 있다 하더라도 그 아이디어가 고객의 문제^(Pain point)를 해결해 주지 않는다면 제품은 팔리지 않는다. 그럼에도 불구하고 많은 스타트업들이 바로 이 점을 점검하고 테스트하는 과정을 간과하고 진행했다가 원하는 바를 얻지 못하고 실패하는 경우가 많다.

필자가 자문을 하고 있는 스타트업 중 상당수가 해당 제품을 시장에 내어 놓으면 시장에서는 자동적으로 팔릴 것이라는 생각으로 초기 제품의 기능 개발에만 몰두하는 것을 많이 본다. 그러나 이런 접근 방식은 시장 니즈와의 적합성을 고려하지 않고 출발하기 때문에 실패의 가능성이 높을 수밖에 없다. 따라서 바로 이런 리스크를 줄이기 위해 스타트업들은 사업 초기에 끊임없이 제품–시장 적합성$^{(Product/market fit)}$을 테스트 하면서 수정·변경하는 작업을 지속하는 것이 중요하다.

제품–시장 적합성은 스타트업의 제품이나 서비스가 목표 시장에서 성공적으로 반향을 일으켜 고객의 요구와 수요를 충족시키는 상태를 말한다. 그렇다면 '스타트업이 개발하는 제품 또는 서비스가 시장에 적합한 상태에 도달하면 어떤 모습'일까?, 그리고 또 '그러한 상태에 도달하기 위해 어떻게 테스트'힐 수 있을까? 이번 장에서는 이와 관련한 내용에 대해 살펴보기로 한다.

제품–시장 적합성$^{(Product/market fit)}$

스타트업이 개발한 제품이 시장의 니즈에 잘 부합되면 어떠한 모습이 나타날까? 일반적으로 제품–시장 적합성을 달성하게 되면 다음의 현상이 나타난다.

첫째, 제품이 특정 고객의 문제를 해결한다.

둘째, 고객들은 이 문제 해결을 위한 솔루션에 대해 기꺼이 가격을 지불한다.

셋째, 고객들은 이 솔루션을 반복적으로 구매한다.

넷째, 자사는 고객이 지불하는 가격보다 적은 비용으로 고객을 확보한다.

또한 통계적으로 보면 다음과 같은 특징이 나타난다.

첫째, 매우 기하급수적인 유기적 성장을 보인다. 매출이 폭발적으로 증가한다.

둘째, 고객이 유입된 후 일정 기간이 지나면 그래프상 매우 높은 고객 유지율(User retention rate)을 보이고 평평한 고원의 형태를 보인다.

셋째, 고객생애가치(Customer lifetime value)와 고객획득비용(Customer acquisition cost)이 3:1의 비율에 도달한다.

제품-고객 적합성을 달성했는지의 여부를 명확하게 하나의 특징이나 지표로 설명하기는 어렵다. 그러나 만약 이 적합성을 달성하게 되면 우리 제품을 알아보는 사람들이 빠르게 늘어나고 회사가 감당하기 어려울 만큼 고객이 몰려올 것이다.

최소기능제품(MVP, Most Viable Product)

앞서 설명한 제품-시장 적합성을 달성하기 위해 어떠한 테스트를 해야 할까? 최소기능제품을 뜻하는 MVP가 바로 그 적합성 달성을 위한 여정에서 필수적인 도구(Tool) 역할을 한다.

MVP는 고객의 문제를 해결하면서도 매우 최소한의 사양을 갖춘, 비용 효율적인 버전의 초기 단계 제품이다. MVP는 스타트업이 가설을 검증하고, 시장을 테스트하고, 실제 사용자 피드백을 기반으로 제품을 개선하는 데 도움이 된다. 에릭 리스(Eric Reis)는 "MVP로 시작해서 그것에 대한 피드백을 토대로 제품을 개선하는 것이 제품/시장 적합도(PMF)를 찾는 최고의 방법"이라고 하였다.

MVP를 활용하면 가장 적은 비용과 자원을 사용하여 가설(Hypothesis)

을 신속하게 테스트할 수 있다. 이해를 돕기 위해 MVP와 관련된 두 가지 사례를 살펴보자.

글로벌 숙박공유 온라인 예약회사인 에어비앤비[Airbnb]는 사업 초창기에 브라이언 체스키[Brian Chesky]와 조 게비아[Joe Gebia]가 거실에 에어 매트리스를 빌려 침대를 만들고 아침 식사를 제공하는 매우 간소한 서비스를 제공하는 웹사이트[Website]를 만들어 샌프란시스코에서 숙박 시설을 찾는 데 어려움을 겪고 있던 관광객에게 제공하면서부터 시작되었다. 당시의 회사명이 'AirBedandBreakfast.com'였던 이유를 여기서 알 수 있다. 에어비앤비의 MVP는 바로 이 웹사이트였다.

또 다른 사례로, 정밀농업[Precision farming]은 첨단 기술과 데이터 분석을 사용하여 농작물 생산을 최적화하는 동시에 자원 낭비와 환경에 미치는 영향을 최소화하는 현대적인 농업 방식이다. 바로 이 시장에 진출을 꾀하는 한 스타트업의 접근법을 보자.[23] 이 스타트업은 항공촬영을 통해 농장 전체를 촬영하여 영상 분석을 한 뒤 농장의 작물이 잘 자라고 있는지, 특정 지역이 병충해를 입지는 않았는지, 비료가 충분히 살포되었는지 등의 정보를 농부에게 제공하고 이에 대한 수수료를 받는 사업모델을 구상하고 있었다.

첫 번째 시도한 접근법은 드론, 항공촬영용 카메라, 영상편집 소프트웨어를 구매한 뒤 대여섯 달 동안 계속 촬영하며 데이터를 분석하는 것이었다. 그러나 이 접근법은 제한된 자금과 시간을 가진 소규모 스타트업에게는 적합하지 않은 방법일 수 있었다.

해서 두 번째 택한 다른 접근법은 카메라와 경비행기를 렌트하여 농

---

23) Steve Blank, 《An MVP is not a Cheaper Product, It's about Smart Learning》

장 상공에서 촬영한 뒤 이 데이터를 수작업으로 처리한 후 농장주에게 가서 이러한 데이터를 제공하면 구매할 의향이 있는지를 물어보는 것이었다. 하드웨어도 필요 없고 소프트웨어도 개발할 필요가 없었다. 시간도 이틀 밖에 안 걸렸으며 비용은 첫 번째 접근법의 10%에 지나지 않았다. 바로 이 두 번째 접근법이 MVP의 개념에 훨씬 더 부합한다.

MVP의 구성

MVP를 세부적으로 보면 크게 3 부분으로 나뉜다.

Minimum(최소한)

보통 한두 개의 핵심 가설로 이루어진다. 예를 들어, 페이스북(Facebook)은 "고객이 친구를 찾고 친구들과 정보를 공유하게 한다.", 이베이(eBay)의 경우는 "고객이 중고 물품을 사고팔 수 있다."가 이에 해당한다.

Viable(가능한)

두 가지 질문을 물을 수 있어야 한다. 즉, 고객이 향후 이 제품을 사용할 것인가? 또 향후 이를 구매할 것인가?

Product(Artifact: 기구)

스케치, 비디오, 프로토타입과 같은 가설을 테스트하기 위한 기구를 말한다.

MVP의 종류

대표적인 MVP는 아래와 같다.

스케치

스케치를 MVP로 사용하면 제품 아이디어에 대해 기본 화면, 기능 등을 대략적이고 간단한 그림이나 일러스트레이션을 그려서 고객에게 보여주고 피드백을 받을 수 있다. 이렇게 하면 고급 프로토타입을 개발하는 데 필요한 시간과 비용을 투자하기 전에 아이디어의 결함이나 개선이 필요한 부분을 파악하는 데 도움이 된다.

설명용 동영상(Explainer Video)

제품의 기능과 사람들이 사용해야 하는 이유에 대해 설명한 내용을 담은 90초에서 3분 정도의 짧은 비디오를 말한다. 드롭박스(Dropbox)는 비디오를 사용하여 제품작동 방식을 보여주었다. 즉 사용자가 가상 폴더에 파일을 끌어다 놓은 다음 다른 컴퓨터에서 해당 파일에 액세스하는 모습을 보여 주었다. 이 MVP 덕분에 Dropbox는 1,500만 달러의 자금을 조달할 수 있었다.

와이어프레임(Wireframe)

와이어프레임은 제품의 사용자 인터페이스에 대한 간단한 스케치 또는 청사진을 말한다. 와이어프레임은 종이와 연필, 디지털 드로잉 소프트웨어 또는 전문 와이어프레임 소프트웨어와 같은 다양한 도구를 사용하여 만들 수 있다. 제품의 레이아웃과 흐름을 시각화하고 잠재적인 사용성을 보여줄 수 있는 저렴한 MVP이다.

프로토타입(Prototype)

프로토타입은 사용자가 테스트할 수 있는 제품의 작동 버전을 말한다. 개발팀은 프로토타입을 통해 피드백을 수집하고 MVP를 출시하기 전에 사용성 또는 기능 문제를 파악할 수 있다.

컨시어지 MVP^(Concierge MVP)

최종 제품을 직접 제공하기보다는 먼저 몸으로 뛰어서 고객에게 서비스를 제공하고 이에 대한 피드백을 묻는 방식이다. 이 방식은 처음부터 고객이 해당 서비스를 사용하게 되는 스텝과 정확하게 동일한 방식으로 제공한다.

온라인으로 음식을 주문하는 고객과 포장음식을 제공하는 지역 식당을 연계시켜주는 배달 서비스를 하는 플랫폼 비즈니스 모델을 구상 중인 스타트업이 있다고 가정하자. 이 스타트업은 온라인 서비스를 구축하기 전에 창립 멤버가 먼저 직접 전화로 주문을 받고 식당으로 가서 음식을 수령한 뒤 이를 다시 직접 고객에서 배달하는 방식을 취할 수 있다. 이 스타트업은 이런 간단한 방식을 통해 "사람들은 온라인 플랫폼과 모바일 사이트를 구축하면 이 서비스를 이용하고 사용료를 지불할 것이다."라는 가설을 검증할 수 있게 된다. 경제적이고 신속하게 바로 현장에서 가설을 테스트 할 수 있는 방법이다.

Crowdsourced MVP

크라우드 펀딩 기업인 와디즈^(WADIZ)와 같은 크라우드펀딩^(Crowdfunding) 플랫폼에서 자사 제품에 대한 캠페인을 통해 고객이 자사제품을 살 의향이 있는지를 판단해 보는 방식이다.

시장을 테스트하기 위해 스타트업은 텀블벅^(Tumblbug)과 같은 플랫폼에서 크라우드 펀딩 캠페인을 만들 수 있다. 해당 스타트업은 제품의 기능, 장점, 목표 시장을 간략하게 설명하는 페이지를 제작하고, 펀딩 목표를 설정하고 후원자에게 제품 조기 액세스 또는 할인된 가격 등 다양한 방식의 리워드를 제공하는 방식을 사용한다.

캠페인이 성공하여 펀딩 목표에 도달하면 해당 스타트업은 제품에 대한 수요가 있다는 것을 어느 정도 검증한 셈이다. 이후 이 자금을 사용하여 프로토타입을 개발하고 사용자 피드백을 바탕으로 제품을 개선할 수 있다.

만약 캠페인이 성공적이지 않아 펀딩 목표에 도달하지 못한다면, 처음에 생각했던 것만큼 제품시장이 크지 않을 수 있다는 것을 알게 될 것이다. 이 경우, 아이디어를 수정하거나 다른 프로젝트로 전환하는 피벗(Pivot)을 통해 불필요한 리소스 낭비를 사업 초기에 방지할 수 있다.

MVP를 테스트 하기 위한 UX 리서치 기법

여러 가지 MVP 옵션 중 우선순위를 정하면 이에 맞추어 목표 고객을 대상으로 드디어 테스트를 하게 된다.

사용자 조사(UX Research)는 앞서 개발한 MVP에 대해 고객이 어떻게 사용하고 느끼는지에 대한 인사이트를 수집하기 위해 사용자를 체계적으로 조사하는 기법이다. UX 전문가인 마이크 쿠니아브지(Mike Kuniavsjy)는 "UX 리서치는 디자인이 사용자에게 미치는 영향을 이해하는 과정"이라고 정의하였다.

UX 리서치를 통해 잠재 고객들이 제품에서 기대하는 바를 명확하게 파악할 수 있고, 기 수립한 가정들(Assumptions)을 검증하거나 무효화할 수 있다. 좀 더 구체적인 이해를 위해 '다양한 고객경험 리서치 방법론

(User experience Research Method)' 의 특성과 함께, '어떤 경우에 어떤 방법을 사용하는 것이 적절한가?', 'UX리서치의 장점', 그리고 'UX리서치 시행시의 유의점'에 대해 알아보자.

UX 리서치 기법의 분류

고객 경험을 테스트하기 위한 리서치 기법은 매우 다양한 방법이 있다. 이해를 돕기 위해 이를 크게 두 관점에서 분류해 보자.

첫 번째 관점은 해당 기법이 유저의 태도(Attitude)에 초점을 맞추는가, 아니면 행동(Behavior)에 초점을 맞추는가이다. 즉 '사람들이 말하는 것'과 '사람들이 행동하는 것'을 기준으로 분류한다. Eye-Tracking과 A/B Testing이 행동에 초점을 맞춘 기법이라면 Card Soring은 태도에 초점을 맞춘 기법이다.

두 번째 관점은 해당 기법이 유저의 정성적인(Qualitative) 부분에 초점을 맞추는가, 아니면 정량적인(Quantitative) 부분에 초점을 맞추는가이다. 즉, '왜?' 또는 '어떻게 문제를 해결할 것인가?'와 '사람들이 얼마나 많이?'를 기준으로 분류한다. Usability Testing과 Field Study는 정량적인 기법이라면, 반대로 Survey는 정성적인 기법에 가깝다고 볼 수 있다.

이 두 가지 관점을 조합하면 다양한 UX 리서치 기법들을 도표와 같이 사분면에 매핑(Mapping)해 볼 수 있다.

UX기법의 종류와 특징

이제 UX기법에는 어떤 것들이 있고 각각의 특징은 어떠한지에 대해 살펴보자.

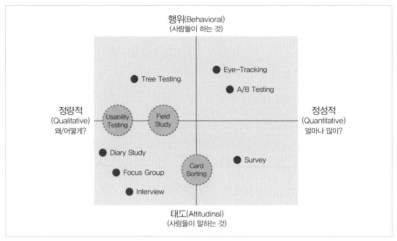

자료: Dmitry Sergushkin, UX Research Methods

사용성 테스트(Usability Testing)

참가자는 연구자와 일대일로 연구실에서 만나 주어진 MVP에 대해 특정 관심사의 작업과 사용으로 이어지는 일련의 시나리오가 주어지고 연구자는 이에 대한 분석을 한다.

현장 연구(Field Studies)

연구자는 참가자가 가장 현실적이거나 자연스러운 환경, 그리고 제품이나 서비스를 접할 가능성이 가장 높은 환경, 즉 직장 또는 가정에서 제품이나 서비스의 사용에 대해 연구한다.

일기 연구(Diary Studies)

참가자에게 일기 또는 카메라와 같은 메커니즘을 제공하고 제품이나 서비스의 핵심적인 부분과 관련된 자신의 삶의 측면을 기록하고 설명할 수 있도록 한다. 일기 연구는 일반적으로 참가자가 쉽게 기록할 수 있는 데이터에 대해서만 가능하다.

참여형 디자인(Participatory Design)

참가자에게 디자인 요소 또는 창의적인 재료를 제공하고 이들을 사용하여 가장 이상적인 경험에 대해 설명하게 하고 또 여기서 자신에게 가장 중요한 것이 무엇이며 또 왜 그런지에 대해 설명하게 하는 형식으로 진행된다.

고객 피드백(Customer Feedback)

피실험자에게 피드백 링크. 버튼, 양식지, 이메일 등을 통해 정보를 제공하고 피실험자가 선택한 샘플에 대해 정보를 분석하는 기법이다.

포커스 그룹(Focus Group)

3~12명으로 구성된 그룹이 특정 주제에 대해 토론하고 구두 및 서면으로 피드백을 제공하는 방식이다.

바람직성 연구(Desirability Studies)

참가자에게 다양한 시각 디자인 대안을 제시하고 각 대안을 비공개 목록에서 선택한 일련의 속성과 연관시켜야 한다.

아이트래킹(Eye tracking)

시선 추적 장치는 참가자가 작업을 수행하거나 웹사이트, 애플리케이션, 실제 제품 또는 환경과 자연스럽게 상호 작용할 때 안구가 어디를 응시하는지를 정확하게 측정하여 그 결과를 분석하는 방법이다.

사용성 벤치마킹^(Usability benchmarking)

이 방법은 제품이나 서비스의 사용성을 특정 표준^(Standard)이나 베스트 프랙티스^(Best practice)와 비교하여 사용 용이성, 효율성 및 효과를 평가하고 개선방안을 도출하는 기법이다. 일반적으로 특정 목표 고객군을 대표하는 참가자 그룹에게 제품의 동작과 사용 방법에 대한 시나리오가 주어지고, 관찰자는 참가자 그룹이 이 시나리오에 따라 사용을 하는 과정을 관찰하고 기록한다.

카드 정렬법^(Card Sorting)

카드 정렬에서는 참가자에게 각각 정보가 들어 있는 카드 세트를 제공하고, 참가자가 자신에게 적합한 그룹으로 카드를 정렬하도록 요청한다. 카드 정렬은 사용자가 정보를 분류하고 구성하는 방식에 대한 인사이트를 수집하기 위해 사용되는 기법이다. 카드 분류의 결과는 사용자가 정보를 어떻게 생각하고 정리하는지에 대한 귀중한 인사이트를 제공하여 제품, 웹사이트 및 기타 디지털 경험의 설계와 구성에 정보를 제공할 수 있다. 카드 분류는 기존 분류 체계의 효과를 평가하고 탐색 및 라벨링 시스템의 사용성을 테스트하는 데에도 사용할 수 있다.

문맥 조사법^(Contextual Inquiry)

문맥 조사에서는 연구자가 사용자의 환경을 방문하여 사용자가 일반적인 맥락에서 제품이나 서비스를 사용하는 모습을 관찰한다. 문맥 조사를 하는 동안 연구자는 사용자의 행동, 워크플로 및 문제점을 관찰하고 메모한다. 또한 연구자는 사용자의 행동을 명확히 하고 더 많은 정보를 수집하기 위해 사용자에게 질문을 할 수도 있다. 문맥 조사는 비디오 또는 오디오 녹음을 사용하여 직접 또는 원격으로 수행할 수도 있다. 문맥 조사를 통해 사용자가 자연스러운 환경에서 제품이나 서비스와 상호 작용하는 방식을 깊이 있게 이해할 수 있으므로 디자이너와 개발자는 사용자의 요구를 더 잘 충족하는 제품과 서비스를 만들 수 있다.

콘셉트 테스트(Concept Testing)

콘셉트 테스트에서는 잠재 고객에게 제품의 콘셉트나 아이디어를 제시하고 매력도, 유용성, 잠재적 결함에 대한 피드백을 주도록 요청하는 방법이다. 콘셉트 테스트의 목표는 제품이나 서비스의 잠재적 성공 가능성을 평가하고, 개선이 필요한 부분을 파악하며, 개발에 투자하기 전에 콘셉트를 구체화하는 것이다.

원격 조정 테스트(Remote Moderated Testing)

원격 조정 테스트는 연구자가 서로 다른 지리적 위치에 있는 참가자를 관찰하고 피드백을 수집할 수 있는 고객 경험 테스트 기법이다. 원격 조정 테스트에서는 연구자와 참가자가 화상 회의 도구를 통해 연결되며, 연구자는 참가자의 행동을 관찰하고 메모하면서 일련의 작업 또는 시나리오를 통해 참가자를 안내한다.

비조정 테스트(Unmoderated Testing)

비조정 테스트에서는 참가자에게 웹사이트, 소프트웨어 또는 기타 디지털 제품이나 서비스에 대한 액세스 권한이 주어지고 상호 작용이 기록되는 동안 참가자는 일련의 작업 또는 시나리오를 완료하도록 요청받는다. 이 테스트는 대규모 샘플이 필요하거나 참가자가 서로 다른 지리적 위치에 있을 때 특히 유용하다.

인터뷰(Interview)

시제품의 기능과 특성에 대해 고객에게 설명하고 인터뷰를 통해 구매 의사 여부를 파악한다. 테스트의 가장 기본적인 형태이며, 진출하려는 목표 시장별로 최소한 3~5번은 실시하는 것이 좋다.

트리 테스트(Tree Testing)

트리 테스트는 웹사이트 또는 디지털 제품의 콘텐츠 구성과 구조를 평가하는 데 사용되는 고객 경험 테스트 기법이다. 트리 테스트에서는 참가자에게 웹사이트 또는 디지털 제품의 계층적 구조를 제시하고 가장 적합한 카테고리 또는 하위 카테고리를 선택하여 특정 정보를 찾도록 요청한다.

트리 테스트의 목표는 웹사이트 또는 디지털 제품의 조직과 구조의 효율성을 평가하고 개선할 수 있는 영역을 식별하는 것이다. 트리 테스트는 탐색 문제, 콘텐츠를 찾기 어려운 영역, 불분명하거나 혼란스러운 카테고리를 식별하는 데 도움이 될 수 있다.

클릭스트림 분석(Clickstream Analytics)

클릭스트림 분석은 웹사이트 또는 디지털 제품에 대한 사용자의 클릭 및 상호 작용과 관련된 데이터를 수집하고 분석하는 고객 경험 테스트 기법이다. 클릭스트림 분석은 방문한 페이지, 각 페이지에서 보낸 시간, 링크 또는 버튼 클릭과 같은 각 페이지에서 수행한 작업 등 웹사이트 또는 디지털 제품을 통한 사용자의 경로를 추적하는 다양한 웹 분석 소프트웨어를 통해 수집할 수 있다.

클릭스트림 분석을 통해 수집된 데이터를 분석하여 사용자 행동의 패턴과 추세를 파악하고 사용자 경험을 개선할 수 있는 영역을 파악할 수 있다. 예를 들어, 클릭스트림 분석을 통해 사용자가 이탈하는 영역, 가장 많은 시간을 보내는 영역, 가장 많이 클릭하는 영역을 파악할 수 있다.

A/B 테스트(A/B Testing)

A/B 테스트는 웹사이트 또는 디지털 제품의 서로 다른 두 가지 버전을 비교하여 어떤 버전이 더 나은 사용자 경험을 제공하는지 확인하는 데 사용되는 고객 경험 테스트 기법이다.

A/B 테스트는 사용자를 두 그룹으로 나누어 한 그룹에는 웹사이트 또는 디지털 제품의 원래 버전(대조군)을, 다른 그룹에는 약간 다른 버전(테스트군)을 표시하는 방식으로 이루어진다.

고객 경험 테스트에서 A/B 테스트의 목표는 클릭률, 이탈률, 전환율, 사용자 참여도 등의 지표를 기반으로 어떤 버전의 웹사이트 또는 디지털 제품이 더 나은 사용자 경험을 제공하는지 파악하는 것이다. 그런 다음 실적이 더 좋은 버전을 새 버전으로 선택하고 이 과정을 반복하여 사용자 경험을 지속적으로 개선할 수 있다.

설문조사(Survey)

시제품의 기능과 특성에 대해 고객에게 설명하고 설문서를 통해 구매 의사 여부를 파악하는 방법이다. 매우 조심스럽고 정교하게 설문지가 잘 설계되고 설문이 수행된다면 해당 시장의 고객에 대한 양질의 통계적 데이터를 수집할 수 있다는 것이 장점이다.

Smoke Test

서비스의 특성에 대해 출시 전 사전에 미리 웹사이트에 올려서 '얼마나 많은 사람들이 랜딩 페이지에 등록하는가?'를 테스트를 하는 것으로, 해당 시장 출시 전에 시장의 수요(Demand)를 미리 가늠해 볼 수 있는 것이 상점이다. 특징 고객에 찾이가서 MVP를 시연한 후 의향서(Letter of intent)에 서명할지를 물어보는 것도 스모크 테스트의 한 방법이다. 카메라용 AI 장비를 제조하는 스타트업인 아스널(Arsenal)사는 카메라 유저들에게 이메일 광고를 통해 제품의 프로토타입(Prototype) 단계부터 사전에 예약 신청을 받고 얼리버드 할인 정책을 통해 시장의 수요 규모 측정과 조기 펀딩을 통해 사업을 성공적으로 추진하였다.

언제 어떠한 테스트 방법을 쓸 것인가?

앞서 설명한 많은 UX 리서치 기법들을 언제 어떻게 사용하면 좋을까? 이를 제품개발의 단계에 따라 분류하여 각 단계의 목적에 맞게 적용하면 효과적일 수 있다.

사업 아이디어의 발견 단계

이 단계의 리서치 목적은 새로운 사업기회를 발견하는 것이다. 따라서 적절한 기법은 현장연구, 일기연구, 인터뷰, 서베이, 참여형 디자인, 콘셉트 테스트를 들 수 있다.

MVP 설계 단계

이 단계의 리서치 목적은 디자인의 사용 유용성^(Usability)을 개선하는 것이다. 따라서 적절한 기법은 카드 정렬법, 트리 테스팅, 사용성 테스트, 원격 테스팅을 들 수 있다.

제품 출시 단계

이 단계의 리서치 목적은 제품의 퍼포먼스^(Performance)를 측정하는 것이다. 따라서 적절한 기법은 사용성 벤치마킹, 비조정 테스트, 클릭스트림 테스트, 서베이 등을 들 수 있다.

UX 리서치 시행의 장점

MVP를 시장에서 UX리서치를 통해 테스트를 하면 아래와 같은 장점이 있다.

- 시장에 대한 이해도를 높이는 데 경제적임.
- 학습의 역할에 대한 이해도 증대: 테스트를 통해 실패와 학습에 대해 익숙해지고, 이러한 학습에 익숙해지면 시장과 고객 피드백에 더 신속하게 적응할 수 있음.
- 경쟁사보다 더 신속하게 의사결정을 내릴 수 있고, 경쟁사가 귀사의 신제품을 출시하였다는 사실을 알게 될 즈음 귀사는 이미 다음 단계 또는 다른 시장을 공략할 수 있게 됨.

UX 리서치 시행 시의 유의점

- 큰 기회에 집중하라. 웹사이트에서 한두 가지의 기능을 더 추가

하여 테스트 하는 것 보다 혁신적이고 차별화된 접근법에 대한 테스트를 하는 것이 훨씬 낫다. 적은 규모의 기회를 대상으로 테스트 하는 것보다 큰 규모의 기회에 대한 테스트가 상대적으로 즉각적인 반응이 나타나기 때문이다.

- 한 가지 지표로만 평가하지 말라. 테스트를 진행하면서 피드백에 따라 지표를 유연하게 수정할 필요가 있다. 고객의 피드백을 반영하면 측정해야 할 지표도 이에 연동하여 수정해야 정확한 측정과 테스트를 할 수 있기 때문이다.
- 테스트는 스타트업의 역량을 고려하여 통제 가능한 범위 내에서만 하라.

시사점

MVP는 시장을 테스트하고 아이디어를 검증하며 초기 수용자(Early Adaptor)로부터 피드백을 수집할 수 있으므로 개발 초기 단계의 스타트업에게 매우 중요한 도구이다. 그러나 이런 MVP를 테스트 하는 과정에서 주의해야 할 점들이 있다.

첫째, 편향된 샘플링(Biased sampling)이다. MVP 테스트를 위해 선택한 사용자 샘플이 편향된 경우 결과의 정확성에 큰 영향을 미칠 수 있다. 이러한 함정을 피하려면 샘플이 다양하고 타깃 고객을 대표할 수 있도록 초기 설계에 주의를 요할 필요가 있다.

둘째, 불충분한 피드백(Inadequate feedback)이다. MVP 테스트 결과가 충분한 피드백이나 데이터를 제공하지 않으면 제품에 대해 정보에 입각한 결정을 내리기 어려울 수 있다. 피드백 및 데이터 수집을 위한 명확한 계획을 세우고, 포괄적이고 실행 가능한지 확인하는 것이 중요하다. 초기에 가설을 수립시 제시한 요건을 만족하는지부터 잘 챙겨볼 필요가 있다.

셋째, 초점 부족(Lack of Focus)이다. MVP 테스트가 너무 광범위하거나 초점이 맞지 않으면 결과에서 의미 있는 결론을 도출하기 어려울 수 있다. 테스트의 목표와 초점을 명확히 하고, 테스트가 그 목표에 맞게 설계되었는지 초기 단계부터 확인하는 것이 중요하다.

스타트업은 일하는
방식도 달라야 한다

스타트업이 새로운 사업 아이디어가 시장의 니즈와 잘 맞는지를 알아보는, 즉 제품/시장 적합성(Product/market fit)을 실험하는 과정상 일하는 방식은 어떤 것이 적합할까?

많은 창업가가 창업 이전에 대기업이나 중견기업에서 일정 기간 근무한 경험이 있을 경우 통상 본인이 일했던 기업의 프로젝트 관리방식을 그대로 답습하는 경우가 많다. 그러나 이 경우 전통적인 프로젝트 방식을 그대로 적용하면 PMF 달성을 하기 위해 여러 가지 실험을 반복적으로 실시하여 제품이나 서비스를 신속히 조정해 나가야 하는 스타트업의 특성과 잘 맞지 않아 문제가 발생하게 된다.

이는 사업이 안정화에 이른 중소 중견기업의 경우도 신사업을 추진할 경우 반드시 고려해야 할 사안이다. 조직 내 새롭게 신사업팀을 만들었다고 하더라도 기존의 조직이 운영하는 태스크포스나 프로젝트팀의 운영방식을 그대로 적용하면 여러 문제들에 직면하게 된다. 전통적 프로젝트 방식으로 스타트업 또는 신사업을 추진할 경우 다음과 같은 상황들에 직면할 가능성이 높다.

① 프로젝트 초기에 프로젝트의 요구사항(Requirement)과 범위(Work Scope)를 명확히 정의하기 어려워 진행이 더디다. 전통적 방식은 초기에 프로젝트의 요구사항과 범위가 명확히 정의되고, 이에 맞추어 향후 모든 프로세스가 설계되어야 한다. 그러나 스타트업은 사업 아이디어를 계속해서 반복적으로 MVP를 통해 검증하여야 하므로 프로젝트 초기부터 요구사항과 범위를 명확하게 정의하기가 매우 어렵다.

② 프로젝트의 요구사항과 범위가 정의된 후에는 프로젝트 중간에 발생하는 요구사항 변경이 어렵다. 초기 단계에 유저의 요구사항을 정확히 파악했다 하더라도 진행되면서 새롭게 발견한 요구사항을 반영하기에는 기 수립된 절차, 자원, 일정 등을 다 바꾸어야 하므로 요구사항 변경은 현실적으로 매우 어렵게 된다.

③ 프로젝트 관리자 중심의 명령과 통제 방식으로 인하여 프로젝트 팀원들은 수동적으로 과제를 수행하고 커뮤니케이션의 빈도와 시간이 부족하여 의사결정이 지연되거나 품질이 떨어진다. 새로운 사업 아이디어의 발굴과 이에 대한 시장 테스트는 매우 역동적으로 진행되어야 하므로 이에 대해 주어진 범위 내에서는 팀원들이 자율권을 보장하고 이를 자주 정기적으로 공유 및 커뮤니케이션을 하는 것이 효율적이다. 이를 위해서는 코칭과 퍼실리테이션이 더 적합한 팀 관리방식이다. 그러나 전통적 방식에서는 명령, 통제, 감시, 경쟁에 의존하므로 스타트업이나 신사업 팀의 일하는 방식으로는 효율성이 떨어진다.

위와 같은 전통적 프로젝트 방식의 한계점을 극복하고자 새로운 방식으로 전환한 회사가 있다. 네덜란드의 다국적 은행 및 금융 서비스 기업인 ING은행(ING Bank)은 전통적인 프로젝트 방식에서 애자일(Agile)이라는 새로운 형식의 일하는 방식을 성공적으로 도입하고 전환하였다. 이 회사는 각 기능별 부서 출신의 팀원으로 구성된 교차기능팀(Cross functional team)을 구성하고 실험(Experimentation)과 지속적인 학습(Continuous learning) 문화를 장려하는 '애자일@스케일'이라는 접근 방식을 채택하였다. 이 회사는 애자일 방법론을 채택한 후 시장 출시 속도와 고객만족도가 크게 개선되었다고 보고하였다.

이번 장에서는 전통적 방식인 'Waterfall'과 새로운 방식인 'Agile'의 특징, 그리고 대표적 애자일 기법인 '스크럼(Scrum)' 방식의 특성에 대해 자세히 알아보기로 하자.[24]

Waterfall 방식과 Agile 방식의 특징

Waterfall 방식

워터폴(Waterfall) 방식은 일반적으로 우리에게 익숙한 가장 오래되고 폭넓게 적용된 프로젝트 관리방식이다.

계획수립

이 방식에서는 초기에 상세 요구사항을 도출하고 상세한 일정계획

---

24) Project Management Institute, Eric Ries, The Lean Startup

을 수립하여 고정적인 작업 범위, 일정, 비용으로 진행을 한다. 따라서 프로세스는 정형화, 상세화되어 있다.

개발 및 테스트

요구사항 정의, 설계, 개발, 테스팅, 생산 등의 단계가 순차적이며, 직선적이며, 비반복적으로 일어난다. 즉 프로젝트 개발의 각 단계를 명확하게 매듭짓고 그 결과를 철저히 검토해 승인을 거친 후 다음 단계로 진행하는 방식이다. 건물의 건축, 석유화학 플랜트의 건설, 신차의 설계와 출시 등과 같은 프로젝트가 이 방식을 많이 적용한다.

업무수행

관리자 주도로 명령과 통제로 이루어진다. 과제는 분업화되고 역할이 팀원 개인에게 한정적으로 주어지므로 개인 책임으로 업무를 수행하게 된다.

한계점

이 방식의 한계점은 프로세스 진행상 프로젝트 초기에 정의된 요구사항을 바꾸기 매우 어렵고 이전 단계로 돌아갈 수 없다는 점이며, 따라서 프로젝트의 성패 여부는 프로젝트의 마지막 단계에 가서야 알 수 있게 된다.

Agile 방식

반면 애자일 방식에서는 프로젝트의 목표와 성공의 기준을 작은 단위로 나누어 점진적으로 정의하고 프로젝트의 작은 진행 단계마다 산출물을 고객에게 신속히 공유하고 피드백을 받아 이를 반영하여 다음 단계로 진행한다. 따라서 애자일 방식은 개발팀이 고객의 피드백과 변화된 요구사항을 통해 신속하게 검증하고 다음 단계로 넘어갈 수 있게 해 준다.

계획수립

초기에는 개략적으로 요구사항과 일정을 수립하고 주기적으로 유저의 피드백을 반영하여 상세요구사항을 도출하며, 이를 계획에 반영한다. Waterfall 방식은 초기에 요구사항이 확정적인 데 비해 Agile 방식은 요구사항이 지속적으로 변할 수 있다는 점이 차이이다. Waterfall 방식에서는 프로젝트 수행 중 발생하는 요구사항 변경을 최소화하고자 하는 데 비해 Agile에서는 요구사항이 언제든지 변경될 수 있다는 전제 하에 일정의 유연성을 추구한다.

개발 및 테스트

적은 규모로 작업을 쪼개어 점진적으로 프로덕트 개발을 진행하고 반복적(Iterative)으로 그 결과를 유저와 공유하며 이를 반영한다.

업무수행

자기 조직화된 팀 관리가 이루어진다. 과제는 팀에게 공동으로 주어지므로 팀 공동책임으로 업무를 수행하게 된다. Waterfall 방식에서는 개발 리더가 작업을 설계한 후 팀원에게 할당하며 관리자의 역할을 하는 데 비하여 agile 방식에서는 개발팀원이 스스로 작업할당 과정에 참여하며, 리더는 코치 또는 퍼실리테이터 역할을 하는 것이 차이점이다.

한계점

이 방식의 한계점은 우선 전통적인 프로젝트 관리방식에 익숙한 조직원들이 애자일(agile)이라는 새로운 방식으로의 마인드셋과 스킬의 전환이 필요하다는 점이다. 애자일 방식을 완벽히 소화하지 못한 상태에서의 프로젝트 진행은 린 스타트업 철학에도 부합하지 않을 뿐 아니라 초기 단계부터 매우 심한 혼란을 겪을 가능성이 높다.

프로젝트 방식의 선택

그러면 위 두 가지 프로젝트 방식 중 언제, 어느 프로젝트 방식을 적용하는 것이 적절할까?

Waterfall 방식은 다음의 경우에 적용하는 것이 적절하다.

- 프로젝트 초기에 프로젝트 요구사항(Requirement)은 명확하게 정의되었으나 시간(Time)과 자원(Resource)은 명확히 정의하기 어려울 때. 즉 고객이 무엇을 원하는지를 프로젝트 전부터 명확하게 잘 알고 있는 경우로, 예를 들어 전사적 구조조정, 조직 재구축 프로젝트 등이 이에 해당한다.
- 프로젝트의 작업범위(Work scope)가 변화되는 것을 원하지 않고 계약상 가격은 고정되어 있을 경우
- 프로젝트팀이 대규모이고 지리적으로 분산되어 진행될 경우
- 최종 프로덕트가 매우 중요하며 실패가 용인되기 어려울 때(예: 건설 엔지니어링 프로젝트 또는 컨설팅 용역 프로젝트)

Agile 방식은 다음의 경우에 적용하는 것이 적절하다.

- 시장 출시의 스피드가 매우 중요한 성공요소일 때
- 프로젝트 초기에 최종 프로덕트가 어떠한 모습일지 프로젝트 요구사항이 명확하게 정의되지 않았고 시간$^{(Time)}$과 자원$^{(Resource)}$은 고정적일 때
- 진행 도중에 요구사항이 변화될 가능성이 높을 것으로 예상될 때
- 신속하고 지속적으로 고객의 피드백이 수집될 수 있을 때
- 개발팀이 타 기능부서와 함께 작업이 가능할 때

스타트업의 경우 새로운 제품이나 서비스 개발은 사업 초기의 필수적인 과정이다. 이때 스타트업은 개발하고자 하는 제품의 초기 요구사항이 불확실하고, MVP를 반복적으로 실시하여 제품/시장 적합 상태에 도달해야 하므로 위에서 언급한 두 가지 프로젝트 방식 중 Agile 방식이 더 적합하다고 볼 수 있다.

대표적 애자일 기법, 스크럼$^{(Scrum)}$

애자일은 고객의 요구사항 변화에 유연하게 대응할 수 있도록 일정한 주기를 반복하는 개발 방법론이다. 애자일 방법론은 다양한 기법이 존재하는데 DSDM$^{(Dynamic\ Systems\ Development\ Method)}$, 스크럼$^{(Scrum)}$, XP, 칸반$^{(Kanban)}$이 대표적이다. 이중 가장 많이 활용되고 있는 스크럼$^{(Scrum)}$ 방법론에 대해 자세히 알아보자.

일반적으로 전통적인 waterfall 방식과 agile 방법론인 스크럼은 흔

히 계주(Relay)와 럭비(Rugby)에 비유된다. 계주경기에서 주자는 특정 구간을 달리다가 배턴을 다음 주자에게 전해주고 다음 주자는 또 해당 구간을 달리다가 그다음 주자에게 배턴을 전달한다. 이는 매우 순차적인(Sequential) 프로세스이다. 시합 중 다음 주자는 해당 주자가 배턴을 전달하기 전까지 필사적으로 기다리게 되고, 어떤 경우는 배턴이 전달과정에서 떨어지기도 한다. 이와는 반대로 럭비 시합에서는 한 사람이 아닌 팀 전체가 함께 스크럼을 짜서 공을 경기장 아래위로 이동하면서 스코어링을 위해 노력한다. 바로 럭비시합의 이런 방식이 애자일 방법론인 스크럼과 매우 유사하다.

스크럼은 비즈니스 요구충족에 초점을 맞추기 위해, 작은 목표를 짧은 주기로, 점진적이며, 경험적으로 프로덕트를 지속적으로 개발하는 프로젝트 관리기법을 말한다.

스크럼은 크게 '역할(Role)', '이벤트(Event)', '도구(Artifact)'로 구성된다. 애자일의 철학과 이 3가지 구성요소를 적용하지 않고 프로젝트를 진행한다면 스크럼이라고 말할 수 없다. 전통적 waterfall 방식과 가장 차이를 가져오게 하는 요인이기 때문이다.

역할(Role)

스크럼팀은 프로덕트 오너, 스크럼 마스터, 개발팀으로 구성되며, 각각의 역할은 다음과 같다.

프로덕트 오너(Product Owner)

스프린트 계획을 효과적으로 관리하고 책임을 지는 사람이다. 프로덕트 오너는 최종 요구사항을 결정한다. 각종 계획과 리뷰 미팅에 참여하여 개발팀에 피드백을 제공하고, 또한 주기적으로 요구사항의 우선순위를 갱신하며, 제품의 완료조건을 작성하고, 최종 제품을 인수한다.

스크럼 마스터(Scrum master)

팀 내 스크럼 확립에 책임을 지고 모든 구성원이 스크럼 이론과 방법론을 이해하고 적용하도록 리딩하는 중요한 역할을 한다.

개발팀(Development team)

개발팀의 개발자들은 매 스프린트마다 '스프린트 백로그'라는 계획을 수립하고 이에 따라 실무적으로 작업을 수행한다.

이벤트(Event)

앞서 설명한 프로덕트 오너, 스크럼 마스터, 개발팀은 어떤 방식으로 일을 할까?

제일 먼저 프로덕트 오너는 개발하고자 하는 프로덕트의 요구사항을 모아서 프로덕트 백로그(Product backlog)를 작성하는데, 이를 스프린트 계획(Sprint planning)이라 한다.

이후 스크럼 마스터와 개발팀은 프로덕트 개발을 위해 해야 할 작업들을 정의하고 향후 2~3주간 가장 중요하고 우선순위가 높은 업무들을 선정하며, 이때 선정되는 작업들을 스프린트 백로그(Sprint Backlog)라 한다.

이 스프린트 백로그를 바탕으로 스크럼팀은 스프린트(Sprint)라고 불리는 2~3주 기간의 프로세스를 프로젝트 기간 동안 반복하게 된다. 이 스프린트 과정에서 스크럼 마스터와 개발팀은 매일 짧은 시간 만나서 작업에 대해 논의를 한다. 이때는 단지 세 가지 질문에 대해서만 논의하는데, 어제 한 일, 오늘 할 일, 직업상 장애요소가 바로 그것이다. 이를 데일리 스크럼(Daily Scrum)이라 부르는데 스크럼 프로세스의 핵심과정이다.

하나의 스프린트가 완료되어 고객에게 잠재적으로 제공 가능하고 완료의 정의(Definition of done)를 통과한 점증적 산출물이 나오면 스프린트 검토(Sprint Review)와 스프린트 회고(Sprint Retrospective)를 하게 된다. 이 두 과정에서 고객의 피드백과 프로덕트 오너의 인풋을 반영하게 된다. 이후 다음 스프린트 단계로 넘어가는데, 이때 가장 중요한 것은 프로덕트 백로그의 우선순위가 이 과정에서 재조정된다는 점이다. 바로 이 지점이 애자일의 특성인 새로운 인풋(Input)에 대한 적응성(Adaptability)이 적용되어 지속적으로 백로그가 변경되는 스크럼 프로세스의 핵심과정이라 할 수 있다.

위와 같은 스프린트 프로세스 과정상 주요 이벤트는 앞서 설명한 바와 같이 스프린트 계획, 데일리 스크럼, 스프린트 검토, 스프린트 회고로 이루어진다.

도구(Artifact)

스크럼을 추진하는 과정상 주로 3가지의 도구들이 사용된다. 앞서 일부 설명된 부분을 요약하면 다음과 같다.

첫째는 프로덕트 백로그(Product backlog)로, 이는 개발하고자 하는 프로덕트의 요구사항을 모아 놓은 것을 말한다.

둘째는 스프린트 백로그(Sprint backlog)로, 2~3주간의 스프린트 중에 만들어지는 요구사항들이다.

셋째는 번다운차트(Burndown chart)로, 스프린트를 수행하면서 소모되는 자원(Resource)의 양을 개발되는 작업량에 맞추어 측정(Measurement)하는 차트이다. 이를 통해 해당 스프린트의 진행속도와 개발의 효과성을 평가해볼 수 있다.

시사점

스타트업 또는 중견기업이 Agile방식을 도입 또는 전환하기 위해서는 아래 사항들을 철저히 준비하고 실행하는 것이 중요하다.

우신 한 명의 "프로덕트 오너(Product owner)"를 선정하여 해당 프로젝트에 대해 주요 의사결정을 하게 하고 그 결정을 조직 전체가 존중한다. 그리고 핵심 전담조직을 설립하고 개발자와 스크럼 방법론의 전문성을 갖춘 스크럼 마스터(Scrum master)를 구성한다.

핵심전담조직원들에게 스크럼 철학과 방법론에 대해 철저히 트레이닝을 실시하여 이를 완벽히 소화하도록 한다. 이를 위한 전체적인 계획과 더불어 변화관리를 미리 준비하여 실시한다.

초기 스타트업의 경우는 창업가가 프로덕트 오너가 되어 전체적으로 리딩하면서 팀원들에게 스크럼 철학과 방법론을 트레이닝하고 이를 직접 업무에 적용을 하는 것이 효과적이다. 중견기업에서 신사업 추진을 위해서는 신사업팀의 셋업뿐만 아니라 전사적으로 애자일 방식에 대한 커뮤니케이션과 변화관리가 중요하다.

비즈니스모델도 린(Lean)하게 설계하라
: 린 캔버스

많은 스타트업들이 데모데이(Demo day)나 투자자 설명회(Investor Relations)를 통해 해당 사업에 대해 발표를 한다. 필자도 많은 데모데이와 IR행사에 참석해오고 있는데, 스타트업들의 열정과 독창적이고 혁신적인 사업 아이디어에 감탄을 하게 된다. 이 데모데이의 질의응답 시간에 빠지지 않고 나오는 질문 중의 하나가 바로 "귀사의 비즈니스 모델(business model)은 무엇입니까?"이다. 그런데 놀라운 사실은 질문의 의도를 정확하게 파악하고 제대로 답변하는 스타트업들이 그다지 많지 않다는 점이다. 투자자들에게 '해당 스타트업의 비즈니스 모델이 어떤 것인가?'는 중요한 투자의사결정 요소 중의 하나임을 생각하면 스타트업들은 비즈니스 모델에 대한 정확한 이해를 바탕으로 해당 비즈니스 모델을 설계하고 이를 내외 이해관계자들을 대상으로 커뮤니케이션할 필요가 있다.

이번 장에서는 '비즈니스 모델의 정의', '비즈니스 모델의 설계', '비즈니스 모델의 사례(Airbnb)', 그리고 '비즈니스 모델의 중요성'에 대해 알아보기로 한다.

비즈니스 모델의 정의

비즈니스 모델이란 기업이 '가치를 창출'하고, '제공'하며, '포착'하는 방법에 대한 기본 전략과 구조를 담은 개념적 프레임워크를 말한다. 비즈니스 모델은 목표고객, 문제점, 솔루션, 주요 활동, 리소스, 파트너, 고객 세그먼트, 가치 제안, 채널 및 비용구조를 요약하여 기업이 어떻게 수익을 창출히고 이익을 창출할 것인지에 대해 한 페이지에 담아 설명한다.

앞서 언급한 바 있는 스타트업 데모데이에서 투자심사역들이 스타트업 대표에게 비즈니스 모델에 대한 질문을 하는 것은 바로 위 세 가지에 대한 설명을 대표들이 구체적으로 해주기를 바라는 차원에서 문의하였을 가능성이 높다. 필자도 스타트업이나 중견기업에 자문을 할 때 제일 먼저 파악하는 부분이 바로 이 비즈니스 모델이다.

비즈니스 모델의 설계

그러면 비즈니스 모델은 어떤 항목으로 구성되어 있고 또 어떻게 설계를 해야 할까? 이 장에서는 창업가이자 작가인 애쉬 마우리아(Ash Maurya)의 린 캔버스(Lean Canvas)[25]를 활용하여 설명한다.

이 린 캔버스는 기존의 여러 비즈니스 모델 방법론, 예를 들어 비즈

---

25) Ash Maurya, 《Running Lean: Iterate from Plan A to a Plan That Works》, 2012.

니스 모델 캔버스(Business model canvas)에 비해 특히 스타트업 또는 신사업 추진 조직의 목적에 가장 부합하는 프레임워크이다. 왜냐하면 린 캔버스는 스타트업이나 신사업팀이 사업에 대해 설명할 때 '목표 고객이 누구인지?', '목표 고객은 어떤 고충사항을 가지고 있는지?' 그리고 이에 대해 해당 스타트업은 '어떠한 솔루션으로 해결할 것인지?' 동시에 '어떻게 운영하여 가치를 제공할 것인가?'라는 주제를 한 장으로 간략하게 설명하는 데에 가장 잘 부합되는 프레임워크이기 때문이다.

이제 이 린 캔버스의 구성에 대해 좀 더 세부적으로 살펴보기로 하자.[26]

| 린 캔버스 프레임워크 |

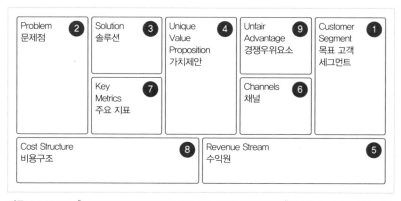

자료: Ash Maurya, "Running Lean: Iterate from Plan A to a Plan That Works," The Business Model Analyst

목표 고객 세그먼트(Target Customer Segment)

일반적으로 고객(Customer)은 해당 스타트업이 제공하는 제품이나 서

---

26) The Business Model Analyst, 《Lean Canvas》"

비스를 구매하는 개인, 조직 또는 기업을 말한다. 시장의 고객 중 특히 목표 고객(Target customer)이 누구인가를 파악하는 것은 매우 중요하다. 고객을 제대로 이해해야 향후 제품개발, 가격 책정, 프로모션 및 유통 등의 의사결정을 제대로 할 수 있기 때문이다. 이를 위해서는 우선 시장을 정의하고 거기서 일정 기준으로 시장을 세분화한 뒤 목표시장을 정하고 포지셔닝을 한다.

시장의 정의

고객의 요구, 기대, 문제점, 고충사항, 인식, 행동 등에 대한 관찰을 통해 시장을 정의한다. 이를 위해서는 상당한 양의 고객에 대한 정보와 데이터가 필요하다. 데이터의 수집은 잠재고객과의 대화, 인터뷰, 온라인 설문조사 등을 통해 이루어질 수 있다. 또한 이를 통해 해당 시장의 크기(Market size)가 얼마나 되는지에 대해서도 파악할 필요가 있다. 시장 규모는 투자자가 스타트업의 잠재적인 수익과 성장 기회를 이해하는 데 도움이 되므로 스타트업이 투자를 유치할 때 중요한 요소이다. 투자자는 일반적으로 상당한 투자 수익을 창출할 수 있는 잠재력을 가진 스타트업을 찾고 있으며, 시장 규모가 크다는 것은 스타트업이 활용할 수 있는 고객 기반이 상당하다는 것을 의미한다.

고객 세분화(Customer segmentation)

해당 시장에 대해 특정 기준으로 동일한 성향 또는 특질을 가진 그룹으로 나누는 작업이다. 고객 세분화는 고객의 유형, 고객의 구매행위 등 다양한 기준에 따라 이루어질 수 있다. 고객의 행위(Behavior) 관점에서는 구매 유형, 사용빈도, 충성도, 불만 사항 등을 고려할 수 있고, 고객

유형^(Type) 관점에서는 고객의 관여도, 주 사용 채널, 라이프 스타일, 인구통계학적 변수 등을 고려할 수 있다.

목표시장 선정^(Targeting)

위 세분화 단계에서의 기준에 의해서 시장을 나눈 후 목표 시장을 선정하게 된다. 이때는 해당 세그먼트의 매력도와 더불어 해당 스타트업의 역량 및 솔루션의 존재 여부 등도 함께 고려하여 선정하여야 한다.

포지셔닝^(Positioning)

목표 시장이 정해지면 그 시장 내에서 고객의 관점으로 보았을 때 경쟁사와 어떻게 차별화되도록 고객의 인식 속에 자사가 원하는 위치에 강력하게 각인되도록 할 것인가를 고민한다. 스타트업이나 신사업 팀이 데모데이에서 또는 투자자들을 대상으로 설명할 때 항상 해당 시장 내의 경쟁사 대비 자사가 어떤 점에서 차별점이 있는지를 강조하려면 바로 이런 접근법과 분석의 결과가 매우 효과적으로 설득력을 발휘할 것이다.

이 경우 다차원인식맵^(Multi-dimensional Perceptual map)이나 컨조인트 분석^(Conjoint analysis)은 매우 효과적인 분석툴이 될 수 있다.

문제^(Problem)

고객이 처한 문제^(Problem)나 고충사항^(Pain point)이 무엇인가를 설명하는 영역이다.

고충사항은 고객이 일상생활이나 업무에서 경험하는 특정 문제나 어려움을 의미한다. 고객 문제의 발굴을 위해서는 Part 3의 '사업기회의 발굴과 JTBD'를 참고하기 바란다. 이 장에서 설명한, 가설의 수립과 JTBD는 문제 발굴을 위한 좋은 분석 기법이 될 수 있다.

솔루션(Solution)

고객의 문제를 해결하기 위해 자사가 어떻게 해결할지를 설명한다. 솔루션은 새로운 기술을 활용하거나, 비즈니스 프로세스를 혁신적으로 개선하거나, 시장에 없던 새로운 제품이나 서비스를 제공하거나 하는 여러 방식으로 이루어진다.

좋은 솔루션은 실질적(practical)으로 고객의 문제를 해결하며, 스타트업의 목표와 일치(Fit within the startup's goal)하여야 한다. 또 실행과정상 비용효율적(cost-effective)이고, 스타트업의 성장에 따라 확장(Scalable)할 수 있어야 한다. 그리고 변화하는 시장 상황과 고객의 니즈에 신속하게 적응(Adaptable)할 수 있어야 한다. 아울러 오랜 기간 동안 지속가능(sustainable)하여야 한다.

독특한 가치제안(Unique Value Proposition)

가치제안은 자사가 고객에게 제공하는 매우 독특한 혜익(benefit)을 설명한 문장이나 약속을 말한다.

아마존(Amazon)[27]의 독특한 가치제안은 "지구상에서 가장 큰 선택(Earth's biggest selection.)"이다. 이 가치 제안은 고객이 필요하거나 구매하고 싶은 거의 모든 것을 찾을 수 있는 '모든 것을 파는 스토어'가 되겠다는 혜

---

27) Time, 《How Amazon Plans to Totally Reinvent Grocery Shopping》(https://time.com/4591522/amazon-grocery-stores-amazon-go-jeff-bezos/)

택을 강조하며 "선택의 폭이 크다"는 점을 경쟁사와 차별화하여 선언하고 있다.

이러한 가치 제안을 실현하기 위해 아마존은 물류 네트워크 및 주문 처리 기능에 많은 투자를 하여 프라임(Prime) 회원을 위한 당일 및 2일 배송 등 빠르고 효율적인 배송 옵션을 제공할 수 있게 되었다. 또한 아마존의 웹사이트와 모바일 앱은 개인화된 추천, 고객 리뷰, 원클릭 주문과 같은 기능을 통해 고객이 제품을 쉽게 찾고 구매할 수 있도록 설계되었다.

위에서 언급한 목표고객 세그먼트, 문제, 솔루션, 가치제안에 대한 좀 더 구체적인 내용은 Part 3의 '사업기회의 발굴과 JTBD', 'MVP로 PMF를 달성하라'를 참고하기 바란다.

매출의 근원(Revenue Stream)

고객이 처한 문제점을 해결하는 솔루션(제품 또는 서비스)이 수익을 창출하는 방법을 말한다. 따라서 이는 종종 수익화 모델(Monetization model)이라고 불리기도 한다. 수익을 창출하는 모델은 대표적으로 광고(Advertising), 프리미엄(Freemium), 마켓플레이스(Marketplace), 구독(Subscription) 등을 들 수 있다. 좀 더 자세한 내용은 Part 3의 '비즈니스 모델의 종류와 트랜스포메이션'을 참고하기 바란다.

채널(Channel)

채널은 스타트업이 고객에게 제품이나 서비스를 제공하기 위해 사용하는 방법 또는 방식을 의미하는데, 이는 다시 마케팅 및 판매 채널과 제품과 서비스의 배송/배달 채널로 나눌 수 있다.

마케팅 및 판매 채널

이 채널은 이메일 마케팅, 온라인 광고, 다이렉트 메일, 이벤트 등이며, 이들은 새로운 제품 및 서비스 광고, 고객 확보, 제품개선에 사용할 수 있는 귀중한 사용자 피드백 확보, 분쟁 또는 고객 불만 사항 해결뿐만 아니라 시장 내의 현재 동향을 모니터링하는 등 고객과의 커뮤니케이션을 위해 사용된다.

제품과 서비스이 배송/배달 채널

실물 제품을 제공하는 스타트업은 전통적인 배송 채널이나 오프라인 소매 파트너십을 통해 제품을 제공할 수 있다. 반면 서비스형 소프트웨어(SaaS) 제품을 제공하는 스타트업은 웹 기반 플랫폼이나 모바일 앱이라는 채널을 통해 제품을 제공한다.

채널 전략의 성공요소

좋은 채널전략은 목표 고객에 대한 독특한 가치제안을 담으면서 경쟁사와는 차별화되어야 한다. 또한 제안된 예산 속에 가장 경제적이며 효과적인 채널을 선택해야 한다. 그리고 스타트업은 채널 파트너와의 관계의 성격과 질도 고려해야 한다. 채널 파트너와 강력한 파트너십을 구축하면 고객에게 도달할 수 있는 범위와 고객 확보를 개선하는 데 도움이 될 수 있다. 끝으로 스타트업은 각 채널의 효과를 측정하고 테스트할 수 있어야 한다. 특정 마케팅 캠페인 실시 후 그 효과를 측정하여 전략을 개선하여 성과를 최적화할 수 있어야 한다.

주요 지표(Key Metrics)

주요 지표(Key metrics)는 핵심 성과 지표(Key performance indicator)라고도 하며, 회사 또는 조직이 특정 목표나 목적에 대한 성과, 진행 상황 또는 성공 달성 여부를 평가하고 추적하는 데 사용되는 정량화 가능한 측정 기준이다.

지표는 통상 공식(formula) 또는 산식(arithmetic expression)으로 표현된다. 매출성장률, 시장점유율, 고객유지율, 설비 가동률, 생산성 등과 같이 공식을 통해 성과를 측정한다.

주요 지표가 결정되면 이의 계량적 목표(Goal)도 설정이 되는데, 수치로 표현되는 목표를 통해 해당 목표에 대한 진행 상황을 추적하며, 시간 경과에 따른 추세와 패턴에 대한 인사이트를 도출하기도 한다. 목표의 달성 여부를 보고 스타트업이 사업을 얼마나 잘 수행하고 있는지를 파악하고 개선할 수 있는 영역을 식별하는 데 사용된다.

좋은 지표는 다음의 특성을 갖추고 있다.

구체적(Specific)

좋은 지표는 특정 목표나 목적에 대해 명확하게 정의되고 구체적이어야 한다. 그래야 모든 이해관계자가 쉽게 이해하고 소통할 수 있기 때문이다.

측정 가능(Measurable)

좋은 지표는 신뢰할 수 있는 데이터 소스를 사용하여 정량화 및 측정이 가능해야 한다. 이를 통해 진행 상황과 성취도를 객관적으로 평가할 수 있다.

관련성^(Relevant)

좋은 지표는 조직의 목적 및 목표와 관련이 있어야 의사결정을 위한 전략적 인사이트를 줄 수 있다.

시간 제한^(Time-bound)

좋은 지표는 진행 상황을 평가할 수 있는 기간이 정의되어 있어야 한다. 특징 기긴, 마일스톤 또는 목표, 날짜와 같은 제한이 있어야 한다.

전략과의 연계^(Aligned)

좋은 지표는 조직의 전반적인 전략 및 목표와 연계되어야 한다. 목표 달성을 향한 진행 상황을 측정하고 개선할 수 있는 영역에 대한 인사이트를 제공하는 데 도움이 되어야 한다.

그러나 아무리 잘 설계된 주요 지표를 도출하고 운영한다 하더라도 한계점은 있기 마련이다. 즉 잘못된 지표를 설정하거나 결과를 잘못 해석하면 잘못된 의사결정을 하게 될 수도 있다. 또한 지표의 계량적 목표를 지나치게 높거나 낮게 잡아도 조직 내 부작용이 발생한다. 그리고 지표의 측정을 위해 요구되는 데이터는 때로는 매우 비싸고, 번거로우며, 시간이 많이 걸려 의사결정의 타이밍을 놓치게 할 수도 있다.

주요 지표에 대한 더 자세한 내용은 Part 3의 '지표는 비즈니스 모델에 맞추어 적용해야 한다.'에서 다루고 있으니 이 장을 참고하기 바란다.

비용구조(Cost Structure)

일반적으로 비용은 회사가 비즈니스를 시작, 운영 또는 성장시키는 과정에서 발생하는 모든 비용을 의미한다. 여기에는 임대료, 급여, 마케팅 및 광고 비용, 제품개발 비용, 장비 및 기술 비용, 법률 및 규제 수수료 등의 비용이 포함된다.

잘 정리된 비용구조는 사업이 가치를 창출하기 위해 자원을 어떻게 사용하는지를 잘 보여준다. 스타트업 비즈니스의 경우 비용은 회사의 수익성과 장기적인 운영 유지 능력에 직접적인 영향을 미치기 때문에 매우 중요한 고려 사항이다. 비즈니스 초기에는 충분한 수익을 창출하기 어려울 수 있기 때문에 비용을 효과적으로 관리하는 것이 스타트업의 성패를 좌우하는 핵심 요소인 경우가 많다.

경쟁우위 요소(Unfair Advantage)

경쟁 우위는 기업이 경쟁사를 능가하고 우수한 비즈니스 성과를 달성할 수 있는 고유한 속성 또는 일련의 속성을 말한다. 스타트업 비즈니스의 경우 경쟁 우위는 경쟁사와 차별화하고 시장에서 진입 및 성장의 발판을 마련하는 데 도움이 될 수 있기 때문에 성공에 매우 중요한 요소이다. 대표적인 경쟁우위 요소로는 '제품 차별화', '저비용 생산', '브랜드 및 평판', '지적자산', '파트너십 및 협업', '데이터 자산', '고객 경험' 등을 들 수 있다. 사례를 들면 아래와 같다.

제품 차별화(Product differentiation)

스타트업은 경쟁업체에서 제공하지 않는 기능이나 혜택을 제공하는 고유한 제품이나 서비스를 개발 및 제공함으로써 스스로를 차별화하고 새롭고 혁신적인 것을 찾는 고객을 유치할 수 있다.

쿠팡(Coupang)은 익일 배송을 내세운 자체 배송서비스 '로켓배송'을 실시하여 다양한 상품을 빠른 배송으로 제공함으로써 상품 차별화를 통해 국내 이커머스(eCommerce) 업계 선두주자로 자리매김하였다.

저비용 생산(Low-Cost Production)

스타트업은 생산 프로세스를 최적화하고, 자재를 효율적으로 조달하며, 간접비를 최소화함으로써 경쟁사보다 저렴한 가격으로 제품이나 서비스를 제공할 수 있으므로 가격에 민감한 세그먼트의 고객에게 더 매력적으로 다가갈 수 있다.

우아한 형제들은 다양한 방식으로 원가경쟁력을 확보하여 고객에게 편리한 서비스를 제공하는 저비용 생산 경쟁력으로 시장을 진입하였다. 예를 들어 음식주문부터 배달까지의 전 공정을 간소화하는 플랫폼을 개발하여 소요 시간과 비용을 줄였다. 또한 주문이 한 곳에서 집중된 후 가까운 배달 거점으로 분산되는 허브 앤 스포크(Hub and Spoke) 모델을 도입하여 배달에 필요한 거리와 시간을 줄여 배달 비용을 절감하였다. 또한 우아한 형제들은 외부 물류업체에 배송을 아웃소싱(Outsourcing)하여 자체 배송 차량 유지와 관련된 비용을 절감하였다.

제휴와 협업(Partnership and Collaboration)

스타트업은 다른 기업이나 조직과 제휴 및 협업을 통해 제휴 파트너들의 전문성, 자원, 고객층을 활용해 자원에 직접적인 투자를 하지 않고도 더욱 매력적이고 경쟁력 있는 제품이나 서비스를 공급할 수 있다.

야놀자는 제휴와 협업을 통해 사업 범위를 확장하고, 고객에게 보다 매력적인 여행 경험을 제공하며, 여행업계의 경쟁사와 차별화할 수 있었다. 야놀자는 소규모 게스트하우스부터 대형 호텔 체인까지 다양한 호텔과 제휴를 맺고 있다. 또한 야놀자는 항공사는 물론 렌터카, 여행사 등 여행과 관련된 다양한 기업들과도 제휴를 맺고 있다. 이러한 제휴를 통해 야놀자는 고객에게 항공, 숙박, 액티비티 등 보다 종합적인 여행 경험을 한 곳에서 제공할 수 있게 되었다. 야놀자는 단기 임대 숙소 인벤토리를 확대하기 위해 부동산 관리업체와 제휴했고, 이를 통해 고객에게 아파트, 빌라, 별장 등 보다 다양한 숙박 옵션을 제안하는 것이 가능해졌다.

| LEANCANVAS ⓐ airbnb |

자료 : Lean Canvas Framework를 적용하여 재구성한 사례 연구

비즈니스 모델 사례: Airbnb

앞서 린 캔버스 프레임워크의 구성요소와 이를 설계하는 방법에 대해 살펴보았다. 이제 이 프레임워크를 사용하여 실제 비즈니스에 적용을 하면 어떠한 모습으로 나타날지 살펴보자. 여기서는 글로벌 숙박공유 플랫폼 비즈니스업체인 에어비엔비(Airbnb)의 비즈니스를 이 프레임워크를 적용하여 재구성하였다.

에어비앤비는 관광객에게 주로 홈스테이 형태로 숙소를 제공한다. 에어비앤비의 비즈니스는 숙소를 직접 소유하지 않고 단순히 알선해 주는 대가로 수수료를 받는 모델이다.

목표 고객 세그먼트(Target Customer Segment)

전통적으로 미국의 숙박업계(Hospitality industry)는 크게 호텔, 모텔, 휴가 렌탈(Vacation rental, 단기 숙박용으로 임대하는 주택, 콘도, 아파트), 베드 앤 브랙퍼스트, 호스텔, 홈셰어링(Home-sharing)으로 세그먼테이션 할 수 있다. 에어비앤비는 이 중 홈셰어링 세그먼트를 목표 시장(Target market)으로 정하였다. 당시 숙박산업의 주요 업체들이 호텔과 같은 전통적 숙박 형태에 포커스를 맞추고 있는데 비해 홈셰어링 세그먼트는 미개발 상태였다.

에어비앤비는 두 가지 고객층을 목표 고객 세그먼트로 삼고 있다.

첫 번째는 여행객(Guest)이다. 좋은 품질의 임시 숙소를 원하지만 호텔과 같은 숙소 형태는 원치 않는 고객층이다.

두 번째는 임대인(Host)이다. 여유 주거 공간을 임시로 임대하고 수익을 창출할 수 있는 기회를 찾고 있는 사람들이다.

문제(Problem)

[여행객] : 여행객들은 여행지에서 저렴한 가격대의 적당한 숙소를 찾기가 쉽지 않다. 유명한 관광지나 여행성수기, 또는 작은 마을을 여행할 경우 비용이 매우 비싸거나 숙소를 찾거나 예약하기가 어려운 점이 고충이다.

[주택 소유주] : 집안에 단기로 임대를 할 수 있는 여유 공간이 있더라도 이를 정기적으로 임대하여 수익화(Monetization)하기가 용이하지 않다. 또한 홈셰어링(Home-Sharing) 문화가 성숙하지 않았다.

솔루션(Solution)

에어비앤비는 여행객은 저렴한 숙박 옵션을 찾을 수 있고, 주택소유주는 빈 여유 공간을 일(Day) 단위로 임대하여 추가 수익을 올릴 수 있도록 해주는 온라인 플랫폼 서비스를 제공하여 양쪽 모두의 문제점을 해결하도록 하였다.

가치제안(Unique Value Proposition)

여행객

- 독특하고 정통적인 숙소 : 에어비엔비는 호텔과 같은 기존 숙박시설과는 다른 독특하고 전통적인 로컬 숙박업소를 찾을 수 있도록 지원한다.
- 저렴한 가격 : 에어비앤비는 기존 호텔보다 합리적이고 저렴한 가격을 제공한다.
- 현지의 진짜 경험 : 에어비앤비는 로컬 문화를 즐기고자 하는 여행객에게 로컬 문화체험 프로그램 연결한다.

- 투명한 여행정보 : 에어비앤비는 숙소의 가격, 위치, 편의시설에 대한 정보를 투명하게 공개하여 여행자가 비교한 후 결정할 수 있도록 지원한다.

주택 소유주

- 추가 수입 창출 : 에어비앤비를 통해 호스트는 집이나 남는 방을 여행자에게 임대하여 추가 수입을 올릴 수 있다.
- 통제관리권 : 에어비앤비는 호스트에게 예약 가능 여부, 요금, 숙소 이용규칙을 관리할 수 있는 권한을 부여하여 호스트의 필요에 맞게 호스팅 경험을 맞춤 설정할 수 있도록 지원한다.
- 인증 및 안전 조치 : 에어비앤비는 신분증 확인, 게스트 후기, 보험 가입 등 호스트를 위한 인증 및 안전 조치를 제공한다.

매출의 근원(Revenue Stream)

에어비앤비는 다양한 매출의 근원을 가지고 있다.

- 서비스 수수료(Fee) : 플랫폼을 통해 이루어진 예약에 대해 게스트와 호스트에게 부과
- 체험 수수료 : 투어, 수업, 기타 액티비티와 같은 체험 프로그램 예약 시 부과
- 에어비앤비 플러스 : 특정 기준을 충족하는 고급 숙소를 제공하는 프로그램으로 이 프로그램에 참여하는 호스트가 수수료 지불
- 에어비앤비 비즈니스 : 호스트가 비즈니스 출장자를 위해 설계된 프로그램에 참여하기 위해 수수료를 지불
- 광고 수입 : 호스트 광고, 호텔 및 기타 여행업체와의 파트너십을

통한 수입

- 채널(Channel)
- 에어비앤비는 고객과의 소통을 위해서 이메일, 모바일 앱, 메시징 시스템, 헬프 센터, 소셜미디어(페이스북, 트위터, 인스타그램) 등의 멀티채널을 활용하고 있다.

주요 지표(Key Metrics)

예약된 숙박 일수(The number of nights booked on the platform)

북극성 지표(North Star Metric)는 일반적으로 회사의 사명이나 목적의 본질을 포착하는 전사적 차원의 하나의 지표이다. 에어비앤비의 북극성 지표는 예약된 숙박 일수이다.

총 예약 가치(GVB: Gross Booking Value)

플랫폼에서 발생한 총 예약 금액을 나타내며, 에어비앤비 수익 성장의 주요 척도이다.

평균 일일요금(ADR: Average Daily Rate)

게스트가 특정 숙소에 숙박하기 위해 지불하는 일박당 평균 요금을 말한다. 이 지표를 통해 에어비앤비는 가격 동향과 게스트 행동에 미치는 영향을 파악한다.

호스트 수입(Host Earnings)

호스트가 플랫폼에서 벌어들인 총 수입을 나타내며, 호스트 만족도 및 유지율의 주요 요인이다.

공급증가율(Supply Growth Rate)

플랫폼에 새로운 숙소가 추가(listing)되는 비율을 나타내며, 에어비앤비의 시장 확장 능력을 가늠하는 주요 척도이다.

비용구조(Cost Structure)

호스트 확보 비용(Host Acquisition Cost)

에어비앤비 플랫폼에 숙소를 등록할 신규 호스트를 확보하는 데 드는 비용이다. 이 비용에는 마케팅 비용, 추천 수수료, 호스트에 대한 인센티브가 포함된다.

기술 및 인프라 비용(Technology and Infrastructure Costs)

소프트웨어 개발, 호스팅, 서버 비용 등 에어비앤비 플랫폼 개발 및 유지 관리에 드는 비용이 포함된다.

마케팅 비용(Marketing Costs)

소셜미디어, 온라인 광고, 오프라인 캠페인 등 다양한 채널을 통해 에어비앤비 브랜드를 광고하고 홍보하는 데 드는 비용이 포함된다.

운영 및 지원 비용(Operations and Support Cost)

고객 지원 제공, 결제 관리, 현지 규정 및 법률 준수 보장에 드는 비용이 포함된다.

일반관리 비용(General and Administrative Cost)

직원 급여 및 복리후생, 사무실 임대료 및 유틸리티, 법률 및 회계

수수료, 기타 일반 비용을 포함한 전반적인 비즈니스 운영비용이 포함된다.

결제처리 비용^(Payment Processing Cost)

결제 처리업체가 부과하는 거래 수수료를 포함해 게스트와 호스트 간의 결제 처리 비용이 포함된다.

경쟁우위 요소^(Unfair Advantage)

시장 진입 초기에 에어비앤비는 기존의 홈셰어링 업체들과 비교할 때 아래의 경쟁우위 요소가 있었다.

- 사용자 친화적인 플랫폼 : 에어비앤비의 플랫폼은 간소화된 예약 프로세스와 각 숙소에 대한 명확한 정보 등 직관적이고 사용하기 쉽도록 설계되었다. 이를 통해 호스트는 숙소를 등록하고 게스트는 숙소를 찾고 예약하는 데 더 쉽게 접근할 수 있었다.
- 신뢰 및 안전 조치 : 신뢰 구축은 플랫폼 성장에 필수적이었기 때문에 신규 시장진입자에게 특히 중요한 경쟁요소였다. 신분증 확인, 게스트 후기, 안전한 결제 처리 등 에어비앤비의 신뢰 및 안전 조치는 호스트와 게스트 사이에 믿음과 신뢰를 구축하는 데 도움이 되었다.
- 글로벌 네트워크 : 에어비앤비는 플랫폼을 전 세계 시장으로 빠르게 확장하여 호스트는 전 세계 고객에게 다가갈 수 있고 게스트는 다양한 여행지에서 독특하고 진정성 있는 숙소를 찾을 수 있게

하였다. 이를 통해 에어비앤비는 특정 지역이나 시장에 집중하는 다른 홈셰어링 플랫폼과 차별화할 수 있었다.

- 커뮤니티 중심: 에어비앤비는 슈퍼 호스트 프로그램과 같은 이니 서티브를 통해 호스트와 게스트의 커뮤니티를 구축하는 데 중점을 두어 사용자 간의 소속감과 유대감을 조성하도록 도움을 주었다. 이를 통해 다른 홈셰어링 플랫폼에는 없는 독특한 경쟁요소를 확보하였다.

비즈니스 모델의 중요성

중요성

이제까지 우리는 '비즈니스 모델의 정의', '비즈니스 모델의 설계', '비즈니스 모델의 사례$^{(Airbnb)}$'에 대해 알아보았다. 그러면 이 비즈니스 모델은 왜 중요할까?

첫째, 회사의 수익모델을 결정한다. 새로운 사업 아이디어를 수익화$^{(Monetization)}$하기 위해 어떠한 가격전략$^{(Pricing\ Strategy)}$을 적용해야 하는가는 매우 현실적이고도 실질적으로 고려해야 하는 의사결정 사안이다. 예를 들어, 고객과 공급자에게 서비스를 큐레이션$^{(Curation)}$ 해주는 플랫폼 비즈니스$^{(Platform\ business)}$를 고려하고 있다면, 해당 회사는 누구에게, 얼마를, 어떤 단계에 의해 과금$^{(Charge)}$할지를 결정을 해야 할 것이다.

둘째, 계획 수립 및 자원 배분에 사용된다. 잘 정의된 비즈니스 모델은 스타트업이 경영자원을 효과적으로 계획하고 할당하는 데 도움이된다. 이를 통해 운영상의 요구사항을 이해하고 잠재적인 장애물을 식별하며 시간, 돈, 에너지를 어디에 투자할지 정보에 입각한 결정을 내릴 수 있다.

셋째, 투자유치에 사용된다. 재무적인 측면에서는 이 비즈니스 모델에 근거하여 해당 스타트업의 매출과 현금흐름의 추정을 하고 가치평가를 하게 된다. 즉 수익에 대한 명확한 경로를 보여주고 또 잠재 가치를 계산할 수 있도록 해준다. 바로 투자자들이나 대출금융기관에서 관심을 가지는 부분이다.

넷째, 특정 산업 내에 파괴적인 혁신(disruptive innovation)을 일으키기도 한다.

언제 어디서나 대학 강의를 들을 수 있는 대규모 온라인 공개강좌를 제공하는 쿄세라(Coursera)와 같은 무크(MOOC: Massive Open Online Course) 모델은 엄청난 양의 온라인 과정을 개설하여 전통적 비즈니스 스쿨들을 위협하고 있다. 가상화폐인 비트코인(Bitcoin)은 블록체인기술(blockchain technology)를 활용하여 전통적 은행을 위협하고 있다. 스마트폰을 기반으로 한 미국의 승차공유서비스 회사인 우버(Uber)는 전 세계 택시회사들을 보호해주던 라이선스 시스템을 우회하여 승객들에게 서비스를 제공함으로써 택시업계의 근간을 공략하고 있다.

이처럼 각각 다른 업종과 사업의 특성에 따라 어떠한 비즈니스 모델을 선택할 것인가라는 전략적 의사결정은 해당 사업의 존속과 성장에 지대한 영향을 미친다.

시사점

잘 설계된 비즈니스 모델은 혁신, 성장 및 수익성을 위한 프레임워크를 제공하므로 모든 스타트업의 성공에 필수적인 전략적 자산이다. 이 비즈니스 모델을 설계할 때 다음의 사항을 유의할 필요가 있다.

첫째, 비즈니스 모델의 설계는 사업 초기부터 하라.

통상 스타트업들은 사업 초기에 제품의 기능 또는 혁신에만 치우쳐 몰입하다가 비즈니스 모델의 검토 시기를 놓치기도 한다. 스타트업들은 사업 초기에 해당 사업의 본질과 특성에 맞추어 비즈니스 모델을 신속히 설정하여야 한다. 그래야 내부적으로는 임직원들과 어떤 방향으로 어디에 집중할지가 명확해지고, 또 투자자들을 대상으로 IR활동을 할 때 훨씬 효과적으로 사업에 대한 설득이 가능할 것이기 때문이다.

흔히 스타트업의 비전은 내·외부 이해관계자들을 설득하는 데 중요한 역할을 한다고 한다. 비즈니스 모델은 그 비전 달성을 위한 구체적인 모습과 실질적인 방안을 제공하므로 매우 중요한 커뮤니케이션 툴로서 가치를 지닌다.

둘째, 비즈니스 모델에 대해 적절히 벤치마킹 하라.

또 스타트업들이 비즈니스 모델을 고려 시 완전히 새로운 모델을 고안하느라 불필요하게 시간을 낭비(Reinvent the wheel)하기보다는 스타트업 아이디어에 가장 부합하는 비즈니스 모델을 찾아 적용하는 것이 리스크 관리 차원에서 도움이 된다. 사용자, 투자자 등의 이해관계자들은 기존의 성공한 비즈니스 모델들을 이미 잘 알고 있으므로 커뮤니케이션이 훨씬 용이할 것이다. 물론 이들 기존의 모델로서는 도저히 적용이 어려운 사업 아이디어의 경우는 해당 비즈니스 모델을 독자적으로 고안해야 하는 단계를 반드시 거쳐야 할 것이다

셋째, 비즈니스 모델도 피벗(Pivot)**이 필요하다.**

새로운 혁신적인 기술의 출현이나, 경쟁사의 전략 수정 또는 고객의 급격한 니즈의 변화 등은 스타트업뿐만 아니라 성장을 이룩한 회사들에게도 새로운 비즈니스 모델로의 전환을 모색하게 한다. 이런 회사들이 비즈니스 모델의 전환을 시도할 때 일반적으로 '기존 비즈니스의 수익감소 우려', '기존 고객과의 관계 단절', '기존 채널 파트너들의 저항' 등과 같은 도전에 직면하게 된다. 따라서 비즈니스 모델의 전환 시 모델의 선정과 더불어 면밀한 변화관리(Change management) 준비가 필요하다.

비즈니스 모델의
종류와 트랜스포메이션

앞 장에서는 '비즈니스 모델의 정의', '비즈니스 모델의 설계', '비즈니스 모델 사례(Airbnb)', 그리고 '비즈니스 모델의 중요성'에 대해서 알아보았다.

앞 장에서 설명한 린 캔버스 프레임워크에서 매출의 근원(Revenue Stream)은 회사가 제공한 제품 또는 서비스에 대해 어떻게 수익화(Monitization)할 것인가를 말한다. 이 매출의 근원은 업종과 특성에 따라 매우 달라지는데, 결국 프라이싱(Pricing)을 어떻게 하느냐의 관점에서 접근을 하여 분류를 하면 매우 다양한 비즈니스 모델이 존재한다.

이번 장에서는 '비즈니스 모델의 종류'와 '비즈니스 모델 전환의 성공요소'에 대해 알아보기로 한다.

비즈니스 모델의 종류

비즈니스 모델의 종류는 매우 많으며, 최근 정보기술의 발달과 더불

| 대표적 Business model의 종류 |

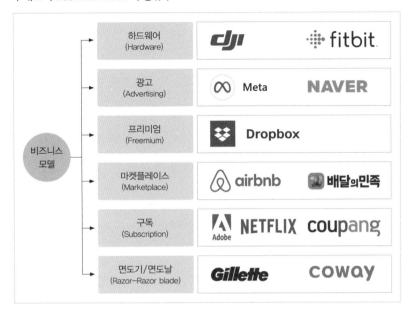

어 테크놀로지 기업들이 출현하면서 이 모델의 종류는 점점 더 늘어나고 있는 추세다. 대표적인 비즈니스 모델을 열거하면 아래와 같다. 물론 이외에도 더 많은 비즈니스 모델이 있음을 인지할 필요가 있다.

하드웨어(Hardware) 모델

기존의 전통적인 제조업체들이 이 모델을 많이 택해 왔다. 스타트업이 자산을 투입하여 밸류체인(Value chain)을 통제하면서 제품을 만든 후 고객에게 직접 판매하여 수익을 올리는 모델이다. 중국의 드론 제조업체 디제이아이(DJI)나 운동량과 건강상태를 체크하는 웨어러블 디바이스 제조사인 핏빗(Fitbit)처럼 제품을 제조하여 소비자에게 바로 판매하는 형태의 모델이 이에 해당한다. 물론 이 회사들이 온라인으로 제품을 판매하면 전자상거래(eCommerce)로 채널이 확장되었다고 볼 수 있다. 이 모델은 "One and done", 즉 "팔고 나면 한 번 만에 끝나는" 비즈니스 모델이라고도 불린다. 뒤에서 설명할 구독(Subscription) 모델에서는 소비자가 구독 형태로 제품을 구매하므로 이후에도 지속적으로 반복해서 매출이 일어나는 데 비해, 이 하드웨어 모델에서는 소비자가 한 번 구매하고 나면 이후의 재구매로 이어지지 않기 때문이다. 이런 점을 극복하고자 핏빗은 핏빗 프리미엄(Fitbit Premium) 서비스를 월간 또는 연간 구독 모델로 확장하여 제공하고 있다.

광고(Advertising) 모델

일정 규모의 고객 수를 확보한 기업들이 기본적으로 모두 고려하는 비즈니스 모델이다. 빅테크 기업인 메타(Meta)와 유튜브(YouTube)는 고객들에게 플랫폼만 제공하고 자체적으로는 콘텐츠를 전혀 개발하지 않으며, 고객이 콘텐츠를 업로딩(Uploading)하도록 한다. 또한 따로 가입비를 받지도 않는다. 그러나 자사의 고객 계정별로 고객정보와 즐겨 보는 콘텐츠에 대한 데이터를 수집한다. 이 회사들은 구독자가 언제 어디서 어떤 단말기로 무슨 콘텐츠를 열람 또는 시청했는지를 알 수 있다. 이는 정교한 타깃 광고를 가능하게 하는 매우 중요한 전략적 무형자산이다. 광고주의 입장에서는 효과적으로 목표 고객에게 메시지를 전달할 수 있다는 생각을 하게 한다. 바로 이 점을 기반으로 많은 빅테크 기업들은 광고 비즈니스 모델을 통해 수입을 올리고 있다.

프리미엄(Freemium) 모델

프리미엄(Freemium)은 무료(Free)와 할증(Premium)을 결합한 합성어다. 고객이 기본적인 서비스는 무료로 사용 가능하지만 프리미엄 서비스를 제공받기 위해서는 가입비 또는 사용료를 지불해야 하는 비즈니스 모델이다. 미국의 클라우드 스토리지 서비스 회사인 드롭박스(Dropbox)에 사용자로 처음 등록하면 2GB(기가바이트)의 클라우드 기반 저장소가 무료로 제공된다. 사용자가 무료로 사용하다가 공간이 부족할 경우 유료로 전환하면 저장용량을 늘여서 사용이 가능해진다.

고객들의 입장에서는 초기 회원가입 시 유료 가입이나 선결제에 대한 거부감이 대폭 줄어들어 가입의 장벽을 낮춘 것이 이 모델의 특징이다. 드롭박스(Dropbox) 고객의 상당수는 무료 서비스를 사용한다.

그러면 기업은 무료 서비스이용 고객이 많은 프리미엄(Freemium) 모델로 돈을 벌 수 있을까? 링크드인(LinkedIn) 사용자 중 유료 서비스로 넘어가는 비율은 20% 미만밖에 되지 않는다. 그럼에도 불구하고 2017년 1분기에 거의 10억 달러의 매출을 올렸다. 프리미엄(Freemium) 모델의 특징 중 하나는 낮은 가입 장벽으로 인해 고객의 유입과 활동이 폭발적으로 늘 수 있다는 점이다. 기업은 이를 바탕으로 광고 같은 또 다른 수익모델을 만들어낼 수도 있다.[28]

아마존(Amazon)의 경우 특정 서적 콘텐츠의 일부를 무료로 제공하는 것은 과연 회사의 관점에서 이익이 될까?[29] 물론 표면적으로는 매출이 떨어지는 것처럼 보일 수는 있다. 그러나 아마존은 '해당 서적의 무료 제공 부분 이후의 이후 장(Chapter)의 내용을 판매'하고, '독서를 위해 필요

---

28) 이형석, 〈프리미엄(Free+Premium) 비즈니스 모델이 뜬다〉, 《시사저널》
29) Geoffrey Parker, Digital transformation

한 장비인 킨들(Kindle)'을 판매할 수 있으며, '판매가 늘어나면 더 많은 작가들을 유치'하고, '출판사들에 대해서는 유리한 협상력을 확보'할 수 있다. 결국 이 모델에서의 무료 서비스는 더 많은 수익을 가져다 준다.

마켓플레이스(Marketplace) 모델

마켓플레이스 모델은 디지털 플랫폼/앱을 활용하여 자산이나 전문 노동력에 대한 공급과 수요를 매칭(matching)시켜주는 역할을 한다. 이 모델의 주요 3가지 구성요소는 공급, 수요, 플랫폼이다. 공급 측면에서는 자영업자 또는 프리랜서, 수요 측면에서는 해당 제품이나 서비스에 대한 소비자들이 있으며, 마켓플레이스는 플랫폼을 통해 이 공급과 수요를 매칭시키게 된다.

마켓플레이스 모델이 창출하는 가치는 값비싼 자산이나 고급 스킬에 대한 활용도(capacity utilization)를 높임으로써 수요와 공급 측 모두에게 경제적 효익(Economic benefit)을 주는 것이다. 예를 들어, 글로벌 숙박 공유서비스 업체인 에어비앤비(Airbnb)의 사업모델이 이에 해당한다. 어떤 주택 소유주는 값비싼 주택이라는 공간을 가지고 있으나, 모든 방이 100% 활용되지 않는다. 반면 여행객은 짧은 기간만 해당 숙박 공간이 필요하므로 비싼 자산을 구매하여 소유하는 것은 부담이 된다. 바로 이 유휴공간에 대해 여행객 또는 게스트들이 일정 기간 렌트하여 저렴하게 사용할 수 있게 되고, 호스트는 유휴공간을 활용하여 추가적인 수입을 올릴 수 있게 된다. 공급측과 수요측 모두 경제적 효익을 누리게 되는 것이다. 에어비앤비의 호스트가 유휴공간을 팔아서 부수적 수입을 올리는 반면 호텔은 본연의 사업인 룸이라는 공간을 팔아서 본연의 수입을 창출한다는 점에서 차이가 있다.

마켓플레이스 모델은 일정 거래 규모가 확보되면 네트워크 효과 (Network effect)로 인해 엄청난 성장을 가능하게 한다. 다만 이런 단계에 이르기 전, "닭이 먼저냐 달걀이 먼저냐?"라는 문제(Chicken and egg problem)를 먼저 해결해야 한다. 즉 일정 규모의 공급자를 먼저 확보할 것인가, 아니면 일정 규모의 수요자를 먼저 확보할 것인가의 문제를 사전적으로 해결을 해야 네트워크 효과를 기대할 수 있다.

구독(Subscription) 모델

정기구독 모델은 새로운 모델은 아니다. 기존의 신문, 잡지 등의 정기예약 구독이 바로 여기에 해당한다. 일정 기간 제품과 서비스를 이용하는 대가를 지불하는 구매 방식이다. 어도비(Adobe)사의 구독서비스, 넷플릭스(Netflix)의 동영상 구독 서비스, 쿠팡과 같은 소셜커머스의 정기 배달 서비스가 바로 구독 비즈니스 모델을 적용하고 있는 사례이다.

어도비는 전통적으로 라이센싱(licensing)을 통해 소프트웨어 박스를 판매하는 전형적인 하드웨어 모델(Hardware model)을 비즈니스 모델로 삼아왔었다. 그러나 2013년 어도비는 크리에이티브 클라우드(Creative Cloud)라는 이름의 구독(Subscription) 비즈니스로 사업모델을 전환(Migration)하게 된다. 이 전환에 따라 기존에 1,200~2,500불을 선불로 지급하고 소프트웨어를 사용하던 방식에서 9.99~80불의 월 구독 방식으로 지불 방식이 변경되었다. 어도비는 비즈니스 모델 전환의 초기에는 매출과 수익의 감소를 겪었지만, 2년 반 만에 75%의 매출을 구독서비스로부터 창출하였고, 주가도 두 배 이상으로 뛰었다.

이 구독모델의 장점은 구독자의 입장에서는 초기 투자비용(CAPEX)이 적고 필요시 필요한 양을 필요 기간만큼만 이용할 수 있다는 유연성이 있다는 것이다. 제공자 입장에서는 고객 수 확대의 용이성과 더불어 구독요금이 꾸준히 유입되므로 마치 연금과 같은 지속적인 현금흐름을 기대할 수 있다는 장점이 있다. 투자자 입장에서는 안정적이고 지속적인 현금흐름이 예상되므로 선호하는 비즈니스 모델이다.

면도기/면도날^(Razor-Razor blade) 모델

특정 장비나 기계를 아주 적은 또는 남기지 않을 정도의 마진에 판매 또는 대여를 하고 대신 소모품을 지속적으로 대량 판매하여 수익을 남기는 비즈니스 모델이다. 대표적으로 질레트^(Gillette)는 면도기와 면도날에, 코웨이^(Coway)는 정수기와 정수기 필터에, HP는 프린터와 토너 카트리지 사업에 이 비즈니스 모델을 적용하고 있다.

이 모델에서는 소모품의 판매를 통해 높은 수익을 거둘 수 있고, 높은 구매전환 비용^(Switching cost)으로 인해 고객을 묶어 놓는 락인효과^(Lock-in effect)를 기대할 수 있다. 반면 해당 기업의 입장에서는 초기에 많은 투자를 해야 하는 부담이 있고, 해당 소모품에 대한 전매특허가 필요하다.

비즈니스 모델 전환^(Business model migration)의 성공요소

앞서 설명한 어도비^(Adobe)의 사례에서 살펴보았듯이 어도비는 클라우드^(Cloud)라는 기술을 활용하여 자사의 비즈니스 모델을 기존의 라이선스판매 모델^(License sales model)에서 구독모델^(Subscription model)로 혁신적인 전환^(migration)을 하였다. 이는 소프트웨어를 제품이 아니라 서비스로 판매하는 서비스형 소프트웨어, 즉 SaaS^(Software as a Service) 비즈니스로의 혁신적 변화를 의미한다.

이처럼 기업이 SaaS 비즈니스 모델로 전환할 경우 어떠한 난관에 부딪히게 될까? 또 어떻게 변화를 관리해야 할까?[30]

재무적 측면

기존에 제품을 판매할 경우 판매 초기에 큰 규모의 매출이 일어나는 데 비해 구독모델로 전환을 하게 되면 초기의 매출 성장은 급격하게 줄어들고 성장의 속도도 느리게 된다. 또한 가격도 낮게 책정되어 마진도 줄어들게 되는 현상이 나타난다. 또한 청구서 발행 프로세스, 계약, 매출의 인식 방법 등도 의외로 복잡해진다. 더불어 전환 초기에는 기존의 수익 평가 기준, 즉 영업이익률이나 투자회수율의 기준에 한동안 못 미칠 수 있어서 새로운 비즈니스 모델의 수익성에 챌린지가 있을 수 있다.

재무 부서에서는 초기 여러 해 동안 줄어들 현금흐름과 손익에 대해 준비를 해야 한다. 연도별 재무 추정을 면밀히 수립하고 이때 초기 성장을 드라이브하기 위해 필요한 마케팅 비용, 개발비 등을 반영한다. 변화된 재무 및 회계 프로세스를 정비하고 회계적 인식에 대해서도 프로페셔널 펌과의 협의를 통해 사전에 명확한 기준을 정의해야 한다.

영업 및 마케팅

영업직원들의 주요 활동방식과 인센티브 시스템도 영향을 받게 된다. 기존 고객과 직접 만나서 영업을 했던 영업직원들은 기존 고객과의 관계가 갑자기 단절되는 것에 대해 불안감을 나타낼 수 있다. 또한 과거 영업직원이 라이선스 제품 하나를 팔 때 받았던 인센티브는 사라지

---

30) Mohan Sawhney, Northwestern University

게 되는데, 이에 대한 불만도 있을 수 있다.

영업 및 마케팅 부서에서는 초기에 고객이 혼란이 없도록 커뮤니케이션 패키지를 개발하여 활발히 의사소통을 해야 한다. 전환 초기에는 시험 버전의 프로그램 또는 프리미엄(Freemium) 프로그램을 제공하는 것도 효과적일 것이다. 영업 인센티브 프로그램은 기존의 프로그램에서 SaaS로의 전환율(Conversion rate)과 연계시키고 매월반복매출(MRR, Monthly Recurring Revenue)과 같은 새로운 지표와 연계하여 인센티브를 제공하는 것이 효과적일 것이다.

외부 이해관계자 측면

비즈니스 모델의 전환은 해당 사업의 파트너들의 만만찮은 저항에 부딪힐 수 있다. 해당 소프트웨어는 클라우드에서 자동적으로 다운로딩 되어 설치되므로 기존에 이를 지원해주던 협력업체의 역할은 사라지게 된다. 또 투자자들과 금융권에서도 변화된 비즈니스 모델에 대한 궁금증과 더불어 회사의 지속가능성에 대해 의문을 제시할 것이다.

회사에서는 이사회, 투자자 및 금융권을 대상으로 새로운 비즈니스 모델의 특성과 재무추정에 대해 명확한 커뮤니케이션을 실시해야 한다. 또한 조직 구조를 재정비하고 이 모델 전환 과정과 기대 상황을 정해 놓고 이에 맞춘 주요 지표(Key metrics)를 정해 진척 상황을 모니터링 한다.

시사점

기업이 비즈니스 모델을 설계 및 선택할 때 다음의 사항들을 유의할 필요가 있다.

첫째, 기업의 성장단계에 따라 비즈니스 모델에 대한 주안점을 달리 가져가야 한다. 사업 초기의 스타트업은 '어떤 비즈니스 모델을 선택하고 어떻게 이를 최적화할 것인가?'에 초점을 맞추어야 하고, 기존 기업(Established business)의 경우는 '어떤 비즈니스 모델로 전략적으로 전환(Migration)하고 발전시킬 것인가?'에 초점을 맞추어야 한다. 특히 기존 기업이 비즈니스 모델 전환을 시도할 때는 매우 신중한 접근과 집중적인 실행력이 필요한데, 사업 초기이고 적은 규모의 스타트업보다 더욱 많은 변수를 고려해야 하고 실패시의 타격이 매우 크기 때문이다.

둘째, 기업은 각 비즈니스 모델의 특징과 더불어 장단점도 동시에 고려하여야 한다. 예를 들어, 광고(Advertising) 비즈니스 모델은 고객 수가 일정 수준, 즉 임계치(Critical mass)에 도달해야 높은 수익성을 기대할 수 있다. 또한 구독(Subscription) 비즈니스 모델은 매출이 지속 반복적으로 일어나고 업셀링(Upselling)을 할 수 있다는 장점이 있는 반면, 구독료가 지나치게 높으면 고객이 구독을 피하는 원인이 될 수 있으므로 세밀한 가격설정 설계가 필요하다. 프리미엄(Freemium) 비즈니스 모델은 초기에 고객 수를 급속히 늘릴 수 있다는 장점이 있는 반면 대부분의 고객들이 무료 서비스에 머무를 수 있어서 유료화로 전환시키기 위한 전략을 잘 수립해야 한다. 마켓플레이스(Marketplace) 비즈니스 모델은 네트워크 효과를 잘 활용하면 폭발적인 성장을 기대할 수 있는 장점이 있는 반면 '공급자와 수요자 중 어느 쪽을 먼저 구축할 것인가?' 또 '양측 중 어느 쪽에 과금을 할 것인가?'에 대해 사전에 면밀한 검토가 필요하다.

지표는 비즈니스 모델에 따라
다르게 적용해야 한다

　일반적으로 회사 설립 초기에 창업가들은 미래에 원하는 바람직한 모습을 구체화하여 비전(Vision)을 개발하게 된다. 이어 '어떠한 방법으로 비전에 도달할 것인가?'라는 전략(Strategy)도 수립하게 된다. 비전을 달성하는 데는 통상 여러 해가 소요되는데, 그렇다면 그 동안 해당 기업이 원하는 비전을 향해 제대로 나아가고 있는지를 어떻게 알 수 있는가? 바로 이를 위해 적용하는 것이 경영목표(Business objective)이며 통상 지표(Metrics)를 설정해 관리를 하게 된다. 경영학의 아버지라 불리는 피터 드러커(Peter Drucker)는 "측정하지 않으면 관리할 수 없다."라는 말로 측정의 중요성을 강조하였다.

　스타트업이 비즈니스 모델을 설정하여 사업을 추진할 경우 이 측정과 관련하여 많은 질문을 하게 된다. 대표적인 질문들은 '과연 어떠한 지표를 사용해야 원하는 방향으로 제대로 나아가고 있는지를 알 수 있을까?', '어떤 지표를 사용해야 내부 직원과 한 방향을 보며 성과를 낼 수 있을까?', '관련 이해관계자들과는 어떤 지표를 사용하면 이해하기 쉽고 원활하게 커뮤니케이션 할 수 있을까?', '특히 투자자들에게는 어떠한 지표를 통해 설득하여 성공적인 자금조달을 할 수 있을까?'를 들 수 있다.

이번 장에서는 스타트업 비즈니스의 특성에 맞춘 주요 지표^(Metrics)의 필요성, 종류와 특성에 대해 살펴보기로 한다.

왜 지표가 필요한가?

지표는 기업이 특정 목표를 향한 진행 상황을 추적하고 측정하는 데 도움이 되는 정량화 가능한 성과 측정 기준^(Performance measure Criteria)을 말한다. 예를 들어, 월간 구매 건수, 월간 활성 고객 수가 지표에 해당한다. 다음은 지표가 필요한 이유들이다.

목표 설정

지표는 전사적으로는 미션과 비전에 부합하는 명확하고 측정 가능하며 달성 가능한 목표를 설정하는 데 사용된다. 각 하위 기능별로도 마찬가지이다.

진행 상황 모니터링

지표는 기업이 시간의 경과에 따라 성과를 추적하고 이를 계량적 목표와 비교할 수 있게 해준다. 이를 통해 갭이 발생하는 규모와 원인에 대해 파악하고 그에 따라 전략을 조정하는 데 활용한다.

의사 결정

지표는 데이터에 기반한 인사이트를 제공함으로써 기업이 정보에 입각한 결정을 내릴 수 있도록 도와준다.

조기 경보

지표는 스타트업에게 일정 한도를 넘어설 경우나 조짐이 보일 경우, 잠재적인 문제나 기회를 조기에 알려주어 스타트업이 선제적으로 문제를 해결하고 향후 더 큰 문제를 피할 수 있도록 해준다.

투자자 관계

일반적으로 투자자와 이해관계자들은 스타트업의 성과와 성공 가능성을 평가하기 위해 지표를 많이 활용한다. 스타트업은 명확한 지표를 설정하여 투자자들과 공유를 하고, 투자자에게 진행 상황과 성장세, 이슈 등을 적극적으로 커뮤니케이션함으로써 향후 자금과 지원을 확보할 가능성을 높일 수 있다.

직원 동기 부여

지표를 설정하면 회사의 목표와 우선순위에 대해 직원들과 공유함으로써 조직이 목표에 집중하고 동기를 부여하는 데 도움이 될 수 있다.

스타트업이 명확한 사업 목표를 설정하고, 진행 상황을 모니터링하고, 데이터에 기반한 의사 결정을 내리고, 투자자 및 기타 이해관계자에게 성과를 알리는 데 있어서 지표는 필수적이다.

지표의 상하관계

북극성 지표^(North Star Metric)

밤하늘의 북극성은 거의 움직이지 않고 나머지 모든 별들은 북극성을 중심에 두고 회전하는 것처럼 보인다. 이로 인해 과거 뱃사람들이 항해를 하거나 아라비아 상인들이 사막을 건널 때 밤하늘의 북극성을 기준으로 잡고 목적지로 이동하였다. 마찬가지로 기업에서도 북극성에 해당하는 지표를 통해 회사 전체의 성장 방향과 속도를 판단하고 또 지표의 목표를 달성하는 방법을 찾게 된다. 바로 이런 점에서 이런 전사적 차원의 하나의 지표를 북극성 지표^(NSM: North Star Metric)라 부른다. [31]

많은 글로벌 회사들이 이 NSM을 사용하고 있는데, 예를 들어, 글로벌 전자상거래업체인 아마존^(Amazon)은 월간 구매건수^(Number of purchases per month), 에어비앤비^(Airbnb)는 분기간 숙박예약일수^(Booked nights per quarter), 메타^(Meta, 구 페이스북)는 10일 안에 7명과 친구를 맺는 사용자의 수^(7 friends in 10 days), 우버^(Uber)는 주간 승차건수^(Rides per week)를 사용하고 있다. 또 링크드인^(LinkedIn)은 월간 활성사용자수^(Monthly Active Users, MAU)를 사용하는 데 비해 인스턴트 메시징 프로그램사인 슬랙^(Slack)은 일간활성사용자수^(Daily Active Users, DAU)를 사용하고 있어 각 사별로 해당 업의 특성을 잘 반영한 지표들을 NSM으로 활용하고 있음을 알 수 있다.

좋은 NSM은 다음의 조건이 만족되어야 한다. 우선 '해당 지표를 달성하면 수익 창출에 도움'이 되어야 한다. 그리고 '고객에게 전달되는 가치가 반영'되어야 한다. 또한 '해당 지표를 실제로 측정할 수 있고 실

---

31) 션 엘리스(Sean Ellis), Growth Hackers의 창립자이자 CEO

행 가능한 액션플랜을 수립'할 수 있어야 한다.

OMTM^(One metric that matters)

OMTM[32]은 '가장 중요한 하나의 지표'라는 의미로 해석할 수 있다. 《린 애널리틱스^(Lean Analytics)》에서 벤 요스코비츠^(Ben Yoskobitz)는 "OMTM 은 어느 특정 시기에 해당 부서가 집중하는 주요 지표로서 북극성 지표^(NSM)에 직접적인 영향을 미친다."라고 설명하고 있다. 즉 전사적인 차원에서의 핵심지표가 NSM이라면 하위 부서 차원에서 NSM을 달성하기 위해 특정 기간에 집중해야 하는 부서 차원의 주요 지표가 바로 OMTM이다. 따라서 NSM은 하나이지만 OMTM은 부서의 수와 성격에 따라 여러 개가 존재할 수 있다.

NSM은 비즈니스 모델이 완전히 바뀌지 않는 한 오랜 기간 동안 그대로 유지된다. 반면 OMTM은 통상 2~4달 정도 집중적으로 사용되고 목표가 달성되면 다음 기간 동안 또 다른 OMTM이 정해지므로 항상 변한다고 볼 수 있다.

좋은 지표의 조건[33]

지표는 서비스 제공 과정에서 생성되는 다양한 데이터를 의미 있고 분석 가능한 형태로 정리한 것을 말한다.

좋은 지표의 기준은 여러 가지가 있을 수 있으나 첫째, 비교 가능성이 높아야 한다. 시간별, 세그먼트별, 코호트별로 묶어서 보고, 시간별

---

32) Ben Yoskobitz, 《Lean Analytics》
33) https://mixpanel.com/blog/north-star-metric/ Ryan Holiday, Growth Hacking

로 구분해서 분석해 볼 수 있는 등 특정 기준과 조건으로 비교 가능한 지표가 좋다. 둘째로는 판단이 쉬운 지표가 좋다. 복잡한 공식보다는 심플한 지표가 좋고 절댓값 보다는 퍼센트와 같은 비율로 표현하는 것이 판단에 용이하다. 셋째로는 누가 보더라도 쉽게 이해 가능한 지표가 좋다. 사업모델에 따라 기업의 특성에 따라 지표는 표현하는 방법이 다를 수 있겠으나 이를 내·외부 이해관계자들이 이해하기 쉬워야 좋은 지표라 할 수 있다.

그럼 나쁜 지표는 어떠한 것일까? 흔히 허영 지표(Vanity Metric)라 불리는 지표이다. 이 지표는 중요한 것처럼 느껴지지만 궁극적으로는 추상적이고, 더 안 좋게는 사람을 속이고 현혹시키는 지표이다. 예를 들어 전환율, 이탈율, 사이트 체류시간 등을 무시하면서 자사의 웹사이트에 얼마나 많은 사람이 몰려드는지만을 살펴본다면, 그것이 바로 허영 지표의 희생양이 되는 경우이다.

비즈니스 모델에 맞추어 지표를 적용하라

비즈니스 모델이 다르면 해당 지표도 이에 맞추어 다르게 설계되어야 한다.

앞서 '비즈니스 모델의 종류와 트랜스포메이션'에서는 각 모델의 종류와 사례에 대해 살펴보았다. 해당 내용에서 설명한 NSM을 고려 시 각 비즈니스 모델의 특성에 따라 다음과 같은 지표들을 예로 들 수 있다. 이 지표들은 북극성 지표(NSM)를 달성하기 위한 하위 지표로 고려할 지표의 풀(Pool)로 활용하면 의미가 있을 것이다.

하드웨어 (Hardware)	**DJI**	• 종합설비효율성[1](Overall Equipment Effectiveness) • 수율(Yield rate) • 재고회전율(Inventory turnover) • 노동생산성(Employee Productivity)
광고 (Advertising)	**∞ Meta**	• 일간 활성고객수(Daily Active Users) • 노출수(Impression) • 액션당 비용 CPA(Cost per Action) • 클릭율 CTR(Click through rate): 클릭수/노출수
프리미엄 (Freemium)	**Dropbox**	• 유료 구독자 비율(% User pay) • 성장률(Growth rate) • 사용자당 평균 매출[2](ARPU) • 유료 사용자의 평균매출[3](ARPPU)
마켓플레이스 (Marketplace)	**airbnb**	• 예약된 숙박 일수 • 총예약가치 GVB(Gross Booking Value) • 호스트 수입(Host Earnings) • 공급증가율(Supply Growth Rate)
구독 (Subscription)	**Adobe NETFLIX**	• 유료 구독자 비율 • 월간 반복 매출 MRR(Monthly Recurring Revenue) • 고객 획득 비용 CAC(Customer Acquision Cost) • 고객 이탈률(Churn rate)
면도기/면도날 (Razor–Razor blade)	**Gillette**	• 면도기 점유율 • 면도기 하드웨어 마진 • 면도날(소모품) 장착률 • 면도날(소모품) 마진

1) 가용성(Availability)×성능(Performance)×품질(Quality): 제조 운영이 장비와 리소스의 효율성과 생산성에 대한 종합적 지표
2) Avg. Revenue per User = 매출/사용자 수
3) Avg. Revenue per Paying User = 매출/결제한 사용자 수

AARRR 프레임워크

AARRR은 사업가이자 벤처캐피탈사인 500 Startups의 창업자 데이브 맥클루어^(Dave McClure)가 주창한 지표관리 프레임워크이다. 데이브 맥클루어는 스타트업의 성장을 위해 고객유치^(Acquisition), 활성화^(Activation), 고객유지^(Retention), 수익화^(Revenue), 추천^(Referral)의 다섯 가지 단계에 따라 주요 지표들을 모니터링하고 관리해야 한다고 주장하였다. 각 단계를

| AARRR Framework |

단계	**Acquisition** (고객유치)	**Activation** (활성화)	**Retention** (유지)	**Referral** (추천)	**Revenue** (수익화)
설명	사용자들은 어느 **채널**을 통해 유입되는가?	사용자들은 우리 회사 제품의 처음 사용**경험**에 만족하는가?	사용자들은 우리 제품 사용을 위해 되돌아 오는가(**재방문**)?	사용자들은 우리 회사 제품을 다른 사람에게 **추천**할 것인가?	우리 회사는 이 제품으로 **돈**을 버는가?
지표	1) CAC 2) MAU/WAU/DAU[2]	3) Stickiness 4) Bounce Rate 5) Exit Rate 6) Conversion Rate	7) Retention Rate 8) MRR 9) RPR	10) Viral Coefficient 11) Viral Cycle Time 12) NPS	13) ARPU 14) ARPPU 15) MRR, 16) CLV/LTV

1) Customer Acquisition Cost: 고객획득비용
2) Monthly/Weekly/Daily Active User:
   월간/주간/ 일간 활성 사용자 수
3) 서비스 의존율, 고착성, DAU/MAU×100
4) 이탈률, 이탈수/페이지 세션×100
5) 종료율, 페이지 종료 수/페이지 뷰 수×100
6) 전환 수/방문 수
7) 재방문율, 잔존율, D+N일의 재방문율 측정
8) 월간반복매출 (Monthly Recurring Revenue)

9) 반복구매비율 (Repeat Purchase Ratio)
10) 바이럴 계수
11) 바이럴 주기
12) 순수고객추천지수
13) 사용자당 평균매출 (Average Revenue per User)
14) 결제자인당 평균매출 (Average Revenue per Paying User)
15) 월별반복매출 (Monthly Recurring Revenue)
16) 고객생애가치 (Customer Lifetime Value/Lifetime value)

구체적으로 살펴보자. [34]

고객유치(Acquisition)

사용자들이 자사의 서비스를 사용하도록 유치 또는 획득하는 단계이다. 이때 살펴보아야 할 중요 포인트들은 다음과 같다.

① 얼마나 많은 신규 이용자가 유치되었는가? [신규고객 수, 가입자 수, 앱 다운로딩 수]
② 신규고객이 유입된 채널(Channel)들은 무엇인가? [채널별 가입자 수, 채널 효율성]

---

34) Dave McClure, "Startup Metrics for Pirates", Market Splash, 양승화, 그로스 해킹.

③ 한 명의 이용자를 유치하는 데 드는 비용은 얼마인가? [신규고객 일인당 유치비용]

신규고객의 유입 경로 또는 채널 분석의 경우. '네이버, 카카오, 구글과 같은 소셜미디어(Social Media) 중 어디를 통해 들어오는지?' 또 '이메일 또는 홈페이지 등 어느 매체를 통해 유입되는지?', '어떤 캠페인을 통해서 가입하였는지?', '어떤 키워드로 검색해서 들어왔는지?' 등에 대한 분석을 통해 고객 유치에 기여(Attribution)한 채널의 성과평가를 실시한다. 이때 '어느 채널에서 가장 많은 신규고객이 유입되는가? 어느 채널이 가장 투자대비 효율적인가?'도 분석한다. 이를 바탕으로 채널성과에 대한 계량적 모델을 개발하여 향후 새로운 고객 유치에 활용하는 것이 중요하다.

이 단계의 주요 지표로 신규고객 가입 수(Signup user), 월간/주간/일간 활성 사용자의 수(Monthly/Weekly/Daily Active User)와 더불어 고객획득비용(CAC, Customer Acquisition Cost)을 들 수 있다. 고객획득비용은 한 명의 이용자를 유치하는 데 드는 비용으로, 신규고객 획득 관련 전체 비용을 신규고객 수로 나누어 계산하며, 고객 세그먼트별 및 채널별 효율성을 평가하는 데 사용된다.

활성화(Activation)

이제 사용자들이 자사의 사이트에 회원으로 가입하였다. 그러나 회원으로 가입한 모든 사용자들이 실제적으로 제품을 구매하거나 유료 회원으로 전환되지는 않는다. 따라서 이 단계에서는 사용자들이 자사의 제품에 대한 첫 번째 경험 시 만족도를 최대한 높여서 궁극적으로는 유료고객으로 전환되도록 하는 것이 목표가 되어야 한다. 즉 사용자들이 자사 제품의 진정한 가치$^{(True\ value)}$에 대해 급격하게 인식하게 되는 감정적 반응이 나타나는 시간인 '아하! 모멘트$^{(Aha!\ Moment)}$'를 경험하게 하는 것이 중요하다.

고객이 자사의 제품을 인지하고 회원으로 가입 후 유료 회원으로 전환하는 구매 단계는 좀 더 세부적으로 나누어 볼 수 있다. 예를 들어, 사용자는 '앱 다운로드 - 회원가입 시작 - 인증 - 가입 완료 - 최초 사용 - 유료 사용'의 세부 단계를 거치게 된다. 일반적으로 사용자들은 매 단계를 지나면서 그 수는 점차로 줄어드는 깔때기$^{(Funnel)}$ 모양의 분포를 보인다.

따라서 활성화 단계에서는 사용자들이 Funnel의 각 단계에서 다음 단계로 전환되는 전환율을 측정하고 관리하는 것이 중요하다. 이 퍼널 분석에서 유의할 점은 단순히 매 단계별 전환율을 측정하는 데 그치지 말고 해당 전환율의 선행 지표를 찾아내고 이를 바탕으로 개선 방향을 도출하고 실행하여 전환율을 높이는 것이다. 예를 들어 '가입 채널'별로 결제전환율을 분석한 결과 "지인 추천으로 가입한 사용자의 전환율이 이메일 광고를 보고 가입한 전환율 보다 30% 더 높다"라는 결론을 얻게 되었다면, 지인 추천을 더 강화하면서 동시에 이메일 채널의 목표 고객을 조정하든지 또는 할인 등의 프로모션을 통해 전환율을 높이는 마케팅 기획을 고려할 수 있다.

활성화 단계에서 살펴보아야 할 중요 포인트들은 다음과 같다.

① 신규고객들은 얼마나 지속적으로 활동하는가?
[신규고객 활동성]

주요 지표로는 Stickiness^(서비스 의존율, 고착성)를 들 수 있는데, DAU^(일간활성사용자수)/MAU^(월간활성사용자수)×100으로 계산을 한다. 보통 20% 이상이면 좋은 편이라 할 수 있는데, 하향 곡선을 그리면 사용자가 감소하고 있는 상태로 볼 수 있다. 그다음으로 Bounce Rate^(이탈률)은 이탈 수/페이지 세션×100으로 계산하는데, 자사의 사이트를 방문한 사용자가 다른 페이지로 이동하지 않고 떠난 비율을 말한다. 또 Exit Rate^(종료율)는 페이지 종료 수/페이지 뷰 수×100으로 계산하는데, 고객이 여러 개의 페이지를 이동한 뒤 사이트를 떠난 비율을 말한다. 따라서 Bounce rate가 낮으면 당연히 Exit rate도 낮을 수밖에 없다. 이탈율^(Bounce rate)은 자사의 서비스가 이용자를 얼마나 붙잡아 놓는지에 대한 객관적 측정값이다. 이용자가 자사의 사이트에 들어왔을 때 그들 중 즉시 떠나는 인원은 몇 %일까? 만약 이 비중이 높다면 제품/서비스 적합도^(Product/market fit)가 낮거나 엉뚱한 고객군을 목표로 하고 있을 수도 있다. 이런 이유로 인해 이탈률이 높은 상황에서 고객 트래픽을 늘리는 것은 큰 의미가 없다. 이 이탈률을 개선하기 위해서는 A/B 테스트 통해 반복적으로 서비스를 조정하거나 목표 고객군을 조정해야 한다. A/B 테스트는 웹사이트나 제품의 서로 다른 두 버전을 만든 다음 이용자들에게 각각 보여주고 A, B 중 어느 것이 더 나은지를 지켜보고 테스트하는 방법이다.[35]

② 신규고객들이 실제로 결제하고 유료고객으로 전환하는 비율은 얼마인가?

---

35) Ryan Holiday, 《Growth Hacking》

[전환율]

활성화 단계에서 가장 중요한 지표로 전환율$^{(Conversion\ rate)}$를 들 수 있다. 전환수를 방문수로 나누어 계산한다. 한국의 온라인 배달음식 주문 서비스업체인 요기요$^{(YOGIYO)}$는 고객을 끌고 온 채널에서의 클릭율$^{(CTR,\ Click\ Through\ Rate)}$이 높고 클릭당 비용$^{(CPC,\ Cost\ Per\ Click)}$이 좋게 나와도 전환율이 낮으면 좋은 트래픽이 아니라고 판단한다. 왜냐하면 해당 채널에서의 노출이 클릭으로 이어져서 최종적으로는 전환$^{(Conversion)}$이 되어야만 의미 있는 고객 확보라는 결과로 이어지기 때문이다. 요기요에서는 고객에게 접근하는 채널별로 고객획득비용$^{(CAC,\ Customer\ Acquisition\ Cost)}$이 적당하냐 아니냐를 기준으로 의사결정을 한다. 고객 한 명을 전환시켜 확보하는 데에 들어가는 모든 비용을 고려하는 것이다. 회사는 단순히 전환율만 측정할 것이 아니라 더 나아가 구매 퍼널의 어느 단계에서 '왜 사용자들이 더 이상 다음 단계로 진전이 없는지?' 또 '다음 단계로의 전환을 위해 어떤 마케팅 액션을 취해야 하는지?'를 끊임없이 파악하고 분석할 필요가 있다.

고객유지$^{(Retention)}$

사용자들이 자사의 제품을 구매하고 사용하기 시작하였다. 이제 회사에서는 이 사용자들이 정기적으로 사이트로 되돌아와서 사용 또는 구매를 하도록 하는 단계이다. 즉 사용자가 단골$^{(Patron)}$이 되도록 하는 단계이다. 전자상거래 모델$^{(eCommerce\ model)}$에서는 일정 기간 내 사용자가 두 번 이상 구매를 하고, SaaS모델에서는 구독상태가 유지되는 상태를 예로 들 수 있다.

고객유지$^{(Retention)}$는 일반적으로 접속을 기준으로 측정한다. 즉 D+N

일의 재방문율을 측정하는데 보통 D+7, D+21, D+30, D+60, D+90 등의 기간으로 특정 사용자의 기대 활동이 반복되고 있는지를 측정한다. 주요 지표로는 연간반복매출(Annual Recurring Revenue), 월간반복매출(Monthly Recurring Revenue), 반복구매비율(Repeat Purchase Ratio), 구매간격시간(Time Between Purchases) 등을 들 수 있다.

고객유지는 AARRR 중 가장 중요한 단계일 수 있다. 왜냐하면 단골고객이 결국 지인들을 초대하거나 구전을 통해 자사 제품을 알릴 수 있고, 또 이 고객유지율이 높을수록 경제적 이익 창출(Monetization)의 가능성이 높아지기 때문이다. 베인 앤 컴퍼니(Bain & Company)에 따르면 고객유지율을 5% 상승시켰을 때 회사 수익성은 30% 증가할 수 있다고 한다. 마켓 매트릭스(Market Metrics)는 기존 구매 고객에게 상품을 판매할 수 있는 확률은 60~70%이지만 신규고객에게는 5~10%에 그친다고 발표하였다.

리텐션율이 좋은 서비스 또는 제품이라 하더라도 고객유치율이나 활성화율이 나쁘지 않다면 어느 정도까지는 성장 곡선을 유지할 수 있다.(사실 착시 현상일 수도 있다.) 그러나 리텐션이 잘 관리되지 않는 서비스는 이 곡선이 한순간에 나빠지기도 한다. 또한 문제를 깨달은 시점에는 이미 늦었거나 어렵게 개선을 하더라도 그 효과가 한참 뒤에나 나타나는 특성을 가진 지표이다.

리텐션율을 개선하기 위해서는 크게 '사용자 유입 초기에 떨어지는 속도를 늦추거나', '리텐션 안정화 이후에는 기울기를 평평하게 오랫동안 유지'하는 데 초점을 맞추는 방안이 있다. 초기 유입단계에서 속도를 떨어뜨리기 위해서는 고객이 유입되고 온보딩(Onboarding)되는 매 단계별로 이탈율과 원인을 분석하는 것이 중요하다. 리텐션 안정화 이후에는 사용자와 장기적이고 지속적인 관점에서의 관계를 유지하는 프로그램을 설계하고 운영한다. 주기적 프로모션, 휴면고객활성화, 고객의 니즈에 맞춘 특화된 서비스 제공 등을 적용해 볼 수 있다.

아마존(Amazon)이 최초에 구독 서비스인 프라임(Prime)을 제공할 때는 원래 고객들에게 일반 서비스보다 더 빠른 배송서비스를 제공하는 것이 목적이었다. 이후 아마존은 비디오 플랫폼과 음악 스트리밍 서비스를 통해 독점적인 콘텐츠를 제공하여 고객 유지율을 높였다.[36]

리텐션율 개선을 위해 노력할 때 유의할 점은 단순히 리텐션 지표만 볼 것이 아니라 고객경험을 전반적으로 고려해야 한다는 점이다. 온라인상으로 푸시, 이메일 등을 통해 캠페인을 드라이브하면 특히 한 달에 한 번만 접속해도 숫자가 집계되는 월간 활성 사용자수(MAU, Monthly Active User)와 같은 지표는 크게 올릴 수도 있다. 다만 사용자 입장에서는 이러한 커뮤니케이션 방식이 '피로도'가 높아져 앱을 삭제(Uninstallment)하거나 회원탈퇴(membership withdrawal)로 이어질 수도 있다는 점이다. 따라서 사용자 커뮤니케이션 채널은 사내 특정부서에서 일원화해 관리하는 편이 좋다.

추천(Referral)

추천은 말 그대로 기존 사용자의 권유나 입소문을 통해 새로운 사용자를 데려오는 것을 의미한다. 핵심은 '어떻게 기존 사용자가 추천을

---

36) Marketsplash.com

많이 하게 할 것인가?'와 '추천받은 잠재 사용자가 앱을 설치하고 회원에 가입, 그리고 이후 온보딩 프로그램(Onboarding program)을 얼마나 잘 설계하고 운영하느냐?'이다.

추천과 관련한 주요 지표는 아래의 세 가지를 들 수 있다.

Viral Coefficient^(바이럴 계수)

'초대율×수락율'로 계산을 한다. 즉 기존 고객 한 명이 데려온 신규 고객의 수를 말한다. 이 바이럴 계수가 지속적으로 1 이상 유지된다면, 한 명 이상의 유지가 계속 초대되므로 이상적이다.

- 초대율 = 전체 발송된 초대 수 / 전체 사용자 수
- 수락율 = 초대받고 가입한 사용자 수 / 전체 발송된 초대 수

Viral Cycle Time^(바이럴 주기)

바이럴 계수가 1 이상이더라도 새로 가입한 사용자가 바이럴을 일으키는데 걸리는 시간이 한 달이라면 성장은 하지만 그 속도는 더디다고 볼 수 있다. 따라서 바이럴 주기는 짧을수록 좋다.

Net Promoter Score^(순수고객추천지수)

순수고객추천지수 = 추천고객비율^(%) − 비추천고객비율^(%)

대표적인 성공적 추천 프로그램(Referral program)으로는 드롭박스(Dropbox)사의 사례를 들 수 있다. 드롭박스사의 대표이자 창업가인 드루 휴스턴(Drew Houston)에 의하면 해당 프로그램을 실시한 지 15분 만에 4백만 명 이상의 사용자가 가입을 했고, 가입회원수가 60% 증가했다.

수익화(Revenue)

AARRR의 마지막 단계에 해당한다. 이는 사업의 성공과 실패를 가늠하는 주요 단계로서, 아무리 가입고객수가 많고 고객만족도가 높으며, 월간활성 사용자수가 많다 하더라도, 결국은 매출로 연계가 되지 않으면 사업의 지속가능성은 보장하기 어렵다.

수익화 관련 주요 지표로는 ARPU, ARPPU, MRR, LTV를 들 수 있다.

ARPU : Average Revenue per User(사용자당 평균매출)

매출을 사용자 수로 나누어 계산한다. 실무적으로는 월 매출을 MAU(월평균사용자수)로 나누어 집계를 한다.

ARPPU : Average Revenue per Paying User(결제자 인당 평균매출)

매출을 실제 결제자 수로 나누어 계산한다. 실무적으로는 월 매출을 월 결제자 수로 나누어 집계한다.

MRR : Monthly Recurring Revenue(월별반복매출)

어도비(Adobe), 넷플릭스(Netflix), 멜론(Melon)처럼 사용자들이 소프트웨어, 영상, 음원 등을 구독하면서 월별로 이용금액을 지불하는 구독비즈니스모델(Subscription business model)의 경우는 월별로 반복하여 매출이 발생한다. 이때 MRR 지표를 사용하여 수익화를 측정한다. 전월대비 MRR이 증가하였다면 원인이 신규사용자 증가 때문인지, 기존 사용자의 구매금액이 늘어났기 때문인지, 또는 이탈고객이 감소하여서 그런 것인지 등을 세분화하여 분석하고 추가적인 마케팅 프로그램을 계획하는 것이 중요하다.

CLV/LTV : Customer Lifetime Value/Lifetime value^(고객생애가치)

고객생애가치는 한 사용자가 자사의 서비스 영역에 진입한 순간부터 이탈하는 순간까지의 전체 활동기간 동안 누적해서 창출하는 수익을 말한다.

고객생애가치를 계산하는 방법은 여러 가지가 존재한다. 예를 들면 아래와 같다.

- 이익 × 거래기간^(라이프타임) × 할인율^(현재가치계수)
- 고객의 연간 거래액 × 수익률 × 고객지속연수

핵심은 고객생애가치^(CLV)가 고객획득비용^(CAC)보다 더 크게 유지하는 것이다. 결국 수익성이 확보되어야 한다는 점이다. 과거에 많은 스타트업들이 사업 초기에 우선 신규고객을 최대한 확보하는 것에 초점을 맞추고 수익화 특히 매출이나 영업이익의 흑자는 나중으로 미루는 경향이 있었다. 그러나 아무리 사용자 수가 늘고 외형이 커져도 결국 수익화에 성공하지 못하면 기업의 영속성은 확보되기 어렵다는 점을 명심할 필요가 있다.

시사점

스타트업이 지표를 선정하고 운영함에 있어서 가장 중요한 점은 고객에 대한 깊은 이해를 통해 전략적 인사이트를 얻는 것이다. 예를 들어, AARRR 프레임워크를 제대로 활용하려면 단순히 지표의 선정과 측정에 그치는 것이 아니라 각 단계의 목적과 의미를 명확히 이해한 뒤 측정 결과를 바탕으로 끊임없이 테스트를 반복하여 의미 있는 인사이트를 도출하는 것이 중요하다. '우리 서비스를 이탈하는 사용자들은 이탈 직전에 어떤 경험을 하였을까?', '우리 서비스를 이탈했다가 다시 돌아오는 사용자들은 어떤 계기로 돌아오게 되었을까?'와 같은 질문들은 고객에 대한 이해와 인사이트를 도출하는 출발점이 될 것이다.

스타트업의
조직문화와 채용

　선도적인 저비용 항공사인 사우스웨스트 항공(Southwest Airlines)은 '사우스웨스트 웨이(Southwest Way)'로 알려진 독특한 조직문화로 유명하다. 이 문화는 존중, 배려, 우수성, 재미라는 가치에 기반을 두고 있으며, 이를 통해 높은 직원 참여도, 낮은 이직률, 탁월한 고객 서비스를 달성할 수 있었다. 이 회사는 전사 정신(Warrior spirit), 서번트의 마음(Servant heart), 재미를 사랑하는 태도(Fun-loving attitude)라는 세 가지 속성에 중점을 두고, 지원자를 채용할 때 이 핵심 가치에 부합하는가를 기준으로 삼는다. 이러한 접근 방식은 성과 평가와 승진에도 반영되어 이러한 특성을 잘 발휘하는 직원이 조직 내에서 승진할 수 있도록 보장한다. 그 결과 사우스웨스트 직원들은 압도적으로 자신의 직무를 '소명'으로 여기고 회사에서 일하는 것에 자부심을 표하며 가치 기반 채용의 효과를 입증하고 있다. [41]

---

41) Julie Weber, 《How Southwest Airlines Hires Such Dedicated People》

위 사례처럼 조직문화는 회사의 의사결정 과정과 더불어 궁극적으로 성과에도 많은 영향을 미친다. 이번 장에서는 '조직문화의 특성'과 더불어 '조직문화와 연계된 채용'에 대해 살펴보자.

조직문화란 무엇인가?

조직문화는 조직 구성원이 공유하는 가치(Value), 신념(Belief), 가정(Assumption), 도구(Artifact)를 포함하는 종합적인 개념이다.[42] 이런 문화 요소들은 조직의 구성원들이 서로 상호작용하고 의사결정을 내리는 방식에 중대한 영향을 미친다. 조직문화는 회사의 미션(Mission)과 비전(Vision), 리더십 스타일(Leadership style), 커뮤니케이션(Communication), 의사결정 스타일(Decision making style), 일과 삶의 균형(Work-life balance), 직원참여(Employee engagement) 등을 통해 나타난다.

예를 들어, 조직문화에 따라 조직이 선호하는 의사결정 스타일(Decision making style)은 달라지게 된다. 속도와 민첩성을 중시하는 조직문화에서는 신속한 의사결정과 적응력을 우선시하는 반면, 관료주의적인 문화에서는 느리더라도 철저한 분석과 기존 프로세스를 준수하는 의사결정 스타일을 강조할 수 있다. 리스크에 대한 감수성이 높은 조직문화에서는 과감한 의사결정 스타일을 택하고, 리스크 감수성이 낮은 조직문화에서는 보수적인 의사결정 스타일을 택할 가능성이 높다.

---

42) Edgar Schein, 《Organizational culture and leadership》

사례 : 에어비앤비^(Airbnb)의 조직문화

이해를 돕기 위해 에어비앤비의 조직문화 사례에 대해 살펴보자. 에어비앤비^(Airbnb)의 조직문화의 핵심요소는 포용성^(inclusivity), 수용성^(acceptance), 소통^(communication)이다.

포용성과 수용성

에어비앤비는 성별, 인종, 성적 취향, 정치적 견해에 관계없이 직원, 호스트, 게스트 모두를 환영하는 문화를 가지고 있다. 회사 내 '에어피니디 직원 리소스 그룹^(Airfinity Employee Resource Group)'은 공통의 문화와 배경, 관심사를 가진 직원 조직을 통해 직원 간의 관계를 촉진한다. 에어비앤비에는 성소수자, 아프리카계 미국인, 라틴계, 이공계 여성, 재향군인, 학부모 등 12개의 에어피니티 직원 지원 그룹이 있다.

"에어비앤비는 어디에나 속한다^(Belong anywhere)"라는 비전^(vision)에 대한 확고한 의지를 모든 직급에서 보여주고 있다. 예를 들어, 에어비앤비 사무실에는 직원들의 전용 책상이 없고, 직원들은 건물 내 어느 곳이든 원하는 업무 공간에서 일할 수 있는 '어디에나 소속된 근무 환경'에서 일한다.

소통

회사와 직원 간의 소통, 직원 간의 연결은 에어비앤비 조직문화의 중요한 요소이다. 이 회사는 1년에 한 번씩 직원들이 비전과 전략을 공유하고, 피드백을 받으며, 서로 배우고, 지역사회에 환원하는 데 참여하는 '원에어비앤비^(Oneairbnb)' 행사를 개최한다. 또한 정기적인 전사 회의^(Company-wide meeting)에서 직원들은 코끼리, 죽은 물고기, 토사물이라는 주제들을 가져와서 이야기하도록 권장된다. 코끼리(Elephant)는 대부분의 조직에서 누구도 감히 꺼내지 못하는 조직 내부의 큰 문제이고, 죽은 물고기(Dead Fish)는 이미 지나간 일이지만 직원들이 잊지 못하고 있는 일이며, 구토물(Vomit)은 그냥 밖으로 내보내야 할 일, 토해내고 싶은 일을 말한다.

이처럼 에어비앤비의 조직문화는 포용성, 수용성, 소통을 우선시하고 장려하며 회사의 가치와 비전을 강화하고 있다. [43)

건강하고 강한 조직문화의 이점

일반적으로 좋은 조직문화는 조직에 다음과 같은 이점을 가져다 준다.

- 직원 사기 향상 : 긍정적인 조직문화는 직원의 만족도, 참여도, 동기 부여를 높여 사기를 높이고 긍정적인 업무 환경을 조성할 수 있다.
- 성과 향상 : 좋은 조직문화는 직원들이 최선을 다하고 회사의 목표를 향해 일하도록 동기를 부여하므로 전반적인 성과 향상으로 이어질 수 있다.
- 인재 유치 및 이직률 감소 : 건강한 문화는 우수한 인재를 유치할 수 있게 하고 핵심 인재의 이직을 낮추는 데도 기여한다.
- 더 나은 커뮤니케이션 : 강력한 문화는 직원과 경영진 간의 개방적이고 효과적인 커뮤니케이션을 촉진하여 더 나은 협업과 팀워크를 가능하게 한다.

---

43) John Dudovskiy, 《Airbnb Organizational Culture: communication, inclusivity and acceptance》

조직문화와 채용

스타트업은 혁신(Innovation), 민첩성(Agility), 적응력(Adaptability)을 강조하는 독특한 문화를 가지고 있는 경우가 많다. 제품/시장부합성(Product/market fit)을 달성하기 위해 끊임없이 프로토타입과 같은 MVP(Most viable Product)를 통해 가설을 테스트하고, 또 필요시 전략을 선회하는 피벗(Pivot)을 과감하게 단행해야 하는 스타트업의 특성상 이와 같은 문화적 특성은 큰 기업과 차별화될 뿐만 아니라 사업 성공에 매우 중요한 요소이다.

그리고 스타트업에서 조직문화와 채용의 관계는 매우 중요한데, 이는 채용된 직원이 조직문화의 발전과 강화에 큰 영향을 미치기 때문이다. 스타트업은 사업 초기에 적은 규모의 조직으로 운영되므로 신입 직원은 기존 조직문화에 영향을 받고 적응함과 동시에 스타트업에 자신만의 가치관, 신념, 경험을 가져와 기존 문화에 영향을 미치고 변화를 만들 수도 있다.

또한 신입 직원은 조직이 급속하게 성장해 감에 따라 기존 직원 및 경영진과 함께 사업의 특성과 규모에 걸맞은 새로운 조직문화를 형성하는 데 기여하기도 한다. 따라서 스타트업은 외부로부터 신입 직원 채용 시 필요한 기술력과 역량을 갖췄을 뿐만 아니라 회사의 가치, 사명, 문화적 특성에 부합하는 후보자를 잘 선별하여 채용해야 한다.

스타트업의 인재 채용상 어려움

스타트업 창업자가 회사를 성장시켜 나가는 과정상 적절한 인재를 외부에서 채용해야 하는데, 이 과정에서 직면하는 채용상의 문제는 다음과 같다.

브랜드 인지도 부족

스타트업은 기존 기업과 달리 브랜드나 평판이 잘 알려져 있지 않아 우수한 인재를 유치하기가 어려울 수 있다.

부족한 예산

스타트업은 재무적 자원에 한계가 있어서 신규 채용 직원에게 경쟁력 있는 급여와 복리후생을 제공하는 것이 어려울 수 있다.

불분명한 역할과 책임

스타트업의 초기 단계에서는 역할과 책임이 불분명하거나 유동적일 수 있으므로 정확한 직무기술서(Job Description)를 후보자에게 사전에 제시하는 데 어려움이 많다.

어려운 근무환경

스타트업은 기존 기업에 비해 근무 시간이 길고 불확실성이 크며 스트레스가 높은 환경일 수 있다. 이로 인해 보다 안정적이고 예측 가능한 일자리를 찾는 인재들의 경우 채용이 어려울 수 있다.

HR 전문성 부족

인사관리 분야에 대한 사전경험이 없는 창업자의 경우 채용 프로세스를 탐색하고 효과적인 채용 전략을 개발하는 데 어려움을 겪을 수 있다. 스타트업은 직원을 채용할 때 노동법, 세금 규정 및 기타 법적 요건도 준수하여야 하므로 이 부분을 면밀하게 검토하지 않을 경우 복잡한 문제를 불러올 수도 있다.

팀 규모의 결정

스타트업은 성장의 속도에 맞추어 적절한 팀 규모를 결정해야 한다. 너무 빨리 채용하면 비효율적일 수 있고, 너무 느리게 채용하면 성장을 저해하고 기존 직원에게 추가적인 업무적 스트레스를 줄 수 있다. 이러한 문제를 극복하기 위해 스타트업 창업자는 개인 네트워크와 채용 플랫폼을 활용하고, 멘토와 업계 전문가에게 조언을 구하는 등의 방안을 적극적으로 강구할 필요가 있다.

스타트업의 채용 프로세스와 유의점

일반적으로 스타트업의 채용프로세스는 '① 채용결정, ② 채용공고, ③ 모집 및 서류검토, ④ 면접 및 결과안내, ⑤ 처우협상, ⑥ 입사 및 온보딩'의 단계를 거치게 된다. 이와 관련하여 챙겨야 할 점들은 다음과 같다.

직원가치제안(EVP)의 설계

조직의 성장에 따라 인원을 더 충원하기로 결정하면, 이와 더불어 회사는 직원가치제안(EVP: Employee value proposition)을 설계할 필요가 있다. 직원가치제안은 직원이 회사에 제공한 가치에 대해 회사가 직원에게 제공하는 고유한 혜택과 보상을 말하는데, 이에는 주로 급여, 복리후생, 경력개발 기회, 일과 삶의 균형 등이 포함된다.

예를 들어 다양성, 포용성, 소속감을 중시하는 에어비앤비는 직원들에게 무제한 휴가, 육아휴직, 웰니스 프로그램과 같은 혜택을 제공하고, 파타고니아는 환경 지속 가능성, 사회적 책임, 일과 삶의 균형을 중요하게 생각하며, 직원들에게 사내 보육, 환경 운동을 위한 유급 휴가, 유연한 근무제 등의 혜택을 제공한다.

위와 같은 EVP는 조금 낮은 보상 수준에도 우수 인재를 채용할 수 있게 하고, 입사 후 몰입도와 재직의사를 제고하는 데 큰 역할을 한다.

채용공고(Job Posting)

채용 인원수와 직무 요건이 확정되면 이를 다양한 채널을 통해 채용 공고를 하게 된다. 이때 웹, 소셜미디어, 모바일과 같은 온라인 채널과 더불어 캠퍼스 리크루팅과 같은 채용 설명회를 개최할 수도 있고, 필요 시에는 인턴십이나 산학협력과 같은 프로그램을 활용할 수도 있다. 각 채널의 특성에 따라 적절히 활용할 필요가 있다.

이 단계에서 유의해야 하는 점은, 후보자가 지원서 제출 후 마냥 기다리게 해서는 안 된다는 것이다. 지원에 대한 확인(confirmation)뿐만 아니라 "채용 절차가 어느 정도 소요되고 언제까지 연락 드리겠다"라는 등의 후속 커뮤니케이션이 중요하다. 시장에서 수요가 급격히 증가하는, 예를 들어, 개발 직군 후보자의 경우는 기다리지 않고 타사로 입사하게 되는 요인이 될 수도 있다.

인적성 검사 꼭 해야 하나?

인적성 검사는 서류나 면접 평가에 대한 보완, 채용에 투입되는 시간과 비용의 절감, 조직문화 부적응으로 인한 조기 퇴사 방지를 위해 실시한다. 그러나 이 인적성 검사는 동시에 과거 통계에 기반하므로 후보자의 미래 성과를 완벽하게 예측할 수 없고, 검사 결과가 창의적이고 혁신적인 성향의 사람에게는 오히려 부정적인 결과가 나올 수 있다는 점 등이 한계점이다. 따라서 인적성 검사는 절대적인 평가 기준으로 사용하기보다는 후보자에 대한 다양한 관점을 제공하는 툴로 활용하는 것이 권장된다.

인터뷰는 어떻게 하는 것이 좋은가?

인사 담당은 면접을 하기에 앞서 면접관들에게 아래의 사항은 사전에 반드시 설명을 하여 충분히 이해시킨 뒤 면접에 임하도록 하는 것이 좋다.

면접에서 확인해야 하는 것^(면접의 목적에 맞게 면접에서는 아래 사항을 반드시 확인하는 것이 필요하다.)

- 지원자가 해당 포지션에 적합한 경험과 기술을 가지고 있는가?
- 우리 회사 문화에 잘 적응할 수 있는가?
- 기존 직원들과 조화롭게 일할 수 있을까?
- 지원자의 태도/가치관/도덕성은 큰 문제가 없는가?

경험면접방식

일반적으로 인터뷰에는 과거 경험을 통해 미래를 예측하는 경험면접(Behavior Event Interview) 방식이 많이 사용된다. 사람의 내적 특성은 행동 결정에 큰 영향을 주며, 쉽게 변하지 않고, 사람들이 자신의 동기나 기술 등 향후의 행동에 대해 인터뷰에서 말하는 것은 신뢰성이 낮다는 점에서 이 경험면접방식이 선호되는 편이다.

따라서 질문 방식도 이 경험면접방식으로 재구성이 되어야 한다. 예를 들어, "이러 이러한 어려운 상황이 발생하면 어떻게 하시겠습니까?" 보다는 "최근에 당신이 감당하기 어려웠던 상황에 대해 말씀해 주십시오. 그때 어떻게 행동하셨습니까?"가 더 적합하다.

질문 스킬

질문은 아래와 같이 구조적으로 하는 것이 좋다.

- Situation : 당신이 처해 있던 상황에 대해 말씀해 보십시오.
- Task : 그때 당신이 수행한 과제는 무엇이었습니까?
- Action : 그때 어떻게 대응했습니까? 취한 행동에 대해 구체적으로 말씀해 주십시오.
- Result : 그 행동의 결과는 어떠했습니까?

면접에서 하면 안 되는 것

아래의 사항들은 특히 면접 시 면접관들이 피해야 할 질문들이다. 면접 전 사전 교육이 반드시 필요한 부분이다.

- 사생활 관련 질문 : 부모님의 직업, 출산계획, 주량, 흡연 여부
- 외모에 대한 평가 : 키가 작은데요…. 이 포지션은 외모가 중요한데요….
- 법률 위반 : 입사하면 종교를 바꿀 의향이 있습니까? 기혼 여성은 좀 곤란한데요….
- 기타 : 권위적이고 다그치는 말투, 거만한 태도, 지원자에게 불쾌감을 주는 발언 등

요즘 대학의 취업 준비생이나 전직을 준비하는 직장인들의 대부분

은 위의 내용이 면접에서 언급되면 안 된다는 사실을 이미 알고 있다.

시사점

앞에서 살펴본 것처럼 조직문화는 회사의 의사결정 과정뿐만 아니라 궁극적으로 조직의 성과에도 많은 영향을 미친다. 따라서 조직문화를 구축하고 인재를 채용하는 과정에서 스타트업은 아래의 사항을 유의할 필요가 있다.

첫째, 강한 조직문화 구축을 위해 가치, 시스템, 리더십을 구축하라

조직문화가 강하면 직원들을 하나로 묶어주고 회사에 안정성을 제공하기 때문에 직원과 회사 간의 신뢰가 더욱 두터워지고 결국 좋은 성과로 연결이 된다.

이러한 강한 조직문화를 구축하기 위해서는 구성원 간의 사고와 행동을 지배하는 '공유가치(Shared value)'를 확립하며, 채용, 교육훈련, 문화평가와 같은 '시스템'을 갖추고, 이에 대해 솔선수범하는 '경영진의 리더십 발휘'가 요구된다.

둘째, 스타트업의 창업가와 팀원은 투자 시 핵심 평가대상이다

벤처캐피탈이 스타트업에 투자의사 결정을 하는 데 있어서 가장 어려운 점은 사실상 사업 초기인 스타트업의 성과를 측정하고 예상할 수 있는, 사실에 근거한 데이터를 구하기가 극단적으로 제한돼 있다는 점이다. 따라서 벤처캐피탈은 스타트업을 평가할 때 창업가와 함께 팀의 구성이 어떻게 되어 있는지를 가장 중요하게 생각하고, 이를 다각도로 면밀하게 평가한다. 따라서 스타트업 창업가는 자신과 함께 어떠한 팀을 꾸릴지에 대해 끊임없이 고민해야 한다.

셋째, 채용 관련 R&R을 명확히 하라

채용은 HR부서만의 업무가 아니라 전사적으로 집중하여야 하는 중요 과제이다. 따라서 사전에 경영진, 현업 임원 및 실무자, 인사 담당 등의 관련 인원들을 대상으로 명확한 커뮤니케이션을 실시하는 것이 좋다. 이에는 채용 과정상의 각 관련자들의 역할과 책임(Roles & Responsibilities), 면접의 목적과 주의점 등에 대한 사전 교육도 포함된다.

넷째, 탈락한 한 명의 후보자는 100명의 잠재고객일 수 있다

면접 시 후보자는 지원자이기 이전에 우리 회사의 잠재 고객이다. 후보자 한 명을 놓칠 수는 있지만, 그 탈락한 후보자 한 명의 고객과 가족, 친구, 지인 등 최소 100명의 고객이 등을 돌리지 않게 해야 한다. 요즘은 인터넷과 소셜미디어가 매우 발달되어 있다. 특정 사이트는 특정 회사의 면접 후기가 거의 실시간에 가깝게 포스팅된다. 준비가 덜 된 면접으로 인해 회사의 명예가 급격하게 실추된 사례는 부지기수임을 명심할 필요가 있다.

성장단계별로
자금조달 방안은 다르다

기업과 투자 활동에 대한 시장정보를 제공하는 플랫폼기업인 CB Insight에 의하면 스타트업이 실패하는 첫 번째 이유가 바로 "현금 소진 또는 새로운 자본조달 실패(Ran out of cash/failed to raise new capital)이다. 44) 스타트업이 아무리 좋은 사업 아이디어가 있더라도 투자유치 등을 통한 적절한 자금이 적시에 조달되지 않으면 사업을 성공적으로 추진하기 어렵다. 따라서 스타트업 경영자는 '언제, 얼마의 자금을, 누구로부터, 어떤 조건으로 조달할 것인가?'에 대해 전략적으로 신중하게 의사결정을 해야 한다.

이번 장에서는 스타트업의 입장에서 본 성장단계 및 펀딩 단계별 자금조달 유형에 대해 알아보자.

---

44) CBINSIHTS, 《Top reasons startups fail》

기업의 성장단계별 자금조달 유형

| 기업의 성장단계 및 펀딩단계별 자금조달 유형 |

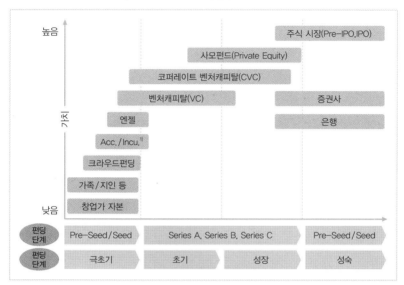

* 정책금융은 매단계마다 가능
1) 액셀러레이터/인큐베이터

일반적으로 극초기의 스타트업들은 운영하는 데 필요한 재원을 개인, 가족 또는 지인들에 의존하지만, 사업을 지속적으로 성장시키기 위해서는 외부로부터 투자유치가 필요하다. 다음은 기업의 성장단계별, 그리고 펀딩 단계별 자금조달 수단에 대해 설명코자 한다.[45] 위의 그림은 각 회사와 해당 산업, 그리고 유관기관들의 특성에 따라 다를 수 있으며 개념적으로 이해를 돕기 위해 작성되었음을 밝힌다.

벤처캐피탈과 같은 투자자들은 펀딩을 여러 단계로 나누어 투자를 진행한다. 이는 투자자가 특정 스타트업이 어떤 단계와 있고 현재 어떤

45) BDC, 《8 Source of startup financing》

과제를 해결하고 있는지를 명확하게 이해한 후 투자의 성격과 규모를 정할 수 있기 때문이다.

일반적으로 펀딩의 단계는 프리시드(Pre-seed), 시드(Seed), 시리즈 A, B, C 등으로 이루어져 있으며, 일부 회사는 시리즈 D 및 시리즈 E 펀딩 라운드까지 진행하기도 한다. [46)]

아래의 자금조달 수단은 기업의 성장단계와 펀딩의 단계 즉, 프리시드, 시드, 시리즈 A, B, C를 연계하여 설명코자 한다.

극초기 단계

창업 극초기인 이 단계에서, 스타트업은 펀딩의 단계로 보면 '프리시드(Pre-seed)'와 '시드(Seed)' 단계에 해당한다.

프리시드 단계의 스타트업은 비즈니스 아이디어의 가설을 테스트하고, 가설을 제품으로 전환하며, 시장에 제품 출시 및 채널 확보를 목표로 한다. 시드 단계의 스타트업은 이미 팀과 제품을 갖추고 판매를 시작하기 때문에 가능한 짧은 시간 내에 최대한의 성장과 일정 시장점유율 확보를 목표로 한다.

일반적으로 이 단계에서 투자자들은 투자의사결정 과정에서 해당 스타트업이 다음의 요건이 갖추어졌는지를 평가한다.

- 팀(Team) : 사업 아이디어를 구현할 역량과 경험, 열정을 갖춘 팀이 구성되었는가?

---

46) Theodor, 《Pre-Seed, Seed, Series A, B, C: How It Works and How to Get Funding in 2020》

- 판매 가능한 아이디어(Saleable idea) : 고객의 니즈와 부합되고 이에 대해 신뢰할만한 데이터 제시 가능한가?

- MVP : Most viable product가 개발되고 시장에 테스트 되었는가?

- 거대한 규모의 시장(Capacious market) : 스타트업이 고속으로 규모를 키울 수 있는 시장의 크기인가? 투자자가 'Exit'를 할 경우 투자회수율이 크고 밸류를 높게 받을 수 있는 시장규모인가?

- 확인된 수요(Confirmed demand) : 스타트업이 제시한 MVP에 대해 잠재 고객들은 기꺼이 살 용의가 있는가?

이 단계의 스타트업은 기본적으로 아래의 투자자들을 고려할 수 있다.

창업가 자기 자본(Personal capital)

많은 창업가들은 창업초기에 개인 저축이나 기타 수입원을 사용하여 스타트업에 자체 자금을 조달하여 사업을 시작한다. 이 방법을 부트스트래핑(Bootstrapping)이라고 하며, 창업자는 외부의 재정적 부담을 최소화하면서 회사에 대한 완전한 통제권을 유지할 수 있다.

지인 및 가족(Friends and family)

창업가는 부트스트래핑을 시작한 이후 지인이나 가족에게 추가적인 재정 지원을 요청하기도 한다. 이를 러브머니(Love money)라고도 하는데, 이들은 창업자와 개인적인 관계가 있는 투자자로서, 잠재적인 투자수익률에만 초점을 맞추기보다는 창업자의 능력에 대한 믿음으로 투자를 한다.

엔젤 투자자(Angel investor)

스타트업이 초기 성장세를 보이거나 진전을 이루면 엔젤 투자자의 관심을 끌 수 있게 된다. 엔젤 투자자는 초기 단계의 스타트업에 지분을 받는 대가로 투자하는 고액 자산가이다. 스타트업의 입장에서는 대개 첫 번째 투자자인 경우가 많으며, 엔젤투자자들은 부유한 개인 또는 은퇴한 회사 임원으로 종종 재정적 지원뿐만 아니라 경영지식과 인맥을 제공하기도 한다.

크라우드펀딩(Crowdfunding)

크라우드펀딩은 와디즈(Wadiz)나 텀블벅(Tumblbug)과 같이 일반적으로 온라인 플랫폼을 통해 많은 사람들로부터 소액을 모금하여 프로젝트, 사업 또는 의미 있는 일을 위한 자금을 조달하는 방법이다. 투자방식 및 목적에 따라 지분투자, 대출, 보상, 후원 등의 방식으로 나눌 수 있다.

- 지분투자형(Equity) 크라우드펀딩 : 일반 대중이 금융기관을 거치지 않고 채권이나 주식의 대가로 스타트업이나 문화 콘텐츠에 투자할 수 있으며, 자금조달이 어려운 프로젝트의 기술 검증을 위해 집단 지성에 의존하여 투자를 한다.
- 부채형(Debt) 크라우드펀딩 : 투자자가 기업에 상대적으로 높은 이자율로 돈을 빌려주는 프로그램으로, 투자자들은 금액을 여러 대출(loan)에 조금씩 분산함으로써 전반적인 대출 리스크를 완화한다.
- 리워드형(Reward) 크라우드펀딩 : 투자자가 후원금의 대가로 스타트업의 제품(현물) 또는 서비스를 제공받는다. 이 펀딩은 해당 프로

젝트가 목표로 하는 공모가에 도달한다는 전제로 프로젝트의 실행 여부가 결정된다.

인큐베이터^(Incubator)

인큐베이터는 극초기 단계의 스타트업에 리소스와 지원을 제공하는 프로그램이다. 인큐베이터의 주요 목표는 해당 스타트업이 '제품을 개발'하고, '비즈니스 모델을 개발'하며, '팀 구축'을 할 수 있도록 돕는 것이다. 주로 대학, 정부산하기관, 기업, 비영리단체, VC나 엔젤투자자 등이 인큐베이터 역할을 한다. 다음은 인큐베이터의 구체적 역할이다.

- 스타트업이 운영하는 데 필요한 사무실 공간, 인프라 및 기타 리소스 제공
- 스타트업이 아이디어와 전략을 구체화할 수 있도록 멘토링, 코칭 및 네트워킹 기회를 제공
- 시드 자금 및 보조금과 같은 자금조달 기회에 대한 액세스 제공
- 스타트업이 법률 및 규제 문제를 해결할 수 있도록 지원
- 비즈니스 계획, 마케팅, 영업 등의 주제에 대한 교육 및 훈련 프로그램 제공

액셀러레이터^(Accelerator)

액셀러레이터는 이미 제품을 출시하여 시장에서 어느 정도 인지도를 확보한 스타트업에 리소스와 지원을 제공하는 프로그램이다. 주요 목표는 '스타트업이 비즈니스를 빠르게 성장하도록 돕는 것'이다. 대학, 정부산하기관, 기업, 비영리단체, VC나 엔젤투자자 등이 액셀러레이터

역할을 한다. 다음은 액셀러레이터의 구체적 역할이다.

- 스타트업이 성장전략을 구체화할 수 있도록 멘토링, 코칭, 네트워킹 기회를 제공
- 벤처캐피탈 및 엔젤 투자자와 같은 자금조달 기회에 대한 액세스 제공
- 스타트업의 펀딩 라운드 준비 및 투자자 대상 피칭 지원
- 잠재 고객, 파트너 및 업계 전문가와의 연결 제공
- 확장, 채용, 자금조달과 같은 주제에 대한 교육 및 훈련 프로그램 제공

정부 보조금(Government grants)

스타트업은 기업가정신, 혁신 및 경제 성장을 지원하기 위해 고안된 정부 프로그램의 보조금, 대출 또는 세금 인센티브를 신청할 수 있다. 이러한 기금에는 일반적으로 특정 자격 기준이 있어 이에 맞추어야 하고, 경쟁을 거쳐서 지원을 받게 된다.

프리시드와 시드 단계에서도 벤처캐피탈이나 액셀러레이터, 또는 인큐베이터 등으로부터 투자를 유치할 수도 있으나, 그 금액의 규모는 이후 단계보다 상대적으로 적은 편이다.

초기 단계

스타트업이 극초기 단계를 벗어나게 되면 좀 더 큰 규모의 자금 확보를 위해 또 다른 형태의 자금 조달 수단을 고려하게 된다. 이 단계의

스타트업은 이미 팀과 제품을 갖추고 판매 채널을 통해 상당한 금액의 자금이 유입되고 있는 상황이다. 고속 성장을 하고 있는 이 단계의 스타트업은 투자자 목록에서 누구를 만날지 선택을 할 수 있다.

창업 초기인 이 단계의 스타트업은 펀딩의 단계로는 시리즈 A, B, C 단계에 해당한다.

시리즈 A, B, C란 무엇인가?

시리즈 A, B, C가 무엇인지? 그리고 각 라운드별로 스타트업이 펀딩을 받기 위해 갖추어야 할 요건에 대해 알아보자. [47)]

시리즈 A 펀딩

일반적으로 스타트업을 위한 중요한 자금조달 라운드이다. 이 라운드에서 스타트업의 목적은 회사가 시장 범위를 확장하고 제품 또는 서비스를 개발하며 특정 비즈니스 마일스톤을 달성할 수 있도록 지원하는 것이다.

시리즈 A 단계에서 벤처캐피탈은 스타트업에서 다음 같은 요인들을 확인코자 한다.

- 제품시장 적합성(Product-market fit) : 스타트업은 고객의 문제점 및 명확한 시장 수요가 있음을 입증하고, 타깃 고객의 공감을 얻을 수 있는 최소기능제품(MVP) 또는 제품/서비스의 초기 버전을 보유하고 있어야 한다.

---

47) What Does Series A, B, C Funding Mean: Investors, Valuations & More

- 실적(Traction) : 스타트업은 사용자 기반 증가, 매출 증가 또는 계약 지표와 같은 성장의 징후를 보여야 한다.

- 비즈니스 모델(Business model) : 잘 정의된 비즈니스 모델은 장기적으로 수익성과 성장의 잠재력을 보여주기 때문에 이 단계에서 매우 중요하다.

- 강한 팀(Strong Team) : 투자자는 관련 업계 지식과 비전을 실행할 수 있는 능력을 갖춘 유능하고 헌신적이며 경험이 풍부한 창업 팀을 선호한다.

- 성장전략(Growth Strategy) : 스타트업은 모금한 자금을 시장 점유율 확대, 제품 개선, 신규 시장 진출 등 스타트업의 급격한 성장을 위해 어떻게 활용할 것인지에 대해 자세히 설명하는 명확한 성장전략을 제시해야 한다.

시리즈 B 펀딩

진행 과정과 참여자 모두 시리즈 A와 유사하나, 새로운 벤처캐피탈 회사가 투자 프로세스에 참여하고, 시리즈 A보다 투자자의 위험이 낮으며, 더 많은 자금이 필요한 단계이다.

시리즈 B 단계에서 벤처캐피탈은 투자의사 결정 과정상 스타트업에서 다음 같은 요인들을 확인코자 한다.

- 비즈니스 확장(Scaling the Business) : 해당 스타트업은 검증된 제품/서비스와 성장 실적이 있는가? 비즈니스 규모와 운영을 확장하는 데 초점을 맞추고 있는가?

- 매출 성장(Revenue Growth) : 스타트업의 제품/서비스가 시장 점유율을

확보하고, 실질적이며 지속적인 매출 성장을 달성하고 있는가?

- 시장 확장(Market Expansion) : 해당 스타트업은 지리적, 인구 통계적으로 새로운 시장으로 확장하는 전략과 역량이 있는가?

- 운영 효율성(Operational Efficiency) : 스타트업은 비즈니스 확장과 관련된 복잡성 증가와 운영상의 어려움을 관리할 수 있는 능력이 있는가?

- 기술 개발 또는 향상(Developing or Enhancing Technology) : 해당 스타트업은 시리즈 B 펀딩을 통해 기술을 더욱 발전시키거나, 기존 제품을 개선, 혹은 새로운 기능을 개발하여 시장에서 경쟁력을 유지할 수 있을 것인가?

시리즈 C 펀딩

기업의 인수 또는 기업공개(IPO)를 준비하는 후기 단계의 자금조달 라운드이다. 이 라운드는 비즈니스를 더욱 확장하고 새로운 시장으로 확장하거나 다른 회사를 인수하는 데 중점을 둔다.

시리즈 C 단계에서 벤처캐피탈은 투자의사결정 과정상 스타트업에서 다음 같은 요인들을 확인코자 한다.

- 재무성과(Financial Performance) : 해당 스타트업은 강력한 매출 성장과 잠재적으로 수익성을 보여주는 견고한 재무성과를 달성하고 있는가?

- 시장 리더십(Market Leadership) : 해당 스타트업은 강력한 시장 입지를 확보하고 해당 업계 또는 틈새시장의 리더가 될 수 있는 궤도에 오르고 있는가?

- 엑시트 준비(Preparing for an Exit) : 해당 스타트업은 기업공개(IPO) 또는

인수와 같은 유동성 이벤트에 적합한 준비가 되어 있는가?

이러한 조건은 일반적인 가이드라인이며, 개별 스타트업마다 고유한 상황이나 투자자 요구사항이 있을 수 있다. 또한 투자자의 기대치는 스타트업의 업종, 시장 상황, 투자자의 특정 투자 기준과 같은 요인에 따라 달라질 수도 있다. 따라서 스타트업은 자금조달의 각 단계에서 진행 상황, 성과, 준비 상태를 면밀히 평가하여 잠재 투자자에게 가치 제안과 성장 잠재력을 효과적으로 전달할 수 있도록 해야 할 것이다.

스타트업 초기단계에 고려 가능한 대표적인 파트너가 바로 벤처캐피탈(Venture capital)과 기업형 벤처캐피탈(Corporate Venture Capital)이다. 다음은 이두 투자기관에 대해 자세히 알아보자

벤처캐피탈(Venture Capital)

스타트업이 극초기 단계를 벗어나게 되면 자금 확보를 위해 벤처캐피탈과 협의를 시작할 수 있다. 벤처캐피탈은 투자 유치를 필요로 하는 스타트업이나 벤처기업에 투자하는 투자전문회사, 또는 그 기업의 자본을 말하며, 창업투자회사 또는 모험자본으로 불리기도 한다. 신기술 또는 혁신적인 아이디어를 가진 벤처기업의 창업을 돕고 성장을 지원하는 것이 목적이다. 벤처캐피탈 업체가 중심이 되어 기업, 일반인, 금융기관 등의 참여로 투자조합 혹은 펀드를 통하여 자금을 모은다. 이후 스타트업이나 벤처기업에 투자금을 지급하고 주식취득의 형식으로 해당 기업의 지분을 확보한다. 그런 다음 벤처기업이 이윤을 내고 가치가 증대되면 IPO 또는 M&A를 통해 주식을 매각하여 투자금을 회수한다.

높은 수익을 거둘 수도 있지만 담보 없이 투자하기 때문에 벤처기업이 실패하면 투자금 회수가 어려워 위험성이 크기도 하다.

따라서 벤처캐피털은 투자하는 스타트업에 전략적 조언, 업계 연결, 운영 지원을 제공하는 등 적극적인 역할을 하는 경우가 많다. 여기에는 이사회 회의 참여, 채용 지원, 비즈니스 개발, 파트너십 및 시장 확장 지원 등이 포함된다.

요컨대, 인큐베이터나 액셀러레이터가 시드 단계의 스타트업이 성장하도록 지원하는 데 초점을 맞추며, 투자가 목적이 아닌데 비해 벤처캐피탈은 시드 단계를 넘어 어느 정도 성장을 하고 있는 스타트업을 대상으로 투자를 한 뒤 'exit'를 한다는 점이 가장 큰 차이점이다.

기업형 벤처캐피털(Corporate Venture Capital)

기업형 벤처캐피탈(CVC)은 기존 기업이 장기적인 성장 잠재력을 가진 스타트업 기업 및 중소기업에 투자하는 유형이다.

구조적으로 보면 CVC는 기존 벤처캐피탈과는 다음의 부분에서 다르다. 우선 투자의 주체가 개인 투자자나 벤처캐피탈 회사가 아닌 기업이다. CVC는 스타트업에 자금을 투자하고 모기업의 인프라를 제공해 창업기업이 성장 기반을 마련하도록 지원한다. 그리고 CVC는 투자의사 결정시 모기업의 사업 포트폴리오와 연계하여 결정을 한다. 따라서 전략적 투자자(Strategic investor)의 성격도 강하다.

한편 대기업이 CVC를 별도로 두는 이유는 다양하다.[48]

첫째, 스타트업에 투자함으로써 기업은 기존 비즈니스 운영을 보완

---

48) Forbes, 《Corporate Venture Capital: 4 Strategic Rationales To Understand》

하거나 향상시킬 수 있는 새로운 기술이나 시장에 접근할 수 있다. 스타트업이 개발한 혁신적인 기술이나 비즈니스 모델을 채택함으로써 기업이 업계 트렌드에 앞서고 경쟁 우위를 확보하는 데 도움이 될 수 있다.

둘째, 기술 개발에 소요되는 시간과 비용을 줄일 수 있다.

셋째, 재정적 수익으로 스타트업이 성공하여 기업 가치가 상승하면 CVC 투자는 재정적 수익을 창출할 수 있다.

실제 사례로는 중소기업창업투자회사(창투사), 신기술사업금융업자 등이 CVC로 분류된다. 대기업들은 지주회사에 속하지 않는 계열사나 해외법인을 통해 우회적으로 CVC를 설립해왔다. 삼성벤처투자, 카카오벤처스, 두산네오플럭스 등이 대표적이다.

성장단계

기업이 빠른 성장단계에 진입하고 성숙단계로 움직이게 되면 좀 더 큰 규모의 자금 확보를 위해 또 다른 형태의 자금조달 수단을 고려하게 된다. 이 단계에 고려 가능한 대표적인 파트너가 바로 사모펀드(Private Equity)와 주식시장(Stock market)이다.

사모펀드(Private Equity)

사모펀드(PE) 회사는 기관 투자자 및 고액 자산가로부터 자본을 조달하여 비상장 기업에 투자하거나 상장 기업을 인수하는 투자 회사로, 실적 개선과 투자 수익 창출을 목표로 한다. 주로 초기 단계의 기업에 집

368

중하는 벤처캐피탈 투자와 달리 라이프사이클의 후반 단계에 있는 스타트업을 대상으로 한다.[49]

한편 스타트업에 대한 사모펀드 투자는 아래와 같이 여러 형태로 이루어질 수 있다.

차입매수/레버리지 바이아웃(Leveraged Buyout)

PE 회사가 자신의 신용이나 자산을 담보로 자금을 조달하는 것이 아니라 인수대상기업의 자산 또는 현금흐름을 담보로 차입한 자금으로 인수 대가를 지급하는 기법이다. 목표는 회사의 운영과 재무성과를 개선하고 궁극적으로 더 높은 가치로 매각하거나 기업공개(IPO)를 통해 상장하는 것이다.

성장자본(Growth Capital)

PE가 검증된 비즈니스 모델, 일관된 수익원, 수익성을 향한 명확한 경로를 입증한 보다 성숙한 스타트업에 대해 성장을 위해 필요한 자본을 투자하는 방식이다. 주로 비즈니스 확장, 신규 시장 진출, 경쟁사 인수, 새로운 제품 및 서비스 개발을 위해 자본이 사용된다.

부실 또는 특수상황(Distressed or Special situation)

재무적으로 문제가 있는 회사 또는 운영, 법적 또는 구조적으로 심각한 문제를 겪고 있는 회사에 투자하는 방식이다. 목표는 회사의 실적 턴어라운드를 돕고 궁극적으로 개선된 밸류에이션으로 수익을 창출하

---

49) Investopedia, 《Understanding Private Equity(PE)》

는 것이다.

이 경우 사모펀드는 자본재조정^(Recapitalization) 거래를 통해 스타트업에 자본을 제공한다. 이 과정에는 회사의 구조조정이 포함된다. 자본재조정에는 일반적으로 기존 부채를 새로운 부채로 대체하거나, 새로운 주식을 발행, 혹은 이 두 가지를 결합하는 등 회사의 자본 구조를 재구성하는 작업이 포함된다. 기업가는 비즈니스의 일부를 사모펀드 투자자에게 매각하는 동시에 일부 지분을 보유하여 향후 성장에 따른 이익을 얻는다.[50] 경기나 업황이 좋지 않아 구조조정^(Restructuring)에 나선 기업을 인수하여 가치를 증대시키고 있는 한앤컴퍼니가 대표적인 사례라 할 수 있다.

사모펀드는 기업에게 상당한 자금조달 기회와 자원을 제공할 수 있지만, 스타트업이나 벤처기업은 고려해야 할 몇 가지 요소가 있다.

- 스타트업의 단계^(Stage of the startup) : 앞서 언급했듯이 사모펀드 투자는 일반적으로 검증된 실적과 안정적인 수익원을 갖춘 성숙한 스타트업에 더 적합하다. 따라서 운영 이력이 제한적이거나 비즈니스 모델이 검증되지 않은 초기 단계의 스타트업은 사모펀드 투자자에게 적합하지 않을 수 있다.
- 통제력과 영향력^(Control and influence) : 사모펀드는 종종 투자 대상 기업에 대한 지배 지분이나 경영에 상당한 영향력을 추구한다. 이로 인해 회사의 경영, 전략 또는 운영이 변경될 수 있으며, 이는 창업자의 비전이나 목표와 일치하지 않을 수도 있다. 기업은 사

---

50) Ivestopia, 《Private Equity Recapitalization》

모펀드의 참여가 회사의 자율성과 의사결정에 미칠 수 있는 잠재적 영향을 신중하게 고려해야 한다.

- 엑시트 전략(Exit strategy) : 사모펀드는 일반적으로 투자 기간이 5년에서 10년으로 정해져 있다. 즉, 투자 수익을 창출하기 위해 해당 기간 내에 매각, 합병 또는 IPO와 같은 유동성 이벤트를 찾고 있을 것이다. 스타트업은 이러한 엑시트 중심 접근 방식에 대비해야 하며, 이러한 접근 방식이 장기적인 목표에 어떤 영향을 미칠 수 있는지 이해해야 한다.

사모펀드는 투자기간(Investment Horizon) 동안 포트폴리오 기업(해당 스타트업)의 경영진과 적극적으로 협력하여 성과를 개선하고, 전략적 이니셔티브를 실행하며, 주주 가치를 제고한다. 투자 목표가 달성되면 PE는 해당 벤처를 다른 회사에 매각하거나 다른 투자자에게 2차 매각 또는 기업공개(IPO)를 통해 투자금을 회수한다.

주식시장(Stock market)

스타트업의 자금조달 관점에서 주식 시장은 기업공개(IPO, Initial public offering)를 통해 기업에게 자본과 유동성을 제공하는 필수적인 역할을 한다. 기업공개(IPO)는 비공개 기업이 처음으로 주식을 대중에게 공개하는 과정이다. IPO를 통해 회사는 공개적으로 거래되고, 증권 거래소에서 해당 주식을 사고팔 수 있다. 일반적으로 기업은 성장, 확장을 위한 자본을 조달하거나 부채를 상환하기 위해 IPO를 진행하며, 동시에 회사 설립자와 초기 투자자에게 투자 수익을 실현할 수 있는 기회를 제공한다.[51]

주식 시장을 통한 자금조달의 장점은 다음과 같다.[52]

- 자본 조달 : 스타트업은 상장을 통해 유입된 자본으로 성장, 연구 개발 투자, 팀 확장, 부채 상환 등을 위한 자금조달이 가능하다.
- 유동성 및 엑시트 기회 제공 : IPO는 창업자, 초기 투자자, 스톡옵션을 보유한 직원에게 유동성을 제공하여 지분을 통해 수익을 창출할 수 있게 해준다. 또한 주식을 매각하여 투자 수익을 실현하고자 하는 초기 투자자에게는 출구 전략의 역할을 할 수도 있다.
- 신뢰성 및 가시성 향상 : 상장 기업은 스타트업의 신뢰도, 브랜드 인지도, 가시성을 높여 고객, 파트너, 인재를 유치하는 데 도움이 될 수 있다.
- 인수를 위한 통화 : 공개적으로 거래되는 주식은 인수합병을 위한 통화로 사용할 수 있어 회사의 성장과 확장을 더욱 쉽게 할 수 있다.

하지만 고려해야 할 몇 가지 잠재적인 단점과 문제점도 있다.

- 비용과 복잡성(Cost and complexity) : 기업공개는 법률 및 재무 고문, 감사, 규정 준수 등 상당한 리소스가 필요하여 비용이 많이 들고 복잡한 과정이다. 상장 기업으로서의 지속적인 비용, 재무 보고, 규정 준수, 투자자 관계 등 상장 기업으로서 지속적으로 발생하는 비용도 상당할 수 있다.

---

51) Investopedia, 《What is IPO?》
52) Masterclass, 《Initial Public Offering Guide》

- 통제력 및 프라이버시 상실(Loss of control and privacy) : 스타트업이 상장 되면 더 많은 감시와 규제를 받게 된다. 상장 기업은 재무 성과, 비즈니스 전략 및 기타 민감한 정보를 공개해야 하며, 이로 인해 경쟁 및 대중의 조사에 노출될 수 있다. 또한 창업자와 기존 주주 는 소유 지분이 희석될 수 있으며 일부 통제권을 공개 주주에게 양도해야 할 수도 있다.
- 단기 집중(Short-term focus) : 상장 기업은 투자자와 애널리스트의 단기 적인 기대치를 충족해야 한다는 압박을 받는 경우가 많으며, 이로 인해 장기적인 전략적 이니셔티브를 희생하면서까지 분기별 수 익에 집중하게 될 수 있다. 이러한 단기적인 초점은 많은 스타트 업의 성공을 이끄는 혁신과 위험 감수에는 도움이 되지 않을 수도 있다.
- 주가 변동성(Stock price volatility) : 주식 시장은 변동성이 클 수 있으며, 상장 스타트업의 주가는 시장 심리, 경제 상황 또는 회사별 뉴스 등 다양한 요인으로 인해 크게 변동할 수 있다. 이러한 주가 변동 성은 스타트업의 추가 자본 조달, 인수 또는 인재 유지 능력에 영 향을 미칠 수도 있다.

결국 주식 시장에서 자금을 조달하는 것은 스타트업에게 자본, 유동 성, 신뢰성 등 상당한 이점을 제공할 수 있지만, 도전 과제와 잠재적인 단점도 함께 존재하므로 이 점을 잘 이해하고 진행할 필요가 있다.

시사점

스타트업은 각 성장단계 및 펀딩 단계별 자금조달 유형의 특징과 조건에 대해 면밀히 파악하여 각 단계별 자금조달 소스에 체계적으로 접근할 필요가 있다. 따라서 스타트업이 자금조달처를 선택할 때 아래의 사항들을 고려하고 유념할 필요가 있다.

첫째, 성장단계와 연계하여 자금수요를 판단하라

스타트업의 현재 성장단계가 어디인지를 파악하고 이에 맞추어 현재의 재무 상태, 예상 성장률, 다음 마일스톤에 도달하는 데 필요한 리소스를 파악하고 최종적으로 필요한 자금 소요 금액을 산정해야 한다. 이를 통해 현재 단계에 가장 적합한 펀딩 소스를 결정한다.

둘째, 펀딩 소스의 장단점을 면밀히 파악하라

자금 소요 금액이 산정되면 시간을 들여 각 펀딩 소스의 장단점을 정확히 파악하고 적합한 펀딩 파트너를 선정해야 한다. 각 펀딩 소스들은 스타트업에 제공할 수 있는 오퍼와 원하는 바가 상이할 수 있기 때문이다. 만약 스타트업이 투자자로부터 단순히 투자를 넘어 경영에 대한 조언, 인맥, 리소스 제공을 원한다면 투자자별로 서로 다르므로 사전에 철저한 조사가 필요하다.

셋째, 사업 초기에 너무 일찍 많은 지분을 나눠주지 말라

스타트업의 초기 단계에서 소유 지분이 과도하게 희석(Delusion) 되지 않도록 주의해야 한다. 창업가는 사업의 추진 동기를 유지하고 전략적 결정에 대한 자신의 통제력을 유지할 수 있도록 충분한 지분을 보유해야 한다. 따라서 정부보조금, 액셀러레이터, 인큐베이터, 부채 금융을 포함한 모든 잠재적 자금 출처를 탐색하고 검토할 필요가 있다. 이러한 대안을 통해 자기 자본을 희석하지 않으면서도 투자와 지원을 제공받을 수 있다.

투자를 이해해야
투자를 유치할 수 있다

앞 장에서는 스타트업의 성장단계 및 펀딩 단계별 자금조달 유형에 대해 알아보았다. 이어서 이번 장에서는 '기업의 투자유치구조', '투자유치를 위한 금융 방법의 종류와 특성', '스타트업의 벤처캐피탈 선정 시 평가기준', '벤처캐피탈의 스타트업 선정 시 평가기준', '투자유치를 위한 사업계획서의 구성'에 대해서 살펴보자.

기업의 투자유치 구조

스타트업은 프리시드(Pre-seed) 또는 시드(Seed) 단계를 넘어서면 기술개발, 설비투자, 운영자금, 마케팅 등의 재무적 필요에 의해 더 큰 규모의 투자금을 엔젤투자자나 벤처캐피탈 등의 자금조달 방식으로 유치하게 된다.[53] 이때 투자를 받는 기업과 투자자와의 투자유치 구조는 어떻게

---

53) "What Is Venture Capital?", 《CBINSIGHTS》

| 기업의 투자유치 구조 |

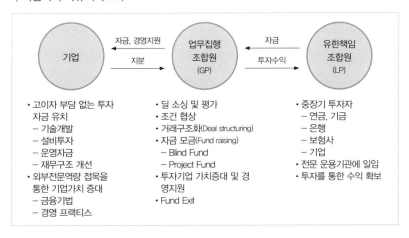

이루어질까? 이 구조를 이해하는 것은 스타트업의 투자유치 의사결정에 많은 도움이 된다. 이번에는 이 투자유치 구조에 대해 알아보자.

기업(Startup)

스타트업은 운전자금과 성장을 위한 재원확보를 위해 전문운용기관인 GP(General Partner)에게 사업 관련 설명과 함께 회사의 지분을 제공하고 GP로부터는 투자자금과 함께 금융기법, 멘토링 등의 경영지원을 받게 된다.

업무집행조합원(General Partner)

일반적으로 벤처캐피탈(VC) 펀드 또는 사모펀드(PE) 운용에 관여하는 개인 또는 법인이 이 역할을 담당한다.

GP는 잠재적 투자 기회 소싱 및 평가, 조건 협상, 거래 구조화, 자금 모금, 투자 포트폴리오 관리 등 투자 프로세스에서 적극적인 역할을 수행한다. 또한 투자하는 스타트업에 전략적 지침, 멘토링, 리소스를 제공하여 스타트업의 성장과 목표 달성을 돕는다. GP는 유한책임사원의 최선의 이익을 위해 펀드와 투자를 관리할 신탁 책임이 있다. 따라서 이러한 노력에 대한 대가로 GP는 일반적으로 관리 수수료(Management fee)와 성과보수(Carry)를 받는다.

유한책임조합원(Limited Partner)

일반적으로 기관 투자자(연기금, 기부금, 보험사, 기업 등), 패밀리 오피스, 고액 자산가 등으로 구성된 펀드의 수동적 투자자이다.

LP는 펀드에 자본을 제공하고, 이 자본은 GP가 관리한다. LP는 유한 책임을 지므로 잠재적 손실이 펀드에 투자한 금액으로 제한된다. LP는 펀드의 일상적인 관리나 투자 결정에 참여하지 않으며, LP는 GP를 통해 자본을 공급하고 GP가 스타트업 및 기타 포트폴리오 회사에 대한 성공적인 투자를 통해 자본에 대한 수익을 창출하기를 기대한다.

요약하면 스타트업은 비즈니스 성장과 확장을 위해 자금을 찾고, GP는 투자 프로세스를 적극적으로 관리하고 스타트업에 가이드를 제공하며, LP는 펀드에 자본을 공급하고 투자 수익을 기대하는 것이 이 생태계의 구조라 할 수 있다.

투자유치를 위한 금융 방법의 종류와 특성

따라서 스타트업이 투자를 유치할 때 여러 가지의 금융 방법을 고려 및 검토하여야 한다. 각각의 금융 방법은 고유의 특성이 있기 때문이다. 예를 들어, 어떤 금융 방법을 쓰면 부채비율이 높아져 재무구조가 악화되기도 하고, 어떤 금융 방법을 쓰면 조달 비용이 상대적으로 더

비쌀 수 있다.

일반적으로 기업이 자금을 조달할 때는 차트에서 나타난 바와 같이 회사채, 후순위채^(Subordinated debt), RCPS^(전환상환우선주), CB^(전환사채), BW^(신주인수권부 사채), 보통주^(Common stock) 등을 고려한다.

이때 기업이 갚아야 하는 순서인 순위^(Seniority)를 기준으로 보면 회사채에서 보통주 순서로 순위가 정해지고, 기업이 조달, 운용하고 있는 자본과 관련해서 부담하게 되는 비용, 또는 투자자 입장에서는 투자한 자본에 대하여 최소한으로 기대하는 요구수익률에 해당하는 조달비용^(Cost of capital) 관점에서 보면 그 반대의 순서로 이루어진다. 상대적으로 투자 리스크가 낮은 회사채의 기대수익률은 8% 이하이고, 메자닌은 9~15%, 투자 리스크가 큰 보통주의 경우는 15% 이상으로 형성된다.

벤처캐피탈과 같은 투자자 관점에서는 이들 중 자본의 성격을 지닌 RCPS, CB, BW, 보통주를 투자 시 선택하게 된다.

| 투자 유치를 위한 금융방법의 종류 |

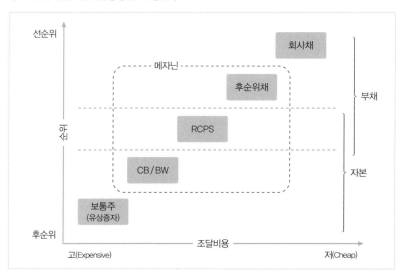

스타트업 입장에서 투자를 유치하게 되면 몇 가지 관점에서 검토를 해야 한다.

첫째, '재무구조가 더 강화되는가?'이다. 즉 부채가 늘어나서 '재무구조가 약화되는가?', 아니면 '자본이 확충되어 재무구조가 강화되는가?'의 관점이다. 위 금융 방법 중 보통주 발행을 통한 유상증자를 제외한 나머지는 발행하게 되면 모두 부채비율이 올라가게 된다.

둘째, '스타트업의 지분이 희석(Dilution)되는 리스크가 얼마나 큰가?'이다. 보통주와 RCPS는 지분 희석이 발생하게 되고, 그 외 CB와 BW는 발생 가능성이 있다.

셋째, '현금흐름의 관점에서 보면 어떠한 형태로 나타나는가?'이다. 보통주와 RCPS는 배당으로 현금유출이 일어나고 그 외 CB, BW, 후순위채는 이자 비용의 현금유출이 발생한다.

넷째, 투자자의 선호도이다. 스타트업은 타깃 투자자의 선호도를 고려해야 한다. 어떤 투자자는 보통주와 관련된 잠재적으로 더 높은 수익률과 소유 지분을 선호할 수 있고, 다른 투자자는 회사채나 메자닌 채권에서 더 예측가능하고 위험이 낮은 수익을 선호할 수 있기 때문이다.

스타트업의 벤처캐피탈 선정 시 평가 기준

스타트업을 시드펀딩 단계 이상으로 성공적으로 이끌었고 검증된 제품, 탄탄한 사용자 기반, 안정적인 수익원을 확보한 상태에 이르렀으면, 이제 시리즈 A 벤처캐피탈 라운드의 도움을 받아 기하급수적으로 빠르게 성장을 가속화할 수 있는 적합한 시기이다.

초기 단계의 기업은 엔젤투자자, 파트너, 개인으로부터 자금을 조달하는 경우가 많다. 하지만 시리즈 A에 적합한 벤처캐피탈 회사를 찾는 것은 많은 창업자가 아직 경험하지 못한 새로운 도전 과제이다.

그러면, 시리즈 A 벤처캐피탈 펀딩에 적합한 벤처캐피탈 회사를 어떻게 알아보고, 타깃팅하며, 성공적으로 유치할 수 있을까? 마음에 드는 벤처캐피탈 회사에 연락하여 피칭을 시작하기 전에, 어떤 벤처캐피탈 회사와 함께 일하고 싶은지 분석하고 평가할 때 아래의 사항들을 고려할 필요가 있다.[54]

산업 및 제품 적합성(Industry and Product Fit)

산업 적합성은 VC 회사의 투자 초점이 스타트업의 산업과 얼마나 잘 일치하는지를 나타내며 스타트업은 VC의 이 점을 잘 살펴볼 필요가 있다. 특정 VC는 특정 산업에 특화되어 있으며 해당 분야에서 더 많은 경험과 전문성을 보유하고 있다. 제품 적합성은 VC가 해당 스타트업의 제품과 시장 잠재력을 얼마나 잘 이해하고 있는지를 나타낸다. 산업과 제품에 대한 이해도가 높은 VC는 향후 커뮤니케이션도 용이할 뿐만 아니라 향후 비즈니스를 성장시키는 데 유용한 인사이트와 지원을 제공할 수 있다.

투자단계 적합성(Investment Stage Fit)

투자단계 적합성은 VC의 투자 초점이 스타트업의 개발 단계와 얼마나 잘 일치하는지를 나타낸다. 많은 VC는 투자할 스타트업을 결정할 때 시드, 시리즈 A, 시리즈 B, 시리즈 C와 같은 특정 투자단계에 초점을

---

54) Embroker, 《Series A Venture Capital Funding》

맞춘다. 따라서 해당 단계의 스타트업과 함께 일한 경험이 있고 해당 단계의 기업과의 거래를 적극적으로 찾고 있는 VC를 찾는 것이 좋다.

일치성(Alignment)

스타트업은 VC가 해당 사업에 대해 같은 방향과 목표를 가지고 있는지를 확인할 필요가 있다. 스타트업의 제품 로드맵, 그리고 3년 후의 회사의 방향과 일치하지 않는다면 다시 한번 더 생각을 하는 것이 좋다.

트랙 레코드(Track Record)

트랙 레코드란 스타트업 투자에 대한 VC의 과거 실적과 성공을 의미한다.

스타트업은 VC의 실적을 평가할 때 과거 투자, Exit 및 수익률과 같은 요소를 고려해야 한다. 탄탄한 실적은 VC가 성공적인 스타트업을 발굴하고 성장을 도운 경험이 있다는 것을 의미할 뿐만 아니라 향후 다음 단계로 파이낸싱을 진행 시 실력 있는 VC로부터의 투자유치 히스토리는 또 다른 도움이 되기 때문에 중요하게 살펴볼 요인이다.

인맥과 전문성(Connection and Expertise)

인맥이란 VC의 업계 내 네트워크를 의미한다. 강력한 인맥을 가진 VC는 잠재 고객, 파트너, 직원을 소개하여 스타트업에 도움을 줄 수 있다. 전문성은 특정 산업이나 시장에 대한 VC의 지식과 경험을 의미한다. 스타트업이 속한 산업에 대한 전문성을 갖춘 VC는 비즈니스 성장 과정에서 귀중한 인사이트와 조언을 제공할 수 있다.

자율성(Autonomy)

만약 당신이 비전을 추구하는 것이 매우 중요하다면, VC가 투자한 회사를 신뢰하고 자율권을 주면서 적절한 지원 구조를 제공한 이력이 있는 VC를 찾는 것이 좋다.

초기에 논의와 문의를 통해 VC가 당신의 미션과 비전에 전적으로 동의하는지, 그리고 이를 추진하는 데 어느 정도까지 자율성을 보장할지를 파악하는 것이 필요하다. 이 부분을 명확하게 하지 않으면 후일 갈등의 소지가 될 수 있다.

투자조건(The Terms)

VC가 제시한 텀 시트(Term sheet)를 분석하면 제안 금액뿐만 아니라 VC의 의도에 대해 많은 것을 알 수 있다. 투자기간, 제안 금액, 계약의 유연성, 스타트업의 자본구조 및 금융조건 최적화 가능 여부를 기본적으로 점검해 볼 필요가 있다. 그리고 간단명료하고 이해하기 쉬운 제안서인가, 아니면 아주 작은 글씨에 불분명한 조항이 많은가? 또한 불편한 제안을 받아들이도록 압박하는 것처럼 보이는가도 살펴볼 필요가 있다.

벤처캐피탈의 스타트업 선정 시 평가 기준

벤처투자자들은 스타트업에 대한 투자의사 결정 시 어떠한 점을 평가할까?

벤처캐피털이 중시하는 항목

벤처 투자가들은 유망 벤처를 선정할 때 아래의 요인들을 중요시한
다.[55]

- 과거 경력이 우수하고 목표 달성 역량을 갖춘 경영진과 팀
- 정직과 투명성, 기업가정신, 경영능력(시장대응, 혁신적 사고, 대인관계, 명성 등)
- 사업화가 가능한 사업 아이디어나 기술 보유 여부
- 제품이나 서비스의 시장 규모와 성장성
- 고객에게 제공하는 명확한 가치 제안
- 지속적인 경쟁우위를 창출할 수 있는 명확한 전략

경영진에 대한 체크포인트

벤처투자자들은 투자의사 결정 시 특히 스타트업 경영진을 매우 중
요한 의사결정 요소로 생각하고 아래의 사항들에 대해 체크를 한다. 사
업 초기 상태의 스타트업에서 객관적인 데이터를 확보하는 데는 한계가
있기 때문에 경영자와 그 팀에 대한 검토는 매우 중요하게 여겨진다.[56]

창업가/경영자

- 경영진의 출신 배경과 교육 수준은?
- 창업 전의 직장은 어디서 어떠한 일을 하였는가?
- 과거의 업무적 또는 개인적인 성공적 업적은 무엇인가?

---

55) Timmons, Nesheim, Bhide, Seungjoo Lee
56) Sahlman, 《How to Write a Great Business Plan》, HBR

- 현재의 사업과 직접적으로 관련이 있는 경험은 무엇인가?
- 관련 업계에서 경영진의 명성은 어떠한가?
- 사업을 하게 된 동기는 무엇인가?
- 해당 사업에의 몰입의 정도는?
- 사업의 성공 가능성에 대해 해당 경영자는 어느 정도 현실적으로 판단하고 있는가?
- 어려움이 발생시 어떻게 극복할 것인가?

팀

- 핵심인력의 전문성(기술, 마케팅, 재무, 네트워크 등)
- 핵심인력의 로열티 및 팀워크

투자유치를 위한 피치데크(Pitch deck)와 사업계획서(Business Plan)

투자유치를 위해 투자자를 만나서 설명하고 또 관련 자료를 제공하는 과정에서 가장 중요한 두 가지 문서가 바로 피치데크와 사업계획서이다. 피치데크가 투자자의 관심을 끌기 위해 비즈니스에 대한 간략하면서도 매력적인 개요를 제공하는 시각적 프레젠테이션 자료라면, 사업계획서는 스타트업의 목표, 전략 및 재무 예측에 대한 철저한 이해를 제공하는 심층적인 문서이다. 두 문서 모두 투자자와 소통하는 데 필수적인 문서이지만 형식, 깊이, 목적이 각기 다르다.

피치데크

피치데크 또는 IR데크는 일반적으로 10~20개의 슬라이드로 구성된 시각적 프레젠테이션 자료이다. 투자자에게 회사의 제품, 기술 및 팀을 소개하기 위해 만들어진 자료로서 주요 목적은 비즈니스에 대한 간결하고 매력적인 개요를 제공하여 투자자에게 스타트업이 투자할 가치가 있음을 설득하는 것이다. 피치데크는 시각적으로 매력적이고 보기 쉬워야 하며, 주요 내용은 고객이 직면한 문제, 솔루션, 기술, 시장 규모, 경쟁구도, 시장진출 전략(Go-to-market), 팀 구성, 재무 전망, 로드맵 등 비즈니스의 가장 중요한 측면을 강조해야 한다. 이때 앞서 설명한 린 비즈니스 캔버스에서 설계하였던 내용을 이 피치데크에 충실하게 담고 일관성을 유지하는 것이 좋다.

피치데크의 세부 내용은 아래의 항목으로 구성하는 것이 일반적이다.

문제(Problem)

'고객이 처한 문제(Problem)나 고충사항(Pain point)이 무엇인가?'를 기술한다.

솔루션(Solution)

고객의 문제를 해결하기 위해 자사가 어떻게 해결할지를 설명한다.

기술(Technology)

솔루션을 구현할 기술에 대해 설명한다.

시장 규모(Market size)

투자자가 기회와 성장 가능성을 평가하는 데 도움이 되도록 시장의 규모를 제시한다.

경쟁 구도(Competitive landscape)

해당 시장 내에 기존의 경쟁자와 각 특성, 그리고 해당 스타트업의 경쟁 우위 요소를 설명한다.

팀(Team)

해당 팀의 구성, 역할, 관련 경력 등에 대해 기술한다.

로드맵(Roadmap)

해당 제품 또는 서비스의 단기 및 장기 목표, 제품 기능, 등 회사의 전략적 방향을 주요 마일스톤을 중심으로 설명한다.

사업계획서

사업계획서는 회사의 목표, 전략 및 재무 예측을 개괄적으로 설명하는 종합적인 문서이다. 사업계획서는 경영진 요약, 회사 개요, 시장 분석, 제품/서비스, 마케팅 및 영업 전략, 조직 구조, 자금 요구사항 등 비즈니스의 모든 측면을 자세히 설명하는 스타트업의 운영과 성장에 대한 청사진을 구체적으로 담고 있다. 사업계획서는 일반적으로 비즈니스와 성공 가능성에 대한 완전한 그림을 제공하기 때문에 피치데크보다 더 상세하고 데이터와 팩트에 기반하여 작성하여야 한다.

사업계획서의 세부 내용은 아래의 항목으로 구성하는 것이 일반적이다.

요약(Executive Summary)

투자자의 관심을 끌 수 있도록 회사에 대한 간략한 개요, 해결하고자 하는 문제. 목표 시장에 대한 스냅샷, 차별성, 재무 예측 등을 핵심 메시지로 요약한다.

회사소개(Company Overview)

회사의 현황, 연혁, 미션과 비전, 경영진의 약력 등을 소개한다.

제품/서비스(Product/Service)

해당 제품이나 서비스가 타깃 고객의 요구를 어떻게 충족하는지 설명한다. 제품의 특성, 고객에게 제공하는 가치, 경쟁사와의 차별점 등도 함께 기술한다.

산업 및 시장 기회(Industry & market opportunities)

시장의 규모와 성장 잠재력, 트렌드, 고객의 유형과 구매특성, 경쟁사 현황 및 차별화 전략을 설명한다.

경영전략과 마일스톤(Strategy and milestone)

비전과 목표, 사업 범위와 경쟁전략, 단계별 성장전략과 마일스톤을 포함한다.

마케팅 및 영업전략(Marketing and sales strategy)

제품개발, 가격, 유통, 광고, 프로모션, 고객 서비스 등에 대한 전략과 계획을 기술한다.

생산 및 운영계획(Operations plan)

설비, 인력, 구매, 품질, 재고관리 등에 대한 운영계획을 기술한다.

경영진 및 조직(Management and Key personnel)

경영진 및 주요 인력의 구성 및 역할, 주주와 이사회의 구성, 조직도, 기타 제휴관계 등을 기술한다. 사업계획을 실행할 수 있는 역량을 팀이 갖추고 있다는 점을 강조한다.

재무추정(Financial Projection)

손익계산서, 재산상태표, 현금흐름표를 포함한 재무제표의 현황과 최소 3~5년의 미래전망을 추정한다.

위의 내용을 담은 사업계획서는 투자자를 포함한 외부 이해관계자들뿐만 아니라 내부 임직원과도 커뮤니케이션하고 사업계획을 수립 운영하는데 근간이 된다.

시사점

스타트업 경영자는 투자유치 과정에서 아래의 사항을 유의할 필요가 있다.

첫째, 시간을 들여 기업의 투자유치구조, 투자유치를 위한 금융방법의 종류와 특성을 파악한다.

스타트업은 제품 관련 아이디어의 개발, 시장조사 및 테스트뿐만 아니라 자금조달에 관해서도 반드시 일정 시간을 할애하여 투자유치 구조, 자금조달 옵션과 투자자에 대해 리서치를 해야 한다. 결국 투자를 받으려면 투자에 대한 이해도가 높을수록 결과가 좋기 때문이다.

둘째, 투자자와의 적합성과 화학적 결합의 중요성을 과소평가하지 말라.

스타트업의 비전과 가치를 공유하고 건전한 협력 관계를 유지할 수 있는 투자자를 선택하는 것이 중요하다. 스타트업 경영자는 투자유치의 전 과정에서 이에 대한 정성적, 정량적 판단을 해야 한다. 특정 스타트업 경영자는 투자금만 받고 경영에는 간섭받는 것을 싫어할 수도 있고, 반면 어떤 경영자는 투자자로부터 투자뿐만 아니라 경영에 대한 조언과 더불어 여러 추가적인 지원도 원할 수 있다. 어느 쪽이든 투자자와의 화학적 관계는 백 번 강조해도 지나치지 않을 것이다.

셋째, 전문가의 지원을 받으라.

스타트업 창업자가 재무를 잘 이해하는 것도 중요하지만, 필요한 경우 전문가의 도움을 받으면 비용이 많이 드는 실수를 피하고 더욱 탄탄한 재무 전략을 수립할 수 있기 때문이다. 특히 투자유치의 전 과정에서 재무뿐만 아니라 법률적, 세무적 관점의 조언은 반드시 받을 필요가 있다.

앞서 설명한 바와 같이 스타트업 경영자가 투자유치를 위해 언제, 얼마의 자금을, 누구로부터, 어떤 조건으로 조달할 것인가에 대한 의사결정은 스타트업의 생존과 성장에 너무나도 중요한 영향을 미친다. 따라서 스타트업은 성장단계에 따른 최적의 펀딩 전략 수립과 실행을 전사적 의사결정의 큰 축으로 삼고 관리해 나가야 할 것이다.

스케일업(Scale-up)을 하면
조직도 재구축해야 한다

초기에 서너 명으로 출발한 스타트업 조직이 점차적으로 규모가 커지면 많은 문제점들이 야기된다. 사업 초기에는 창업자가 하나의 단위 제품을 개발하면 되므로 창업자 자신이 프로덕트 오너(Product owner) 또는 프로덕트 매니저(Product manager) 역할을 담당하며 모든 의사결정을 관장한다. 그러나 조직이 점점 발전하여 규모가 커지고 또 복수의 제품들이 시장에 공급되기 시작하면 조직구조나 시스템을 포함한 인프라가 급성장을 따라가지 못하는 등 많은 문제점들이 파생적으로 발생하게 된다. 스타트업들은 이 이슈들에 대해 제대로 대응하지 못해 조직 운영상의 위기(Crisis)를 겪기도 한다.

이번 장에서는 '조직의 급성장에 따라 어떠한 이슈들이 발생하는가?', '어떠한 조직구조의 옵션이 존재하는가?'라는 주제를 중심으로 살펴보기로 한다.

조직의 급성장에 따른 이슈들

조직이 급성장하면 크게 세 가지 관점에서 문제점이 야기된다.[39]

업무의 분업(Division of Labor)

기본적으로 스타트업 내에 '누가 무엇을 할 것인가?', '어떻게 업무를 분장할 것인가?'에 대한 문제이다. 보통 창업가 CEO들은 사업 초기에 대부분 모든 일에 다 관여 또는 관장하는데, 조직이 커지기 시작하면 기본적으로 창업가 한 사람이 모든 일을 다 할 수 없다는 사실을 인식하는 것이 중요하다. 주요 이슈는 '창업가가 어떻게 현업 업무에서 한 단계 물러설 것인가?', '스타트업의 업무를 어떻게 그루핑(Grouping)할 것인가?', '업무를 input 기준으로 나눌 것인가? 아니면 output 기준으로 나눌 것인가?' 등을 들 수 있다.

조정(Coordination)

두 번째의 이슈는 직원들 또는 조직 간의 업무 조정이다. '조직 내에 업무 지식(Knowledge)을 어떻게 공유할 것인가?', '조직이 해야 할 일을 어떻게 결정할 것인가?'가 문제로 떠오르기 시작한다. 이에 대응하여 보통 관리감독, 업무규정, 절차, 예산 등에 대해 구체적인 방안을 강구하게 된다. 또한 '어떤 업무를 사내에서 수행하고 어떤 업무를 외주(Outsourcing)를 줄 것인가?'도 중요한 이슈로 떠오르게 된다.

---

39) Prof. Mollack, University of Pennsylvania

의사결정권(Decision rights)

세 번째 이슈는 '누가 어떤 사안에 대해 의사결정을 할 것인가?'이다. 스타트업 초기 단계에서는 당연히 창업자가 모든 분야에 걸쳐 모든 의사결정을 한다. 그러나 조직이 커짐에 따라 직원들이 모든 문제점에 대해서 일일이 다 보고하고 의사결정을 받게 되면 창업자는 엄청난 부담과 함께 업무량이 가중되기 마련이다. 따라서 이 단계에서 창업가는 다음의 문제에 대해 해결을 해야 할 필요가 있다. 예를 들면, '의사결정의 체계를 중앙집권화(Centralization)할 것인가? 아니면 분권화(Decentralization)할 것인가?', '엔지니어링에게는 무슨 권한을? 또 마케팅에는 무슨 권한을 줄 것인가?', 또 '의사결정 능력이 떨어지는 직원 또는 조직에 어떻게 권한위임(Delegation)을 조정할 것인가?' 등이다.

위에서 언급한 조직의 급성장에 따른 세 가지 이슈들을 어떻게 해결할 수 있을까? 가장 효과적인 해결책은 바로 조직구조(Organization structure)이다.

실제적으로 창업가라면 초기의 조직을 구축하고 운영하는 데 있어서 조직구조에 대해 심도 있게 생각해 볼 필요가 있다. 왜냐하면 이 조직구조는 위에서 언급한 조직의 성장에 따른 이슈들을 현실적인 관점에서 해결해 줄 수 있기 때문이다.

성장단계별 조직구조의 유형

스타트업은 초기에 창업가가 모든 기능을 총괄하는 단순 조직구조에서 조직이 성장함에 따라 기본적으로 기능형 조직구조(Functional structure), 사업부형 조직구조(Divisional Structure), 매트릭스형 조직구조(Matrix structure) 의

단계	① 기능형	② 사업부형	③ 매트릭스형
분업	• Input	• Output	• Input 및 Output
조정	• 계층별 조직장	• 사업부장과 본사스텝	• 듀얼 리포팅
의사결정권	• 고도의 중앙집중	• 전략수립과 실행 분리	• 공유
통제 대상	• 비용	• 수익	• 비용과 수익
목표	• 운영효율성	• 효율적 자원배분	• 운영효율성과 효율적 자원배분간의 균형

세 가지를 고려할 수 있다.

기능형 조직구조(Functional structure)

많은 스타트업들은 활동이나 기능을 중심으로 조직구조를 설계하기 시작한다. 바로 기능형 조직 구조인데 이 구조에서는 연구개발, 생산, 마케팅, 영업, 재무와 같은 부서들을 구성할 수 있다. 예를 들어, 마케팅을 하는 인원이나 부서는 회사의 모든 제품에 대해 마케팅 활동을 수행한다. 이 구조하에서는 업무수행 시 기능별로 보고라인이 존재한다.

기능형 조직구조에서 업무의 분업(Division of Labor)은 업무수행을 위해 투입(Input)되는 자원을 기준으로 기능적으로 나눈다. 조정은 계층별로 고위경영진에 의해 이루어지며, 의사결정권은 고도로 중앙집중화(Centralization) 되어 있다. 통제의 대상은 주로 비용이며 운영효율성

(Operational efficiency)을 추구한다.

기능형 조직구조는 불확실성이 낮고 안정적인 환경하에 중간 이하 소규모 조직, 소품종 생산에 적합하다. 기능별로 지식을 공유하고 전문성을 확보하며 규모의 경제나 표준화에 유리한 구조이다. 그러나 환경 변화에 대한 대응이 늦고, 부문 간 조정이 어려우며 최고경영자의 의사결정이 지나치게 많은 것이 단점이다.

사업부형 조직구조(Divisional structure)

사업부형 조직구조는 제조기업들이 가장 선호했던 구조이며, 지금도 널리 활용되는 구조이다. 이 조직구조에서는 각각의 사업부가 다른 사업부와는 명확하게 상이한 제품이나 서비스를 만든다. 그리고 각 사업부는 각각의 연구개발, 마케팅, 생산과 같은 부서를 독자적으로 편재하고 관련 자원을 보유한다.

사업부형 조직구조에서 업무의 분업(Division of Labor)은 업무수행을 위해 산출(output)되는 자원을 기준으로 이루어진다. 조정은 사업부장(Division head)과 본사 스텝(Corporate staff) 사이에 이루어진다. 의사결정권은 전략의 수립과 실행이 분리되어 있다. 즉 전략의 수립은 본사의 경영진이, 전략의 실행은 각 사업부에서 실시하게 된다. 통제의 대상은 주로 수익이며 효율적 자원배분(Efficient Resource allocation)을 추구한다.

사업부형 조직구조는 불확실성이 높고 급변하는 환경하에 대규모 조직, 다품종 생산에 적합하다. 고객의 요구에 부응하여 다양한 제품과 서비스의 대응력이 강한 것이 장점이다. 그러나 기능부서마다 필요 자원을 보유하므로 중복 투자로 인해 규모의 경제 효과가 떨어지고 사업부 간의 상이한 제품라인의 통합 및 표준화가 어려운 것이 단점이다.

매트릭스형 조직구조(Matrix structure)

매트릭스형 조직구조는 기능형 조직구조와 사업부형 조직구조의 혼합형이다. 이 조직구조에서는 직원들은 업무상 기능형 조직 부서장과 사업부 본부장에게 동시에 보고를 한다.

매트릭스형 조직구조에서 업무의 분업은 투입과 산출 자원을 모두 기준으로 이루어진다. 조정은 듀얼 리포팅(Dual Reporting), 의사결정은 공동 분담(Sharing)을 한다. 이 구조는 사실 스타트업 초기에는 그다지 적절하지 않은 구조이다. 보고상의 혼란과 더불어 많은 사내정치를 양산하기 때문이다.

조직구조별 기타 특성

앞서서 3가지 조직구조의 특징과 장단점에 대해 살펴보았다. 이어서 추가적으로 '자원효율성', '시간효율성', '시장적응성', '책임소재', '사내정치'의 관점에서 이 세 가지 조직구조 모델에 대해 살펴보자.

자원효율성(Resource efficiency) 관점에서 보았을 때 기능형 조직구조가 가장 뛰어난 특성을 가진다. 즉, 각 기능별로 필요한 자원을 보유하고 있어서 다른 기능의 자원을 중복으로 보유할 필요는 없다. 즉 연구개발 기능에 필요한 엔지니어는 연구개발부서에서만 고용하면 되므로 마케팅이나 다른 부서에서 중복으로 채용할 필요가 없기 때문이다.

시간효율성(Time efficiency) 관점에서 보면 사업부형 조직구조가 사업부별로 R&D, 마케팅, 생산 자원을 각각 별도로 편재하여 집중하기 때문에 시간적으로 빠르게 반응하는 특성을 가진다.

시장적응성(Market Adaptability)은 시장별로 적합한 조직구조의 특성을 가진 사업부형 조직이 가장 뛰어나다. 시장상황 변경에 대해 전사적으로 조직이 변경을 기하기보다는 해당 시장의 변화에 대해 해당 사업부에서만 자원을 집중하고 조정해 대응하면 되므로 적응성이 뛰어나다고 볼 수 있다.

책임소재(Accountability)는 사업부형 조직구조가 가장 명확하다. 기능형 조직에서 R&D에서 사용한 자원이 어느 조직에 얼마나 쓰였는지를 규명하는 것이 용이하지 않다. 반면 사업부형 조직에서는 각 사업부별로 매출과 손익이 명확하게 구별될 수 있다. 물론 이는 구분회계 시스템을 갖출 경우 더 명확해질 것이다.

사내정치(Politics)의 경우 기능형 조직구조에서는 각 기능조직 간 갈등이, 사업부형 조직구조에서는 본사와 사업부 간, 또는 사업부 간 조직 갈등이, 매트릭스 조직구조에서는 매트릭스 조직 간의 갈등이 발생한다. 따라서 매트릭스 조직에서의 사내정치가 가장 많이 일어나는 특성을 가진다고 볼 수 있다.

시사점

많은 스타트업 창업가들은 창의적 사업 아이디어와 기술적 역량 등을 가지고 초기 사업에 집중한다. 그러나 사업을 한다는 것은 단순히 혁신적인 제품이나 서비스를 설계하고 테스트하는 것뿐만 아니라 이를 만들어 내기 위한 시스템, 프로세스, 규정, 조직구조를 설계하고 운영하는 것도 포함한다. 아래는 특히 조직의 성장에 따라 조직구조를 재구축할 때 유의해야 할 점들이다.

첫째, 사업 초기부터 적절한 조직구조를 검토하고 구축하라

스타트업의 경영자들은 조직의 규모가 급속하게 커지는 단계 이전부터, 즉 사업 초기부터 적절한 조직구조를 면밀히 검토하고 갖출 필요가 있다. 왜냐하면 적절한 조직구조를 조기에 구축하지 않을 경우 급속한 성장과 더불어 앞서 말한 미흡한 업무의 분업, 미흡한 업무 조정, 그리고 구성원들이 근시안적이고 부적절한 의사결정으로 인해 조직적 위기에 빠질 가능성이 높기 때문이다.

둘째, 기능형 조직이든 사업부 조직이든 하나의 명확한 구조로 운영하라

10명 이하의 극초창기 단계 스타트업의 경우 조직구조도 단순하고 미분화된 의사결정구조를 가지는 것은 필연적이다. 그러나 조직이 성장함에 따라 기능형 조직이든 사업부형 조직이든 어느 하나를 명확하게 선택하는 편이 어중간한 하이브리드형 조직보다 낫다. 한 회사에서 기능형과 사업부형 조직이 혼재하면 기능형 조직이 가진 자원과 운영의 효율성도 기대하기 어렵고, 사업부제 조직이 가진 사업별 책임경영을 통한 자원의 효율적 배분도 기대하기 어렵게 되기 때문이다.

예를 들어, 한 스타트업이 기본적으로 기능형 조직구조로 편재되어 있으면서 3개의 어중간한 사업조직을 가지고 있다면 문제가 발생하게 된다. 각 사업조직은 각각 다른 제품을 각각 다른 시장 세그먼트에 공급하고 있다. 따라서 사업조직 산하에 영업인원을 별도로 구성하는 데에 이견은 없을 수 있다. 그러나 회사 내에 제한적인 R&D 자원을 각 사업조직에서 서로 경쟁적으로 활용하고자 할 경우 사업조직 간 갈등이 생길 수 있다. 생산설비도 공동으로 사용하게 됨에 따라 일정 및 인력의 배분도 혼란이 올 수 있다. 또 재무자원도 각 사업조직별로 분배하는데, 이때 기준을 세우기가 용이하지 않다. 각 사업조직의 성과평가 시 P&L^(손익)과 투자효율성을 산정하는 데 사업조직의 동의를 얻기도 용이하기 않아 결국 책임경영을 하기에는 여러 장애요인이 산재하게 된다. 물론 이러한 어중간한 조직으로 운영하는 데는 사업부제로 운영 시 중복적으로 발생하는 인력을 줄여서 비용을 줄여보자는 의도도 반영되어 있다. 그러나 조직이 온전한 사업부제로 운영되기 위해서는 사업부가 독자적으로 운영이 될 수 있도록 가능한 모든 자원을 배정해 주고 독자적 의사결정을 내릴 수 있어야 한다.

셋째, 적절한 시기에 권한 위임을 실시하라

기능형 조직구조가 효과를 보기 위해서는 최고 의사결정자가 각 기능에 대해 고른 이해와 경험을 바탕으로 균형 잡힌 의사결정을 할 수 있어야 한다. 이 구조의 큰 약점은 최고 의사결정자인 창업자가 모든 기능적 의사결정에 필요한 수준의 경험과 지식을 가지고 있지 않았을 경우에 나타난다.

기능형 조직구조를 가진 스타트업의 창업가는 조직이 성장해 나가는 어느 시점에 반드시 전문가를 영입하고 적절한 권한 위임^(Empowerment)을 하는 것이 안정적 조직운영과 성장에 도움이 됨을 이해할 필요가 있다. 조직이 커지면 한 사람이 모든 일을 다 처리할 수는 없기 때문이다.

한편 권한위임에 있어서도 창업가들이 유의해야 할 부분이 있다. 회사가 성장기 단계에 이르게 되면 리더는 가장 먼저 본인이 개입해야만 결과물이 더 나아질 것이라는 신념, 혹은 지시하고 통제하는 것이 리더의 존재 이유라는 신념은 과감하게 버려야 한다. 이어서 자신이 하고 있는 현재의 일을 검토해 보고 본인은 리더로서 요구되는 폭넓은 역할, 즉 전략구상, 네트워킹, 미래 트렌드 검토 등에 집중하고 나머지는 과감하게 아래로 내려주는 것이 좋다.[40]

---

[40] 허진, 《나는 임파워형 리더인가?》

회사가 커지면 경영체제도
걸맞게 바뀌어야 한다

스타트업이 사업 초기에 생존에 집중하는 것은 당연한 일이다. 그러다가 시장의 니즈에 부합하는 제품이나 서비스가 팔리기 시작하면 조직은 급격하게 성장하게 된다. 이때 조직성장의 규모와 속도에 맞추어 인력, 자금 등의 자원(Resource)이 적절하게 투입되지 못하거나, 조직 전체를 관리하는 운영/경영시스템(Operational & management system)이 따라가지 못하면 여러 가지 문제점들이 드러나게 된다. 이처럼 성장과정에서 나타나는 여러 가지 부정적 현상들을 성장통(Growing pain)이라고 부른다.

이번 장에서는 조직의 '성장단계별 특성과 성공요소', 그리고 조직의 급속한 성장에 따른 운영상의 이슈들을 해결하기 위해 필요한 '전문경영체제(Professional management system)로의 전환(Transition)'에 대해 살펴보고자 한다.

스타트업의 성장단계별 특성과 성공요소

일반적으로 스타트업들은 다음과 같은 성장의 단계를 거치면서 각 단계별로 적합한 경영체제로 전환을 모색하게 된다.[37]

| 스타트업의 성장단계와 성공요소 |

1) Product/market fit

자료: Flamholtz, Growing Pains

창업기

사업기회를 파악하고 초기 제품을 개발하며, 초기 고객과 자금을 확보하는 생존(Survival)의 단계이다. 매출 규모로 보면 제조업의 경우 10억 원 미만, 서비스업의 경우 3억 원 미만 규모의 스타트업이 이 단계에 해당한다.

조직과 경영시스템은 매우 단순하며, 창업자는 과제를 짧은 주기로 분할하여 업무를 추진하고 모든 업무에 세세한 부분까지 관여를 한다. 자유롭고 가족주의적인 분위기 속에 직원들은 높은 충성도와 일체감을 형성한다.

---

37) Flamboltz, 《Growing pains》

이 단계의 핵심 성공요소는 두 가지로, 첫째는 목표시장을 정의하고 목표고객이 원하는 바 또는 니즈(Needs)를 제대로 파악하는 것이며, 둘째는 고객의 니즈에 부합하는 제품이나 서비스를 개발하는 것이다. 즉, 끊임없는 테스트를 통해 제품/시장 적합성(Product/market fit)을 달성하는 것이다.

도약기

제품이나 서비스가 시장에서 좋은 반응을 보이면서, 매출과 사업규모가 급격히 성장(Rapid or exponential growth)하는 단계이다. 매출 규모로 보면 제조업의 경우 10~100억 원, 서비스업의 경우 3~30억 원 규모의 스타트업이 이 단계에 해당한다.

조직 내의 자원(Resource)과 운영시스템(Operational system)은 이 급격한 성장에 맞추기 위해 한계점까지 도달할 가능성이 높다. 이때 흔히 나타날 수 있는 현상은 아래와 같다.

① 영업사원이 재고가 있는 줄 알고 제품을 팔았는데 나중에 다른 직원이 이미 다른 고객에게 판매해 버린 것을 알게 된다. [재고관리]
② 제품의 납기를 지키지 못하여 고객사로부터의 불만이 계속 제기된다. [생산관리]
③ 품질지수가 급격히 떨어지고 있는데 아무도 원인을 알지 못하고 있다. [품질관리]
④ 한 공급업체가 보내온 세금계산서에 대해 대금이 두 번 또는 세 번에 걸쳐 중복 지급되는데 비해 다른 공급업체에는 대금지급이 6개월째 연체되는 상황이 종종 발생한다. [자금관리]

⑤ 제품을 공급한 고객사가 부도가 난 줄도 모르고 있다가 매출채권을 회수하지 못하고 손실로 처리해야 하는 경우가 종종 발생한다. [매출채권관리]

⑥ 회사에서 필요한 인력의 수요는 늘어나고 있는데 직원 이탈율은 오히려 급속히 증가하고 있다. [인사관리]

⑦ 인력 채용, 훈련, 평가, 승진, 보상에 대한 명확한 기준이 없어 연말 인사고과 후 모든 직원들의 사기가 급격히 저하된다. [인사관리]

⑧ 조직구조개편과 인사발령은 거의 분기 단위로 빈번하게 일어난다. [조직관리]

⑨ 중요한 서류, 파일, 보고서가 분실되거나 찾을 수 없어 혼란과 시간 낭비가 가중되고 있다. 중요 문서를 백업받지 않아 서버가 고장이 난 후 회복이 불가능해졌다. [문서관리/IT]

⑩ 문제가 발생해도 어느 부서도 책임소재가 명확하지 않아 대응에 미온적이다. [조직관리]

⑪ 계약서는 면밀한 법률적 검토 없이 특정부서에서만 상대방과 체결을 하고 조직성장에 따라 상황이 바뀌어 가는데도 이의 반영 없이 계약기간은 자동 연장된다. [법률 리스크 관리]

이러한 문제들은 종종 급격히 증가하는 매출의 성과에 가려져 이슈로 떠오르지조차 못하고 그대로 방치되는 경우도 흔히 일어난다. 의자 다리가 삐걱거리더라도 부러지지 않는 한 사전에 고치려는 노력이 부족한 상태에 해당한다.

결국 이 단계의 핵심성공요소는 조직의 급격한 성장에 맞춘 적절한 자원(Resource)과 운영시스템(Operational system)을 확보하는 것이다.

전환기 (전문경영체제의 도입기)

스타트업이 매출 규모로 보았을 때 제조업의 경우 100~1,000억 원, 서비스업의 경우 30~300억 원 규모에 이르게 되면 창업가를 비롯한 경영진은 앞선 도입기에서의 급속한 성장과정을 경험하면서 조직운영에 있어서의 질적인(qualitative) 변화가 필요함을 절감하게 된다. 경영진은 단순히 인력 충원, 자금조달, 장비 추가, 사무실 또는 작업 공간 확대 등과 같은 자원 투입량의 확대만으로는 급격한 성장에 따른 조직적 대응에 한계가 있음을 깨닫게 되는 단계에 이르게 된다.

이제까지의 조직은 비공식적(Informal)으로 운영되었으며, 정교하고 체계적인 목표수립, 사업계획, 통제, 역할분담, 조직구조 등이 없이도 잘 성장해 왔다. 그러나 회사가 어느 정도의 특정 규모(Critical size)에 이르게 되면 더 이상 사업 초기의 운영방식은 한계에 이르게 되고, 경영시스템상의 공식화(Formalization)가 이루어져야 한다. 이때 창업가가 선택할 수 있는 전략적 선택지는 크게 4가지를 고려할 수 있다.

① 현상 유지
② 창업가의 역할, 스킬, 경영 방식의 변화
③ 새로운 전문경영인 영입
④ 사업 매각 후 새로운 창업

회사가 조직이나 매출의 규모가 계속 커지고 있다면 창업가는 위 4가지 옵션 중 '사업매각 후 새로운 창업' 옵션을 선택하지 않는 한 결국 외부에서 전문경영인을 영입하여 전문적인 경영시스템을 구축하는 옵션을 선택하는 것이 가장 적절할 것이다. 따라서 이 단계에서는 급성장하는 조직의 다양한 문제를 해결하고 새로운 성장의 발판을 마련하기 위해 전문경영인이 영입되고 전문경영시스템이 도입되기 시작한다.

기존의 창업가 정신에 기반한 조직 운영에서 전문경영 시스템에 기반한 조직운영으로의 변환 과정에서 창업가는 자유롭고 비공식 또는 비체계적인 초기 창업단계 운영방식과 계획적이며, 공식적이고 체계적인 전문경영시스템 사이의 균형을 잘 유지할 필요가 있다.

이 과정에서 어떤 스타트업 창업가는 '전문경영시스템으로 가게 되면 지나치게 관료주의(Bureaucracy)로 치우치게 되지 않을까?'를 우려하기도 한다. 그러나 더 중요한 사실은 조직이 급속히 성장함에도 불구하고 이에 걸맞은 경영시스템을 갖추지 못하면 조직은 대혼란에 빠지고, 심지어는 파산에 이르기도 한다는 것이다.

이 단계의 핵심 성공요소는 전문경영시스템(Professional Management System)으로의 변환의 필요성을 인식(Recognition)하는 것이고, 이어서 전문경영시스템을 구축하는 역량(Building capacity)이다. 이 시스템에서는 기획, 성과관리, 조직구조, 리더십 개발 등의 컴포넌트가 구성되어야 한다.

성숙기(전문경영체제의 성숙기)

전문경영시스템이 안정화되는 성숙기로서, 매출 규모로 보면 제조업의 경우 1,000억 원 이상, 서비스업의 경우 300억 원 이상 규모의 기업이 이 단계에 해당한다.

효율적인 전문경영관리시스템이 정착되고 나면 이 단계에서의 경영자는 매우 중요한 무형 자산인 회사의 문화(Corporate culture)에 관심을 집중해야 한다.

전문경영관리 시스템으로 전환되는 과정 속에서 기존의 조직은 아래와 같은 변화를 겪게 된다.

- 느슨하고 자유분방한 조직 분위기 → 좀 더 엄격한 조직 분위기로
  변화
- 모호한 목표 → 구체적이고 측정 가능한 목표
- 느슨하게 정의된 업무 분장 → 구체적이고 공식적인 직무기술서
- 모호한 책임 소재 → 명확한 책임소재

이 모든 변화들은 회사의 문화와 직간접적으로 연계되어 있으며 회사 직원들의 일상적인 업무방식(Day-to-day operation)에 영향을 미칠 뿐만 아니라 심지어는 회사의 실적(Bottom line)에도 영향을 미치게 된다. 결국 이 단계의 핵심 성공요소는 전문경영체제를 제도화하고 내재화시킬 수 있는 회사의 문화(Corporate culture)를 재정립하는 것이다.

전문경영체제(Professional management system)로의 전환

앞서 전환기에서 도입이 시작되는 전문경영체제는 창업 초기의 체제에서 어떠한 변화를 가져오게 될까? 이에 대해 좀 더 구체적으로 살펴보자.

전문경영체제로의 전환은 경영 전반에 걸쳐 보다 합리적이고 체계적인 경영방식이 도입되어 운영되는 것을 의미한다. 창업기의 많은 스타트업들은 창업자 개인의 역량과 인적관계를 중심으로 조직운영이 비공식적, 즉흥적, 가족주의적인 경향을 보이며, 외형적 성장에 주력을 하므로 수익은 성장에 따른 부산물로 여겨지게 된다. 반면 전문경영체

	창업 초기 체제	전문경영체제
수익(Profit)	성장에 따른 부산물로 여겨짐.	명백한 목표임.
기획(Planning)	비공식적, 즉흥적으로 수립	• 공식적인 전략기획 시스템 • 예산, 현금흐름, 비용통제시스템
조직(Organization)	• 비공식적 조직 • 책임소재 불명확	• 공식적, 명확한 업무분장, • 책임소재 명확, 성과평가 수반
리더십 개발 (Mgmt, Development)	• 필요 시 즉흥적 개발 • 실무에서 습득(Learning by doing)	체계적, 계획적 리더십 개발
문화(Culture)	느슨하고 가족주의적	성과주의에 근거한 프로페셔널

자료: Flamholtz, Growing Pains

제로 전환을 하게 되면 다음과 같은 조직 운영상의 큰 변화가 일어나게 된다.[38]

- [수익] 매출뿐만 아니라 수익을 명확한 목표로 설정하고 관리한다.
- [기획] 체계적인 전략/사업계획, 예산 수립, 관리회계시스템이 구축된다.
- [조직] 공식적이고 책임소재가 명확한 조직구조에 성과평가가 수반된다.
- [리더십 개발] 체계적이며 계획적인 인력개발 및 평가 보상 시스템이 구축된다.
- [문화] 느슨하고 가족적인 분위기에서 성과지향적 프로페셔널 문화가 구축된다.

---

38) SeungJoo Lee, 《Strategic Leadership》

이처럼 전문경영체제로의 전환은 단순히 외부에서 전문경영인들을 영입하는 것만으로는 충분하지 않고 이런 전환$^{(Transition)}$을 위한 전반적이고 체계적인 계획수립과 변화관리가 이루어져야 회사가 목적했던 기능을 제대로 발휘하게 될 것이다.

시사점

란제이 굴라티$^{(Ranjay\ Gulati)}$ 하버드 경영대학원 교수는 1차 성공을 거둔 대부분의 스타트업이 2차, 3차로 성공을 이어가지 못하고 사라지는 이유를 조사한 결과 ① '전문적 역할 규정의 미흡', ② '새로운 관리체계 도입 지연', ③ '체계적인 기획과 예측 시스템 미비', ④ '열정적인 벤처문화 소실'의 네 가지를 지적했다. 모두 직간접적으로 전문경영체제의 미비와 관련된 이슈들이다.

기업이 급속히 성장하게 되면 어느 시점에서는 전문경영체제로의 전환은 필수적이다. 이때 성공적인 전환을 하는 과정에서 창업가는 두 가지 관점에서의 변화와 결정을 해야 한다.

첫째, 창업가의 마인드부터 바꾸어야 한다

스타트업의 성장단계 중 성숙기 단계에서 전문경영체제로의 전환에서 가장 큰 장애요인은 무엇일까? 바로 창업가의 마인드이다.

일부 창업가들은 성장기에 이르러서도 기존 스타트업 초기 단계의 운영방식을 그대로 적용하려는 경향이 있다. 특히 외부로부터 통제받는 것을 꺼리는 성향이 강한 창업가 유형의 경우 계획, 규정, 사규, 역할분담, 절차 등과 같은 공식적이고 체계화된 방식에 의해 구속되는 것을 거부하는 경향이 강하다.

　이러한 공식적이고 체계적인 시스템이 없이 초기 스타트업을 일정 단계까지 성공시킨 경험이 있는 창업자들 중 특히 외부로부터 통제받는 것을 꺼리는 성향이 있는 창업자들은 이런 시스템이 필요 없다고 생각할 수도 있다.

　이와 같은 현상은 개인적 성향에 기인할 수도 있으나, 창업가가 대학생 시절에 바로 창업을 하였다든지, 아니면 큰 조직에서의 직장 경력이 단기간일 경우 비교의 대상 기간이 짧아서 나타날 수도 있다.

　전문경영체제로의 전환은 단순히 시스템의 구축뿐만 아니라 창업가의 마인드셋의 변화도 동시에 수반되어야 소기의 목적을 달성할 수 있다.

둘째, 성장에 따라 창업가의 목적과 역할을 명확히 해야 한다

　스타트업의 성장단계별로 창업가의 역할은 변화한다. 조직의 성장에 따라 창업가 CEO는 초기에 경영 통제의 전권을 행사하다가 어느 단계에 이르면 권한 이양을 통해 일정 부분을 하부 조직으로 내려주게 된다.

　이 경우 어느 시점 또는 단계에 이르면 창업가는 본인의 목표점을 분명히 할 필요가 있다. 이는 궁극적으로는 'Cash or King?'의 문제이다. 즉 창업가가 본인이 성장시킨 스타트업을 IPO와 같은 출구(Exit) 전략을 선택해서 '경영권을 외부에 넘기고 현금을 손에 쥐느냐?', 아니면 '회사를 계속 통제하면서 경영권을 유지할 것이냐?'에 따라 창업가의 회사 내 역할과 권한은 다르게 편재되어야 할 것이다.

스타트업이 유니콘 컴퍼니로 성장하려면 시장은 성장단계별로 규모에 적합한 전문경영시스템을 요구한다는 점을 기억해야 한다. 기업 성장의 단계가 달라지면 그 단계에 적합한 경영방식을 적용해야 한다.

참고 문헌

〈국내서〉
- 강성진 외, 《ESG 제대로 이해하기》, 자유기업원, 2021.
- 강길환, 《Excel을 활용한 신경영분석 컨설팅》, 탑북스, 2015.
- 이승주, 《경영전략 실천 매뉴얼》, 시그마컨설팅그룹, 2006.
- 이승주, 《전략적 리더십》, 시그마컨설팅그룹, 2005.
- 조동성, 《구조조정 이렇게 하라》, 서울경제경영, 1998.
- 양승화, 《그로스 해킹, 위키북스》, 2021.
- 〈채권채무조정〉, 《Troubled debt restructuring, 債權·債務調整》 (주)조세통람

〈해외서〉
- Deloitte, 《Future scenarios: Are CFOs too worried about inflation—or not worried enough?》, 2022.
- R. Grant, 《Contemporary Strategy Analysis》, John Wiley & Sons, 2019.
- W. Lewis. 《"Strategic Restructuring: A Critical Requirement in the Search for Corporate Potential," Corporate Restructuring》, McGraw Hill, 1990.
- M. Porter, 《Competitive Advantage: Creating and Sustaining Superior performance》, Free Press, 2008.
- M. Baghai, 《Staircases to growth》, The McKinsey Quarterly,1996.
- Zook & Allen, 《Profit from the Core》, Harvard Business School Press, 2001.
- M. Porter, 《Competitive Strategy》, The Free Press, 1998.
- A. Gupta, 《The Quest for Global Dominance》, Jossey—Bass, 2008.
- C. Hill, 《International Business: Competing in the Global Marketplace》, McGraw—Hill, 2014.

〈기타〉
- 서울회생법원, slb.scourt.go.kr
- Parmy Olson, "Mark Zuckerberg's Ruthlessness Is What Facebook Needs Now", Bloomberg, 2022.7.15.
- Nielsen Norman Group, "When to Use Which User—Experience Research Methods"
- 배소진, 《스벅, 맥날은 이탈리아에서 성공하고 도미노 피자는 실패한 이유》, TTimes, 2022.